BAEDEKER SMART

Côte d'Azur

Verlag Karl Baedeker – ⊕ www.baedeker.com

Wie funktioniert der Reiseführer?

Wir präsentieren Ihnen die Sehenswürdigkeiten der Côte d'Azur in fünf Kapiteln. Jedem Kapitel ist eine *spezielle Farbe* zugeordnet. Um Ihnen die Reiseplanung zu erleichtern, haben wir alle wichtigen Sehenswürdigkeiten jedes Kapitels in drei Rubriken gegliedert: Einzigartige Sehenswürdigkeiten sind in der Liste der *TOP 10* zusammengefasst und zusätzlich mit zwei Baedeker Sternen gekennzeichnet. Ebenfalls bedeutend, wenngleich nicht einzigartig, sind die Sehenswürdigkeiten der Rubrik *Nicht verpassen!* Eine Auswahl weiterer interessanter Ziele birgt die Rubrik *Nach Lust und Laune!*

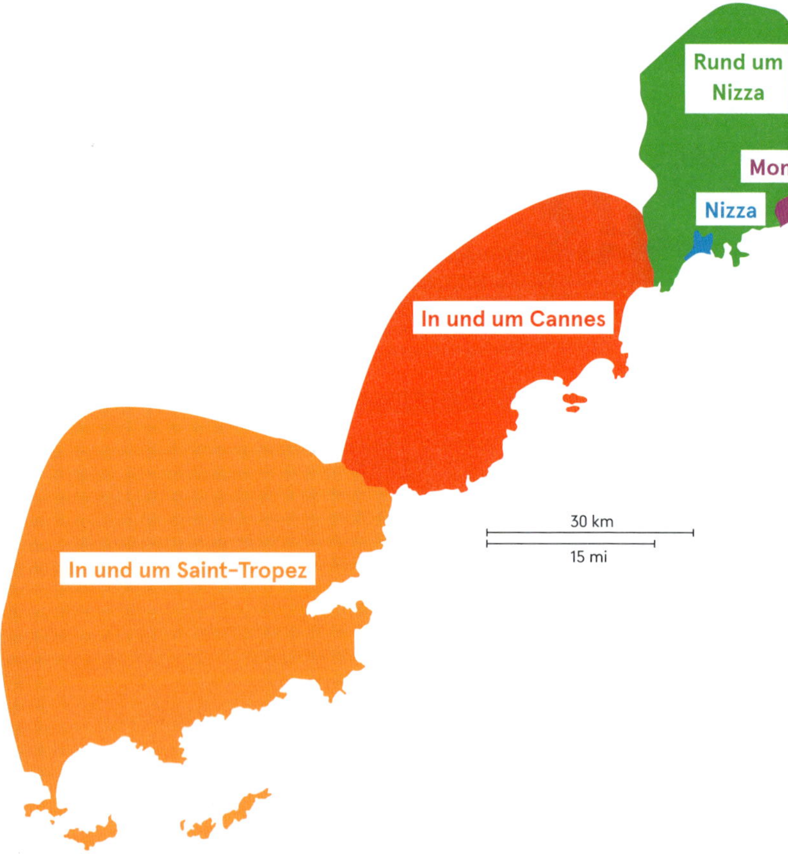

Magische Momente

Kommen Sie zur rechten Zeit an den richtigen Ort
und erleben Sie Unvergessliches.

Türkisfarbenes Wasser am Paloma Beach, einer Bucht von Cap Ferrat

Der Hafen von Antibes im Abendlicht

★★ Baedeker Topziele

Unsere TOP 10 helfen Ihnen, von der absoluten Nummer eins bis zur Nummer zehn, die wichtigsten Reiseziele einzuplanen.

❶ ★★ Casino de Monte-Carlo
Der Prachtbau von Charles Garnier ist das Symbol für den Luxus an der Côte d'Azur, wo sich die Reichen und Schönen vergnügen (S. 104).

❷ ★★ Nizzas Museen
Henri Matisse hat der Stadt seine gesamte Privatsammlung vermacht. Das Musée Matisse ist ein ganz besonderes Museums-Highlight (S. 40)!

❸ ★★ Villa Ephrussi
Den Traum vom eigenen Palast hat die Baronin Béatrice Ephrussi de Rothschild auf der Halbinsel von Cap Ferrat verwirklicht (S. 72).

❹ ★★ Saint-Tropez
Stars und Sternchen machen den charmanten Strand- und Hafenort jeden Sommer zum Tummelplatz des Jetset. Bester Spot zum Promi-Spotting ist das legendäre Café Sénéquier (S. 166).

❺ ★★ Èze
Wie ein Adlerhorst thront das Dorf mit seinen Steinhäusern und gepflasterten Gassen über dem Meer: Welch ein malerisches Paradebeispiel für ein *village perché* (S. 76)!

❻ ★★ Musée Picasso
Das Museum im ehemaligen Schloss der Grimaldi-Familie in Antibes besitzt neben hochkarätigen Sammlungen einen herrlichen Skulpturengarten mit Meerblick (S. 130).

❼ ★★ Cannes
Hotelpaläste und Filmfestival an der Croisette versprühen Hollywood-Glamour, die Altstadt lockt mit dörflichem Charme unter einer alten Festung, die Strände sind Hotspots zum Relaxen oder Flirten (S. 132).

❽ ★★ Abbaye du Thoronet
Allerfeinste provenzalische Romanik: schlicht faszinierend, dieses Zisterzienserkloster aus dem 12. Jh. (S. 171).

❾ ★★ Îles de Lérins
Auf der Île Sainte-Marguerite ließ Christine Cazon Commissaire Duval ermitteln, auf der Klosterinsel Saint-Honorat komponieren Mönche kostbare Weine: zwei Inseln, zwei herrliche Ausflüge (S. 136)!

❿ ★★ Fondation Maeght
Was für ein Gesamtkunstwerk! Für das Sammlerpaar Marguerite und Aimé Maeght schuf der Katalane Josep Lluis Sert in den Hügeln von Saint-Paul-de-Vence ein kulturelles Kleinod, das die Besucher begeistert (S. 138).

Ein Gefühl für die Côte d'Azur bekommen …

Erleben, was die Côte d'Azur ausmacht, ihr einzigartiges Flair spüren. So, wie die Einheimischen selbst.

Einkaufen auf dem Markt

Auf den Märkten der Côte d'Azur gibt es nichts, was es nicht gibt. Schnuppern Sie an frischem Gemüse oder reifen Früchten, an würzigem Käse oder herzhaften Kräutern in den Markthallen von Cannes (Marché Forville, S. 157) oder Antibes (S. 156) und auf dem Marché aux Fleurs (S. 61) in der Altstadt von Nizza.

Baden in der Großstadt

Gut 10 km lang ist der Kieselstrand an der Promenade des Anglais in Nizza. Da findet sich selbst im Hochsommer ein Plätzchen für ein Bad im Meer. Wer das Salz auf der Haut nicht mag: Fast alle öffentlichen Strände verfügen über Duschen.

Wandern an der Küste

Die alten Zöllnerpfade verlaufen Schritt für Schritt direkt am Meer. Einer der schönsten Küstenwanderwege (Sentier Littoral) führt auf der Halbinsel von Saint-Tropez von L'Escalet zum Cap Lardier. Dort finden Sie selbst im Hochsommer menschenleere Buchten zum Baden.

Boule spielen

Für den französischen Volkssport Pétanque tut es ein einfacher Sandplatz. Auf der Place des Lices in Saint-Tropez (S. 168) versuchen zuweilen die Film- und Popstars, die Kugel möglichst nah an das kleine Schweinchen (*cochonnet*) zu legen. Machen Sie einfach mit.

Radeln auf der Insel

Felsige Calanques mit versteckten Badebuchten im Süden, Karibikstrände mit türkisblauem Wasser im Norden: Packen Sie Badezeug und Picknick ein, leihen Sie ein Fahrrad oder entdecken Sie zu Fuß die nahezu autofreie Insel Porquerolles (S. 176) vor Hyères.

Staunen über Kunst

Die Côte d'Azur zieht seit mehr als hundert Jahren Künstler magisch an. Zu den aufregendsten Sammlungen zeitgenössischer Kunst zählt

Einwohner und Besucher schätzen die
entspannte Atmosphäre auf der Insel Porquerolles.

 DIE CÔTE D'AZUR ERLEBEN

das Musée d'Art Moderne et d'Art Contemporain (MAMAC) in Nizza, wo Ihnen auch Ben, Yves Klein oder Martial Raysse begegnen – die neue Schule von Nizza! Auch Niki de Saint Phalle hat dem Museum viele Werke geschenkt.

Karneval feiern

Nicht mitmachen, sondern zugucken: Der Karneval von Nizza ist kein Volksfest in Masken, sondern eine generalstabsmäßig geplante Megaschau mit Paraden, Umzügen und Blumenkorsos, der man stehend oder von den Sitzplätzen der Tribüne in gebührender Distanz folgt. Charles Anjou erlebte den Karneval 1294 noch frech und ausgelassen. Sich auf Kosten aller über alles und jeden lustig zu machen war damals Thema. Masken und Verkleidungen unterstützten diese freie Meinungsäußerung. In der Belle Époque wandelte sich das Volksfest zur Show. 1873 führte ein Festkomitee Karnevalszüge, Festwagenzeichner, kostenpflichtige Tribünen und strukturierte Inszenierungen ein. Drei Jahre später zeichnete Andriot Saëtone für die inzwischen berühmten Blumenkorsos entlang der Promenade des Anglais verantwortlich.

72 Stunden vor jeder »Schlacht« werden heute 3000 Blumen pro Wagen akribisch zu Meisterwerken gesteckt: Insgesamt 50 000 Blumen und 5 t Mimosen für jeden Umzug! 18 junge Frauen werfen später mit einem strahlenden Lächeln ihre Blumengrüße von den Festwagen ins Volk.

Schlafen im Baldachinbett

Es muss nicht immer der große Luxus sein. Herrlich im Baldachinbett schläft es sich in kleineren Häusern wie der Auberge du Vieux Château gleich neben der Kirche in Cabris (S. 152). Von der Terrasse des mittelalterlichen Dorfes sehen Sie über die Hügel von Grasse hinunter bis ans Mittelmeer.

Schlemmen am Meer

Das Meeresrauschen ist der Begleiter eines Essens direkt am Strand von Nizza. Das Strandlokal Plage Beau Rivage (S. 60) ist selbst im Winter geöffnet und bietet zu Austern, Seezunge oder Foie gras ein Sonnenbad mitten in der Großstadt. Schön schlemmen lässt es sich auch in den Strandlokalen von Nizza und Saint-Tropez. Und in kleinen, versteckten Buchten sogar mit den Füßen im Sand.

Beste Aussichten

Belvédère: Immer wieder verheißt dieses Wort entlang der Côte d'Azur traumhafte Aussichten auf die Küste und die Berge. Zahlreiche Orte haben Terrassen als *balcons* angelegt, auf denen Sie bei einer Genusspause die Landschaft ganz in Ruhe betrachten können – ob in Haut-de-Cagnes, in Peille oder von der Colline du Château in Nizza: Die Côte d'Azur liegt Ihnen zu Füßen!

Das Magazin

Feinste Düfte und großes Kino, Slow Food und Haute Cuisine, Weltkunst und Natur pur: Lebensart der azurblauen Küste.

Die Skulptur »Le Nomade« des Katalanen Jaume Plensa überblickt den Hafen von Antibes.

Tummelplatz des Jetset

Gelobtes Land mit ewigem Sonnenschein, azurfarbener See und schimmerndem Licht, wo es keinen Winter gibt: So feierte die europäische High Society des 19. Jhs. die Côte d'Azur.

Gegen Ende des 18. Jhs. war Frankreichs »Blaue Küste« noch ein armer, abgelegener Landstrich. Zu den ersten Reisenden, die die milden Winter dorthin lockten, gehörte der englische Schriftsteller Tobias Smollett, der Nizza 1763 besuchte und darüber in »Reise durch Frankreich und Italien« (1765) berichtete. 1834 geriet sein Landsmann, der Politiker Henry Lord Brougham, auf der Flucht vor der Cholera zufällig in das kleine Fischerdorf Cannes, erwarb dort ein Stück Land und ließ sich eine Villa bauen.

Winterrefugium

Andere Briten folgten bald, und die Französische Riviera entwickelte sich schnell zum mondänen Winter-Domizil für gut Situierte aus aller Welt: Herrscher, Staatsmänner, Aristokraten, reiche Bürgerliche und Kurtisanen. Keine Geringeren als Queen Victoria, der Aga Khan, die Ehefrau Napoleons III., Kaiserin Eugénie, und König Leopold von Belgien hielten hier Hof. Auch Künstler und Schriftsteller belebten die Szene, angezogen vom magischen Licht und der schönen Landschaft. Hier begann, was später als Belle Époque in die Annalen einging.

Um 1860 galt Nizza als Europas anspruchsvollstes Winterquartier, ideal gelegen zwischen den nun ebenso angesagten Adressen Monaco und Cannes. Der luxuriöse Lebensstil der High Society begründete unglaublich verschwenderische und gewagte Bauvorhaben. Architektonisch war es geprägt von einem kühnen, an Verzierungen überreichen Stil, der unbekümmert Elemente wie Türmchen, Dome und Kuppeln, Fayence und Fresken, Marmor, Glasleuchter und Goldzier miteinander verband – je opulenter und extravaganter, desto besser. Jeder setzte seinen Ehrgeiz daran, mit seiner Villa alle anderen in den Schatten zu stellen. Die Villa Grècque Kérylos mit ihrer eleganten Rotunde (S. 80) in Beaulieu und die Villa Ephrussi de Rothschild am Cap Ferrat

Das legendäre Carlton in Cannes ist nicht nur während der Filmfest-spiele die beliebteste Luxus-Herberge der Stars (rechts). Auf der Allée des Lumières hinterlassen Berühmt-heiten der Filmwelt ihre Handabdrücke (unten).

Das Schaulaufen des Sehen-und-Gesehenwerdens auf den Promenaden hat im Sommer Hochsaison.

(S. 72) sind Aushängeschilder für die Opulenz jener Jahre, die sich auch im Bau von Eisenbahnlinien, Palast-hotels wie dem Négresco (S. 47), exotischen Gärten und der elegan-ten Promenade des Anglais von Niz-za zeigten. Ab 1865 erlebte Monaco, bis 1850 ein armes Fischerdorf und Piratennest, mit Eröffnung des prachtvollen Casinos von Monte-Carlo (S. 104) seinen Boom als »spie-lerischer« Umschlagplatz von Vermögen der Prominenz. 1887 for-mulierte Stéphen Liégeard, Dichter und Winzer aus Dijon, die magische (Erfolgs-)Formel für die ganze Re-gion – La Côte d'Azur.

Russische Romanze

Nach der Oktoberrevolution von 1917 wurde die Côte d'Azur ein bevorzugtes Ziel für russische Adlige und andere Emigranten. Iwan Bunin, 1933 zu Russlands erstem Literatur-Nobelpreisträger gekürt, kam als Kosmopolit wider Willen an die Küste; Malerpoet Marc Chagall (S. 41, 148) verwirklichte ab

1946 in Saint-Paul und Vence seine Künstlerträume. In der russisch-orthodoxen Kirche von Nizza wurde Alexander III. durch ein kaiserliches Manifest zum russischen Thronfolger ernannt. Russische Architekten hinterließen entlang der Küste ihre Spur, mit Meisterwerken wie dem Fernand Léger Museum in Biot (S. 148) oder der beeindruckenden Cathédrale Orthodoxe Russe Saint-Nicolas in Nizza (S. 54).

Prinz Lobanow-Rostowski wiederum ließ in Nizza das Château des Ollières errichten – und überließ es, als er nach Moskau zurückberufen wurde, großzügig seiner Angebeteten als Liebesgabe. Heute können Sie dort in der Avenue des Baumettes 39 luxuriös logieren.

Sommerfrische

In der Belle Époque erlebte die azurblaue Küste ihre Blütezeit. Als Sommerziel populär wurde sie erst in den Roaring Twenties. Prominente wie Jazz-Komponist Cole Porter und der Romancier F. Scott Fitzgerald wirkten damals als Trendsetter. Eine ähnliche Wirkung hatten später, in den 1970er Jahren, die Rolling Stones. Unter dem Einfluss der US-Amerikaner wurde das Schwimmen en vogue, während Coco Chanel eine andere Mode ins Leben rief – die Sonnenbräune. Bis dahin galt vornehme Blässe als das einzig Wahre. Anfangs nur Refugium für Millionäre und gekrönte Häupter, wurde die Côte d'Azur

Luxusjachten im Hafen der mondänen Stadt Saint-Tropez

bald beliebter Aufenthaltsort für Mode-Diven, Filmstars, Künstler, Schriftsteller und Denker der Zeit, darunter Auguste Renoir, Henri Matisse, Pablo Picasso, Ernest Hemingway, Albert Camus und Jean-Paul Sartre.

Noch heute ist die Küste ein Magnet für Stars aller Couleur, ob Brigitte Bardot, Elton John, George Clooney oder Beyoncé. Obwohl Massentourismus und Billigflieger natürlich auch hier gelandet sind, hat sie sich Chic und Exklusivität bewahrt – mit Promenaden, auf denen man sieht und gesehen wird, ihren sonnenüberglänzten Stränden und betriebsamen Jachthäfen. Auch nach fast zwei Jahrhunderten bleibt diese – so treffend Côte d'Azur genannte – Küste mit ihren herrlich blauen Meereswogen einer der bezauberndsten Tummelplätze für die Reichen und Berühmten dieser Welt.

Kunst und Künstler

Seit eh und je ist die französische Riviera mit ihren kräftigen Farben und dem warmen südlichen Licht ein magischer Ort der Inspiration für etablierte und junge Künstler. Impressionisten, Fauvisten, Surrealisten und die Avantgarde unserer Tage – zahllose Genies fanden hier Anregung und *joie de vivre*.

Impressionismus

Die Impressionisten brachen mit klassischen Disziplinen der Malerei. Das flimmernde Licht der Riviera beflügelte sie zur Schöpfung eines neuen Weges, der Impression, als Spiegel außergewöhnlicher Naturschönheit. Claude Monet als Begründer der neuen Bewegung organisierte 1874 ihre erste gemeinsame Ausstellung. In Le Havre hatte er sein Gemälde »Impression: Sonnenaufgang« gemalt. Den Titel griff die Presse auf – und bezeichnete die Künstler als »Impressionisten«. Auf der Suche nach unmittelbaren Eindrücken der Natur studierte Monet das Spiel von Farbe und Licht auch an der Mittelmeerküste. Sein Freund Auguste Renoir zeigte sich ebenfalls fasziniert von diesen Phänomenen. Die Impressionisten schufen vermutlich die meisten Gemälde mit Motiven der Riviera. Von 1907 bis zu seinem Tod im Jahre 1919 lebte Renoir auf seinem Landsitz Les Colettes in Cagnes-sur-Mer.

Fauvismus

Wie Monet und Renoir, stammte auch Henri Matisse aus Nordfrankreich. Hingerissen vom Zauber des mediterranen Lichts, rief er aus: »Als mir klar wurde, dass ich hier jeden

Detail von »Le Bonheur de Vivre«, einem wegweisenden Werk Matisses

Tag dasselbe sah – konnte ich mein Glück kaum fassen.« Matisse begründete den Fauvismus. Typisch für die erste bedeutende Avantgarde-Bewegung des 20. Jhs. sind ungebrochene, leuchtende Farben.

Ihren Namen erhielt sie aus dem Munde eines Kritikers, dem in einer Ausstellung der Gruppe, inmitten vieler Bilder mit gewagten Farben und Formen, als einziges Exponat von Wert eine Skulptur im Renaissance-Stil auffiel – woraufhin ihm der Stoßseufzer entfuhr: »Donatello au milieu des fauves!« (Donatello umgeben von wilden Tieren!). Der Ausspruch gefiel den geschmähten Malern Matisse, Derain, Braque, Bonnard, Léger, Picabia und Chagall so gut, dass sie sich fortan so nannten. Ihre Lieblingsplätze an der Côte d'Azur waren identisch mit denen der Impressionisten. Als Schlüsselwerk des Fauvismus gilt »Le Bonheur de Vivre« (Lebensfreude) von Matisse, das großformatige Bild einer urwüchsig rauen Landschaft mit wild bewegten Frauenakten – Natur und Mensch als Synthese. Trotz seiner kurzen Dauer (1905–08) war der Fauvismus von enormem Einfluss auf die Kunst des 20. Jhs.

Vom Kubismus zum Post-Impressionismus

Eine andere Sicht der Dinge vertraten Georges Braque und Pablo Picasso, die 1907 den Kubismus begründeten. Beide waren große Bewunderer von Paul Cézanne und dessen Konzept einer strukturierten visuellen Sprache. Picasso übersiedelte nach Kriegsende an die Côte d'Azur, wo er bis zu seinem Tod 1973 lebte und zahllose Zeugnisse künstlerischen Ausdrucks der *joie de vivre* hinterließ, die diese Gegend ihm vermittelte.

Während andere hier ihre Wahlheimat fanden, stammte der 1830 geborene Paul Cézanne selbst aus Aix-en-Provence. Oft als Vater der modernen Kunst bezeichnet, war er das wichtigste Vorbild für Picasso und Matisse. Nach kurzem Schulterschluss mit den Impressionisten arbeitete er in eigenbrötlerischer Abgeschiedenheit in der Provinz – und doch mit ungeheurer Wirkung auf die Kunst des 20. Jhs.

Manchen Malern ging es jedoch weniger um Namen und Etiketten als vielmehr um die Verwirklichung ihrer künstlerischer Freiheit. So schrieb Paul Gauguin: »Ich bin ein impressionistischer Künstler, das heißt, ein Rebell.« Sein Freund, der Post-Impressionist Vincent van Gogh, folgte ihm in den Süden, wo er bedeutende Werke von hoher Symbolkraft schuf.

Zeitgenössische Kunst

Die Expressionisten waren mehr an urtümlicher Kunst interessiert – wie Erwin Sutter (1897–1976), dessen Gemälde »Rue de la Foutette« (Bibliothèque Municipale, Grasse) seinen inneren Aufruhr in groblinigen, vereinfachten Formen wiedergibt. Nizza brachte in den 1960er Jahren mit den Nouveaux Réalistes eine eigene Künstlerschule hervor. Das Musée d'Art Moderne et d'Art Contemporain (MAMAC) beherbergt eine faszinierende Sammlung ihrer Werke und anderer Avantgarde-Bewegungen, wie Fluxus, Pop Art und abstrakter Amerikanischer Malerei.

Statuen, Mosaiken und Mobilés von Größen wie Miró, Chagall, Braque, Calder, Giacometti und Moore. Der Lustgarten des Château de La Napoule (S. 141) lohnt gleichfalls einen Besuch, wegen seiner Formschnittgewächse in Tierform und bizarr-dämonischer Statuen – bildhauerische Werke des exzentrischen US-Millionärs Henry Clews aus dem Jahr 1919.

In Nizza bietet das Musée d'Art Moderne et d'Art Contemporain (MAMAC) einen faszinierenden Überblick zur zeitgenössischen Kunst.

Nizza vereint nach Paris die meisten Kunstmuseen und -galerien aller französischen Städte (S. 40). Entlang der Linie 1 der Nizza-Côte-d'Azur-Bahn bilden die Werke 15 weltbekannter Künstler ein großartiges Freilichtmuseum zeitgenössischer Kunst.

Gärten der Kunst

Ein Muss für alle Kunstliebhaber ist der Skulpturengarten der Fondation Maeght (S. 138) mit seiner attraktiven Sammlung von Brunnen,

Außergewöhnlich ist auch die Mixtur von Vergangenheit und Gegenwart in den Gärten der Villa Ephrussi de Rothschild (S. 80). Der bezauberndste aller Künstlergärten der Côte d'Azur ist jedoch derjenige Renoirs (mit Museum, S. 147) – eigentlich nur ein Ensemble knorriger alter Olivenbäume, wo der alte Maler Stunden im Rollstuhl verbrachte, den Pinsel an die rheumageplagten Finger gebunden. Dieser Garten wirkt noch heute wie eine typische Renoir-Landschaft.

Filmset

Seit die Brüder Lumière 1895 »Die Ankunft eines Zuges auf dem Bahnhof von La Ciotat« filmten, hatte Südfrankreich stets eine Vorreiterrolle in der Filmgeschichte inne. Pagnol, Truffaut, Godard, Vadim und andere legendäre französische Regisseure machten Städte und Dörfer zu Schauplätzen ihrer Meisterwerke und Schauspieler wie Brigitte Bardot und Jean Dujardin zu großen Kinostars.

In den 1920er Jahren war Nizza Hauptstadt des französischen Kinos: Innerhalb eines Jahrzehnts entstanden in den berühmten Studios de la Victorine rund 200 Filme. Die Côte d'Azur wurde zentrales Ziel für Schauspieler und Regisseure, die im Stummfilm und den frühen Tonfilmen ihr Glück versuchten – das erste Goldene Zeitalter des Films.

Hollywood-Größen

Der US-amerikanische Filmstar Grace Kelly spielte hier 1955 an der Seite von Cary Grant in Alfred Hitchcocks »Über den Dächern von Nizza«. Während der Dreharbeiten lernte sie Fürst Rainier III. kennen. Sie gab die Schauspielerei auf, um sich fortan ihren Pflichten als Fürstin, Gattin und Mutter zu widmen. Ihr märchenhaftes Leben endete 1982 abrupt durch einen tragischen Autounfall auf der Moyenne Corniche (S. 80). In »Grace of Monaco« erinnerte Olivier Dahan 2014 mit Nicole Kidman in der Titelrolle an die Fürstin. Die benachbarte Corniche Littorale – von Nizza nach Cannes – spielt wiederum eine Rolle in der Verfilmung von Frederick Forsyths »Der Schakal« von 1973.

Eng mit der Côte d'Azur verknüpft ist auch der Name Brigitte Bardot. Ihr Leinwanddebüt gab sie 1952 mit 18 in »Le Trou Normand«. Im selben Jahr heiratete sie den bekannten Regisseur Roger Vadim. 1956 schließlich erlebte das Ex-Mannequin und Pin-up-Girl in »Und immer lockt das Weib« seinen internationalen Durchbruch. Ihr erotischer Flaniergang durch St-Tropez machte die Bardot und das Hafenstädtchen weltberühmt und markierte den Beginn einer neuen Ära legerer Sitten. So schrieb das Time Maga-

Unvergessen: Grace Kelly und Cary Grant in »Über den Dächern von Nizza« (links); Schauspielerin Zhang Yuqi 2013 bei der Premiere von »Der große Gatsby«

zine: »Brigitte Bardot verströmte eine sorglos-naive Sexualität, die dem französischen Film ein ganz neues Publikum bescherte.« Bis heute lebt Brigitte Bardot in St-Tropez und nutzt ihre Bekanntheit für Tierschutzkampagnen.

Filmruhm

Einer der bekanntesten in dieser Gegend gedrehten Filme ist »Zärtlich ist die Nacht« (1962), nach F. Scott Fitzgeralds autobiografischem Roman. Er schildert den unbekümmerten Hedonismus der 1920er und 1930er Jahre an der Riviera, als das berühmt-berüchtigte Paar Scott und Zelda Fitzgerald seine Spielchen im palastartigen Hôtel du Cap Eden Roc am Cap d'Antibes trieb.

Jean de Florette

Der provenzalische Schriftsteller Marcel Pagnol, der die Verfilmung seiner Romane als Hommage an die Schönheit seiner Heimat anstrebte, gründete 1935 in Marseille eine Firma mit eigenen Studios. Der größte Wurf gelang ihm mit der Umsetzung des Romans »L'Eau des Collines« (Die Wasser der Hügel) in den Streifen »Jean Florette« und »Manons Rache«. In dieser bewegenden Geschichte aus den 1920er Jahren geht es um zwei Bauern aus der Provinz, die systematisch die Existenz eines Mannes aus der Stadt zerstören – eine Paraderolle für Gérard Depardieu.

Auch im 21. Jh. hat die Attraktivität der französischen Riviera als Filmset keine Patina angesetzt. Die Côte besitzt noch immer Star-Status. Ridley Scotts »Ein gutes Jahr« nach einem Roman von Peter Mayle schildert als romantische Komödie im Sonnenlicht der Provence, wie ein arroganter Londoner Banker alles aufgibt für die Liebe und den Zauber des Südens. Weit finsterer geriet 2006 die Verfilmung von Patrick Süskinds Bestseller »Das Parfüm« – immerhin geht es hier um die Gewinnung des ultimativen Duftes aus den Leichen schöner junger Mädchen. Ein Großteil des Films wurde in der Provence gedreht, und die Story glorifiziert Grasse als »Heiligen Gral« des Parfüms.

Entschieden heiterer präsentieren Rowan Atkinson in »Mr. Bean macht Ferien« (2007) oder Vanessa Paradis und Romain Duris in »Der Auftragslover« (L'Arnacœur, 2010) die Côte d'Azur, während mit Marion Cotillard in »Der Geschmack von Rost und Knochen« (2012) von Jacques Audiard wieder dunklere Seiten am Mittelmeer auftauchen.

2013 drehte Woody Allen für »Magic in the Moonlight« im Eden-Roc Hotel von Antibes sowie in Menton, Nizza, Grasse und Vence. 2017 war die Küste Schauplatz für Szenen von »Fifty Shades of Grey – Befreite Lust«. Gedreht wurde für den dritten Teil der Erotik-Trilogie in Nizza, Saint-Jean-Cap-Ferrat und Roquebrune-Cap-Martin. Die passende Kulisse für das Honeymoon-Hotelzimmer von Christian und Ana Grey lieferte das Musée des Beaux-Arts von Menton.

Die Internationalen Filmfestspiele von Cannes

Das schillernde Event, als das das Festival von Cannes heute ein Begriff ist, wurde 1939 gegründet als freie Konkurrenz zu den

---

Am Drehort

Filme mit der Region Provence-Côte d'Azur als Schauplatz oder Thema:

»Mare Nostrum« 1926
»Der Magier« 1926
»Über den Dächern von Nizza« 1955
»Und immer lockt das Weib« 1956
»Bonjour Tristesse« 1958
»Zärtlich ist die Nacht« 1962
»Der Gendarm von St. Tropez« 1964
»Ein Käfig voller Narren« 1978
»Sag niemals nie« 1983
»Jean Florette« 1986
»Manons Rache« 1986
»Der Husar auf dem Dach« 1995
»The Transporter« 2002
»Ocean's Twelve« 2004
»Ein gutes Jahr« 2006
»Das Parfüm« 2006
»Mr. Bean macht Ferien« 2007
»Plötzlich Star« 2011
»Renoir« 2012
»Magic in the Moonlight« 2014
»Tatort: Côte d'Azur« 2015
»Dalida« 2016
»Fifty Shades of Grey« Teil 2: 2016, Teil 3: 2017

»Blau ist eine warme Farbe« von Abdellatif Kechiche erhielt 2013 die Goldene Palme.

– damals vom Mussolini-Faschismus beherrschten – Internationalen Filmfestspielen von Venedig. Durch den Kriegsausbruch verzögerte sich seine erste Ausrichtung allerdings bis 1946. Seitdem findet es (außer 1948 und 1950) regelmäßig Mitte Mai statt. 2017 feierte es sein 70-jähriges Bestehen. Hauptpreis ist die Palme d'Or (Goldene Palme) für den besten Film.

Die begehrte Auszeichnung biete zwar keine Garantie für kommerziellen Erfolg, da hier vor allem Wert auf künstlerische Qualität gelegt wird, doch wer in Cannes gewinnt, bleibt eine Weile im Gespräch – zuletzt »Ich, Daniel Blake« von Ken Loach (2016), »The Square« von Ruben Östlund (2017) sowie »Ladendiebe« des Japaners Hirokazu Koreeda (2018). Einige frühere Cannes- Sieger haben inzwischen Kultstatus: »Blow Up« (1967), »Taxi Driver« (1976), »Apocalypse Now« und »Die Blechtrommel« (beide 1979), »Paris, Texas« (1984), »Lebewohl, meine Konkubine« (1993), »Pulp Fiction« (1994) und »Das weiße Band« (2009).

Partytime

Mittelpunkt der Betriebsamkeit ist das Palais des Festivals mit seinem roten Teppich. Meist haben nur geladene Gäste Zutritt zu den Filmvorführungen, doch gibt es auch welche für das Publikum im Cinéma de la Plage. Ob gerade ein Hollywood-Blockbuster läuft oder ein anspruchsvoller experimenteller Autorenfilm, das größte Filmfestival der Welt brodelt rund um die Uhr vor Stars, Geschäftemachern, Filmkritikern, Paparazzi und Partyleben.

Parfüm

Seine Blumen machten Grasse zur Welthauptstadt des Parfüms, umgeben von Feldern voll Jasmin, Rosen und Tuberosen, deren Duft fast betäubend die Luft erfüllt.

Die Côte d'Azur ist ein wahres Blumenparadies, von den opulenten Gärten der Luxusvillen an der Küste bis zu den violetten Reihen der Lavendelfelder, den duftenden Wildblumen und Kräutern des bergigen Bauernlandes jenseits der Küste. Seit mehr als 400 Jahren ist Grasse Zentrum der französischen Parfümindustrie. Zwei Drittel der nationalen Produktion erwirtschaftet das Städtchen!

Im 16. Jh. war Grasse noch Hochburg der Gerber. Dort kam der Handschuhmacher Galimard auf die Idee, Lederhandschuhe mit einheimischen Blumen zu aromatisieren, und schenkte ein Paar Katharina von Medici. Die Königin war begeistert – und erhob die *gants aromtisé* zum Must-Have. Riesige Blumenfelder entstanden rund um Grasse. Bis heute beherrschen Jasmin, Rosen und Tuberosen als die drei wichtigsten Ingredienzien der Parfümherstellung die Gärten, gefolgt von Lavendel, Mimosen und Narzissen. Grasse ist die Welthauptstadt des Parfüms.

Im Städtchen Grasse kann man sein eigenes Parfüm kreieren.

Die Kunst der Parfümherstellung

Wer mehr über Geschichte und Geheimnisse dieses alten Industriezweigs erfahren möchte, besichtigt am besten das Musée International de la Parfumerie (S. 144). Auf 3000 m² wartet dort ein Hochgenuss für die Sinne, mit Ausstellungen, Schnupperstationen der Düfte und Workshops, in denen Sie Ihre eigene Parfümmischung komponieren können. Der weitläufige Botanische

Im Sommer sorgen blühende Lavendelfelder im Hinterland der Provence für herrliche Landschaftsimpressionen.

Garten des Parfümeriemuseums im nahen Mouans-Sartoux verrät von April bis September auf zwei Hektar, welche Pflanzen für die Parfümindustrie kultiviert werden. Auch Fragonard, Galimard und Molinard, die drei größten Parfümhäuser der Welt, die noch nach traditionellen Methoden arbeiten, bieten Führungen an.

Le Nez

In Grasse und Umgebung gibt es 30 größere Betriebe, in denen Parfüm hergestellt wird. Jeder beschäftigt seinen eigenen Chef-Parfumeur, genannt *le nez*. Diese »Nase« erschnuppert mithilfe ihres ausgeprägten Geruchssinns die Basisnoten aller Pflanzen und ein weit gespanntes Repertoire an Düften.

Mit Duft-Testern komponiert sie harmonische Kombinationen verschiedener Noten – fast wie ein Musiker. Weltweit gibt es 300 »Nasen«. Die Hälfte arbeitet in Frankreich, rund 50 von ihnen in Grasse. Sie alle fügen diverse Essenzen zu neuen Düften zusammen, die Spitzenkräfte unter ihnen nur drei bis vier im Jahr.

Parfüm-Klassiker

Viele klassische Parfüms sind genauso beliebt wie zur Zeit ihrer Entstehung. Dazu gehört ein Duft der »Nasen« von Grasse: Coco Chanels Chanel No. 5 aus dem Jahr 1921. 31 Aromen birgt der bis heute beliebteste Damenduft der Welt, den Marilyn Monroe einst berühmt gemacht hat.

Regionale Küche

Essen ist an der Côte d'Azur eine magische Erfahrung. Opulente Vielfalt mediterraner Aromen, leuchtende, sonnensatte Farben und verlockende Düfte – all dies ergibt ein wahres Fest für die Sinne.

Morgens ums sechs ist die Welt noch in Ordnung, zumindest für die Südfranzosen an der Côte d'Azur. Ob in Nizza auf dem Cours Saleya oder neben den Schienen der Tram auf der Place du Général Charles de Gaulle, ob in Antibes, Cannes, Fréjus: Überall an der Côte d'Azur beginnt der Tag frühmorgens mit buntem Markttreiben, und das fast täglich. Da gibt es Tomaten in einer Fülle und Farbenvielfalt von Gelb bis fast Schwarz, Salz aus allen Regionen der Welt, ballgroße Auberginen, unzählige Kürbissorten, Artischocken aus der Bretagne, Biokäse von den Höfen der Haute-Provence, getrocknete und kandierte Früchte, Oliven in Hülle und Fülle … und Feigen, in Weinblättern zur *saucission,* sprich Wurst, gerollt. Im Frühjahr biegen sich die Marktstände unter der Last des frischen Spargels, im Herbst versammelt sich eine unglaublich beeindruckende Pilzvielfalt in Körben und Kisten.

Gleich zur Marktöffnung sind auch die besten Köche der Riviera da, ergreifen die bereitgestellten Blech- oder Plastikschalen und suchen prüfend die Zutaten für ihre Tagesgerichte *(plats du jour)* und ihre Menüs. Gucken, Tasten, Schnuppern gehören ebenso zum Einkauf wie der Klönschnack mit dem Händler und der Koffeinkick in einem der vielen Cafés oder Bar-Tabacs, die stets die Märkte umgeben. Wer *Café au lait,* Milchkaffee, geordert hat, stippt sein Croissant hinein, das hier im Süden viel buttriger ist als in Nordfrankreich.

Andere frühstücken lieber deftig, holen sich einen Happen auf die Hand – eine *pissaladière,* eine dünne Zwiebelpizza mit Crème fraîche, Anchovis und Oliven, oder *beignets de courgettes,* frittierte Zucchiniblüten. Oder kaufen bei einer Provenzalin, die ein Ölfass zur mobilen Bäckerei umfunktioniert hat, am Rande des Marché aux Fleurs den traditionellen Snack der Stadt: *socca* – einen herzhaften Fladen aus Kichererbsenmehl, Olivenöl, Salz und Wasser.

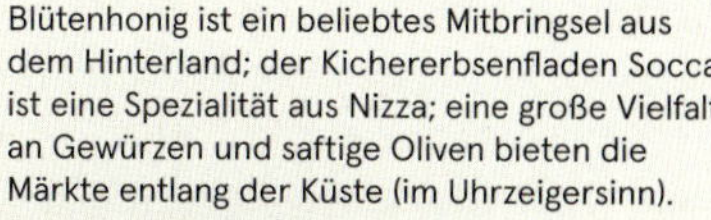

Blütenhonig ist ein beliebtes Mitbringsel aus dem Hinterland; der Kichererbsenfladen Socca ist eine Spezialität aus Nizza; eine große Vielfalt an Gewürzen und saftige Oliven bieten die Märkte entlang der Küste (im Uhrzeigersinn).

Grüne Kür

Tomaten, Zucchini, Paprika und anderes Gemüse, das heute als typisch provenzalisch gilt, brachte erst Kolumbus aus der neuen Welt an die Mittelmeerküste. Im Mittelalter lebte die Bevölkerung hier vor allem von Kohl. An jene Zeit erinnert das Traditionsgericht *sou fassum,* das besonders rund um Grasse gern an Wintertagen genossen wird. Aus einem Wirsing- oder Weißkohl wird dazu das Herz entfernt und das Innere mit gehacktem Fleisch, Speck, Mangold oder Spinat, Lauch, Karotte, Zwiebeln, Tomaten und Langkornreis gefüllt.

Völlig verwandelt hat sich auch das Ratatouille. Noch vor 100 Jahren war das Gemüsegericht ein dicker Brei aus Erbsen, Bohnen, Kartoffeln, Nudeln und Speck, ein Synonym für zusammengerührte Reste – nahrhaft, aber nicht gerade schmackhaft. Erst 1930 legte das Kochbuch »Cuisine à Nice« die Zubereitung von Ratatouille so fest, wie wir es heute kennen und lieben: als köstliches Ragout aus Tomaten, Zucchini, Aubergine, Paprika, Zwiebel, Knoblauch und Kräutern. Jede Familie an der Côte d'Azur und ihrem bergigen Hinterland schwört darauf, dass nur sie das einzig wahre Rezept für Ratatouille kennt.

Zum lauschigen Sommerabend passt eine *Soupe au Pistou*. Als Zutaten

Weltberühmter Sommerklassiker: Salade Niçoise (Nizza-Salat)

für die kräftige Suppe werden nur die frischsten Sommergemüse verwendet. Für den besonderen Pfiff sorgt das Pistou: eine Basilikumsauce mit Salz und zerstoßenem Knoblauch, die erst in die angerichteten Teller gerührt wird – sonst verliert der duftende Botschafter des Midi sein Aroma. Weit verbreitet ist auch der Gemüseauflauf Tian, der

nach seiner Auflaufform benannt ist und so vielfältig variiert werden kann, wie die Ernte im *potager,* im Küchengarten, ausfällt.

Fehlen darf auch nie der Mesclun, die Mischung knackig-frischer Blattsalate. Kopfsalat bildet auch die Basis für die *Salade Niçoise.* Den weltberühmten Sommerklassiker genießen die Einheimischen nur mittags. Garniert mit Kartoffelscheiben, Thunfisch, Sardellenfilets, Tomaten, Artischocken, Bohnen, Zwiebelringen, Paprikaschoten, Oliven und Ei ruht er dekorativ in einer Schale aus gelegten Außenblättern des Salatkopfs. Dazu eine Vinaigrette mit Balsamico-Essig und ein paar geröstete, mit Knoblauch eingeriebene Brotscheiben – *voilà* ein Power-Food à la française.

Oder genießen Sie dazu eine *fougasse!* Das provenzalische Hefebrot mit viel Olivenöl gibt es in unendlich vielen Variationen. Einigkeit besteht nur darin, dass es nie mit dem Messer geschnitten, sondern stets mit der Hand gebrochen wird. Doch was gehört hinein? In den Teig 550er Mehl, Hefe, Olivenöl, *Fleur de Sel* und Honig, ins Innere eine Füllung nach Wahl – Oliven und getrocknete Tomaten, Ziegenkäse und die Olivenpaste (Tapenade), oder nur fein gehackte Herbes de Provence, duftende Kräuter. In die Teigplatte länglich Schnitte setzen, in den Ofen schieben und noch lauwarm genießen!

Im Hinterland der Küste wird es kurvig und steil. Unter Aleppo-

Der Fischmarkt von Nizza auf der Place St-François ist ein Paradies für Feinschmecker.

Pinien und Steineichen weiden chamoisfarbene Ziegen. Sie geben die Milch für einen Frischkäse, der vor allem jung mit Lavendelhonig und Feigen genossen wird: der Brousse du Rove. Im Sommer wird er zum Star des *salade au chèvre chaud.*

Köstlichkeiten aus dem Meer

Beim Fisch gilt mittags wie abends dieses französische Bonmot: »Un poisson sans boisson est poison« – Ein Fisch ohne Getränk ist Gift. Wie sehr dieses französische Bonmot stimmt, beweist die Fischküche der Côte d'Azur. Dorade und Kabeljau, Auster oder Languste begleiten stets einen kühler Rosé- oder Weißwein.

Auch bei der Zubereitung wird nicht an mitunter hochprozentigen Zutaten gespart. Eigentlich in Marseille daheim ist eine Fischsuppe, die längst auch ein Küchenklassiker an der Côte d'Azur ist: die *bouillabaisse.* Das ursprünglich einfache Reste-Essen der Fischer hat sich längst zu einer opulenten Mahlzeit gemauert, denn in den Fond aus Felsenfischen kommen sieben Edelfische – *rascasse* (Drachenkopf), *congre* (Meeraal), *lotte* (Seeteufel), *grondin* (Knurrhahn), *saint pierre* (St. Petersfisch), *loup de mer* (Wolfsbarsch) und *rouget* (Rotbarbe). Pflicht dazu ist die *rouille,* handgerührt aus Olivenöl, Ei, Paprikapulver und Knoblauch, bis die Masse fest wie Mayonnaise ist. Genossen wird die Bouillabaisse zum Blick aufs Meer und einen Hafen in zwei Gängen: Zunächst gibt es nur den Fond, in den geröstete Baguette-Scheiben gelegt und mit *rouille* betupft werden. Zum zweiten Gang werden die Edelfische in die Suppe gelegt. *Bon appétit!*

Prachtstraße und Wahrzeichen von Nizza zugleich:
Promenade des Anglais (Promenade der Engländer)

Nizza

Die Küste säumt eine Promenade, die Welterbe werden will, in der Altstadt lebt das Erbe Italiens: *Joie de Vivre* trifft auf Dolce Vita.

Seiten 30–63

Erste Orientierung

Nizza verbindet Weltstadt und Dorf, lässt die Provence mit Italien flirten – und verkörpert wie kaum ein anderer Ort das Lebensgefühl der Côte d'Azur. Lauschige Plätze, breite Promenaden, weltberühmte Museen und versteckte Ateliers: Die »Königin der Riviera« hat so viele Facetten, dass Sie mindestens zwei Tage einplanen sollten. Wanderschuhe und Badesachen nicht vergessen!

Die von den Griechen gegründete und von den Römern besiedelte Stadt blühte im Mittelalter unter den Grafen der Provence, ehe die italienischen Herzöge von Savoyen die Herrschaft übernahmen. Seit 1860 gehört Nizza zu Frankreich, hat sich aber sein italienisches Flair und den verführerischen Mix aus Italiens und Frankreichs Vorzügen, einen eigenen Dialekt (*lenga nissarda*) und eine authentische Küche bewahrt. Nach Paris ist Nizza die französische Stadt mit den meisten Museen und Galerien. Der mediterrane Charme hat viele Künstler inspiriert, welche die pastellfarbenen Häuser mit Ziegeldächern, die Weinberge an den Ausläufern der Alpes Maritimes und das tiefblaue Meer mit dem weiß glühenden Sonnenlicht auf die Leinwand bannten.

Luxushotels, Designerboutiquen und schicke Caféterrassen verströmen gehobene Lebensfreude. Schon 1953 hieß es in Sandy Wilsons Musical »The Boyfriend«: »Andere Orte sind vielleicht toll, doch ist erst alles gesagt und getan, ist's nur in Nizza so wundervoll.«

Nachdem im Juli 2016 86 Personen starben, als ein Lkw auf der Promenade des Anglais in die Menschenmenge raste, sind Fußgängerbereiche mit sogenannten Nizza-Sperren, großen Betonblöcken, versehen.

Museé Matisse
Avenue Maréchal Lyautey
Boulevard de Cimiez
Cimiez
16
Villa Arson
Gare Chemins de Fer de Provence
Avenue Maussena
Museé national Marc Chagall
Palais des Expositions
Boulevard Gambetta
Boulevard de Cimiez
Galliéni
Gare SNCF Nice-Ville
Avenue Jean Médecin
Boulevard Dubouchage
Acropolis
Av.
Avenue République
Museé d'Art Moderne
Rue Barla
Place Wilson
Rue Cassini
Boulevard Gambetta
Av. St-Jean-Baptiste
Boulevard Victor Hugo
Quartier du Paillon
14
Boulevard Jean-Jaurès
Vieux Nice
12
Colline du Château
Quartier du Port
Rue de la Buffa
15
17
Museé Masséna
Av. de Verdun
Quai des Etats-Unis
11 Promenade des Anglais
500 m
500 yd
ts Asiatique &
tional d'Art Naïf Anatole-Jakovsky

Mein Tag
der Genüsse in Nizza

Ravioli, Socca, Soupe au Pistou, Salade Niçoise, Stockfisch, Pan Bagnat und Pissaladière: Die Küche von Nizza verführt die Sinne. Entdecken Sie den kulinarischen Hotspot der Côte d'Azur und erleben Sie die provenzalischen Hochgenüsse und all ihre Geheimnisse hautnah!

9 Uhr: Christians Küchengeheimnisse

Christian Plumail, der für sein Restaurant L'Univers jahrelang Michelin-Sterne erhielt, kocht heute lieber ganz entspannt und gibt bei Kochkursen sein Wissen weiter. Das gemeinsame Genießen beginnt mit dem Einkauf auf dem berühmten Wochenmarkt des Cours Saleya, ehe in nächster Nähe im Kochatelier geschnibbelt, gebrutzelt und schließlich gemeinsam alles genossen wird.

14.30 Uhr: Bummel durch den Bauch von Nizza

Die Rue Pairolière ist der »Bauch« von Nizza und bildet gemeinsam mit der Rue du Collet und Rue Saint-François die Schlemmermeile von Nizza. Pélardon von kleinen Produzenten, halbfester Tomme de Savoie, cremig-fester Saint-Nectaire aus der Auvergne, 36 Monate alter Comté der Franche-Comté oder frische Saint-Félicien-Taler von Bio-Bauern …: Mit mehr als 120 Kä-

14.30 Uhr: Bummel durch den Bauch von Nizza

18 Uhr: Was für Aussichten zum Aperó!

21.30 Uhr: Die Nächte von Nizza

19.30 Uhr: Kennen Sie Ceviches?

9 Uhr: Christians Küchengeheimnisse

Eine kulinarische Reise zu den Delikatessen der Côte d'Azur führt durch die Altstadt von Nizza.

14.30 Uhr

14.30 Uhr

Verführerische Käsespezialitäten der Region führt La Petite Fromagerie in der Rue du Collet.

se-Spezialitäten begeistert La Petite Fromagerie in der Rue du Collet 6 Käsefans. Lauter Verführungen birgt auch der Nachbar, der sich die Hausnummer teilt: das Feinkostgeschäft Tentazione.

Wer süße Brotaufstriche mit salziger Karamellbutter, Spekulatius, Pecan-Nuss oder Nougat liebt, wird schräg gegenüber beim Comptoir de Mathilde (7, rue du Collet, www. lecomptoirdemathilde.com) glücklich. Auf Gewürze hat sich der Comptoir Familial (7, rue St Francois) spezialisiert – die Pfeffer-Auswahl ist beeindruckend. Auch das

typisch provenzalische Rouille-Gewürz finden Sie hier!

Vorbei am Schlachter, der das Fleisch ganz anders zerteilt, als Sie es aus der Heimat kennen, kommen Sie zur Brûlerie des Cafés Indiens, das im Herzen des Vieux-Nice die braunen Bohnen röstet. Gönnen Sie sich hier (35, rue Pairolière, www. facebook.com/cafesindien) einen P'tit Noir, den starken, schwarzen Koffeinkick!

Gegenüber bäckt Nissa Porchetta Socca (9.30–19 Uhr) den typisch Niçoiser Pfannkuchen aus Kichererbsenmehl. Wer den Fladen

Girofle et Cannelle: Gewürze, Salze, Paprika, Öle, Balsamico-Essig, Tee ... in großer Auswahl

daheim zubereiten möchte, erhält bei ihm auch das passende Mehl und andere Zutaten für die lokale Küche (26, rue Pairolière, www.nissa-por chetta-socca.com).

Mit Petits Farcis, mit Hack gefülltes Gemüse, Sülzen und Fleisch mit Gemüse in Aspik, Spanferkel und Schweinehaxen begeistert die Charcuterie Ghibaudo-Pottier (29, rue Pairolière) Fleischliebhaber, die auch bei den Schlachtern gegenüber und nebenan glücklich werden.

Eine reiche Auswahl an Oliven und Gewürzen der Provence finden Sie in der Maison de l'Olive (18, rue Pairolière, www.olivesepices.com) und bei Girofle & Cannelle (2–4, rue Pairolière, www.girofle-et-cannelle. com), die auch diverse Salzsorten, aromatisierten Essig sowie feine Olivenöle führen.

18 Uhr: Was für Aussichten zum Apéro!

Nizza gehört zu den wenigen Orten an der Côte d'Azur mit Rooftop-Bars. Schönster Sonnenplatz mit Paradeblicken auf die Promenade des Anglais, das Meer und die Stadt ist die Dachterrasse des Boscolo-Hotels, wo Sie unter einem Dutzend Cham-

pagner den passenden Prickelnden aussuchen können.

19.30 Uhr: Kennen Sie Ceviches?

Peixes hat Armand Crespo sein neuestes Bistro genannt, und dort dreht sich alles um kreative Meeresküche und trendige *ceviches,* Fisch-Carpaccios, nach peruanischer Art mit Zitrone oder Limette mariniert. Danach locken Calamares, Crevetten, Makrelen, Lachs oder Regenbogenforelle – alles lokal gefangen, leicht zubereitet und sehr lecker. Ehrliche Bistronomie im Stil der Küste.

21.30 Uhr: Die Nächte von Nizza

Kreative Cocktails und Live-DJs: Le Hussard, eine stilvolle Bar-Lounge auf einem Dach über dem Blumenmarkt, ist wie gemacht dafür, die lauen Sommernächte noch ein wenig zu verlängern. Sehr beliebt ist auch die Puzzle Bar, die bis weit nach Mitternacht ihre ungewöhnlichen Cocktails, Dutzende Gin-Tonic-Varianten, Whisky, Wein und Wodka zu köstlichen Tapas serviert. Donnerstag bis Sonnabend können Sie in Le Kosma Apéro-Shows (18–23 Uhr) mit den Chippendale Boys oder

Lounge-Atmosphäre in Lila: Die Bar des Le Hussard im Zentrum von Nizza bietet abends kunstvolle Cocktails und füllt sich erst recht spät.

Le Terrasse du Plaza: im Restaurant oder in der Lounge des Hôtels Boscolo gönnt man sich gern eine kleine Pause mit einem Drink, begleitet von Tapas in entspannter Atmosphäre und weitem Blick.

den Cosmo Girls bewundern und danach bis fünf Uhr früh in den neuen Tag tanzen.

Kochkurs: Christian Plumail
✝ 226 D3 ✉ 54 bd. Jean Jaurès, Nizza
☎ 0493 62 32 22, 06 11 31 73 16
⊕ www.christian-plumail.com
🕐 tägl. 9–14.30 Uhr 💰 80 €

La Terrasse du Plaza (Hôtel Boscolo) €€
✝ 226 C3
✉ 12, av. de Verdun
☎ 0493 16 75 92
⊕ http://laterrasseduplaza.fr 🕐 Okt.–April tägl. 10.30–21, Mai–Sept. bis 0.30 Uhr

Peixes Nice €€
✝ 226 C3 ✉ 4, rue de l'Opéra
☎ 0493 85 96 15
🕐 Di–Sa 12–22 Uhr

Le Hussard €€–€€€
✝ 226 D3
✉ 3, rue Saint-François de Paule
☎ 0493 81 93 81
⊕ www.lehussardrestaurant.com
🕐 Di–So 18–23 Uhr

Puzzle Bar €–€€
✝ 226 D3
✉ 1, rue de la Préfécture
☎ 06 43 17 99 26
⊕ www.puzzlebar-nice.com
🕐 tägl. 18.30–2.30 Uhr

Le Kosma €€
✝ 226 D3 ✉ 8, rue Sacha Guitry
☎ 0489 03 47 46
⊕ www.kosmaclub.com
🕐 Di/Mi 23–5, Do–Sa 18–5, So 23–5 Uhr

❷ ★★ Nizzas Museen

Das Licht und die intensiven Farben der Côte d'Azur haben viele Künstler in diesen Teil Frankreichs gezogen. Nizza verfügt daher über die meisten Galerien und Museen aller französischen Städte, mit Ausnahme von Paris. In erster Linie französische Künstler des 16. bis 20. Jh. zeigt das Musée des Beaux-Arts. Yves Klein, Niki de Saint Phalle und andere Avantgarde-Künstler aus Europa und Amerika präsentiert das Musée d'Art Moderne et d'Art Contemporain. Den Wegbereiter der Fauvisten entdecken Sie im Musée Matisse, das farbenfroh-religiöse Werk eines weltberühmten Exilrussen im Chagall-Nationalmuseum.

Musée Matisse

Henri Matisse (1869–1954) verbrachte von 1917 bis zu seinem Todesjahr 1954 jeden Winter in Nizza und schenkte der Stadt seine Privatsammlung: 700 Drucke, Skulpturen, Zeichnungen, Gemälde, Fotos und illustrierte Bücher, aber auch Keramiken und Briefe. Matisse lebte erst im Hôtel Beau Rivage an der Promenade, dann in einem schmucken Stadthaus am Blumenmarkt. Als älterer Herr zog er mit seiner Frau ins Hôtel Régina Palace in Cimiez. Dort gibt heute eine rote Villa aus dem 17. Jh. im Parc Les Arènes mitten in einem Olivenhain als Musée Matisse einen Überblick über sämtliche Schaffensphasen des Künstlers.

Am Anfang stehen Kopien alter Meister. Nüchtern und dunkel bannt er in den 1890er Jahren traditionelle Themen in »Nature Morte aux Livres« und »Intérieur à l'Harmonium« auf die Leinwand. Doch dann bricht er aus, aus starren Regeln und festen Formen und wird zum *fauve*, zum »wilden Tier«. Mit Leuchtkraft und Komplementärfarben wie Rot-Grün gibt er seinen Empfindungen Ausdruck – Sinnlichkeit und Lust, festgehalten in »Jeune Femme à l'Ombrelle« und »Portrait de Madame Matisse«. Matisse hat seinen Stil gefunden: intensive Farben und einfache Formen. Sie prägen auch seine reife Schaffenszeit mit dekorativen Papierschnitten und Serigrafien aus der Nachkriegszeit. Weltberühmt wurde sein »Blauer Akt IV«.

Das Museum zeigt mit 57 Bronzen fast sämtliche, die Matisse je anfertigte, sowie die weltgrößte Sammlung seiner Zeichnungen und Drucke: Illustrationen für den »Ulysses«

Die Villa des Arènes im Stadtteil Cimiez beherbergt das Musée Matisse.

des irischen Schriftstellers James Joyce, aber auch Skizzen und Buntglasmodelle für die Chapelle du Rosaire in Vence (S. 149). Matisses Grab finden Sie auf dem nahen Friedhof Cimiez.

Musée national Marc Chagall

Am Fuß des Cimiez-Hügels steht das moderne Gebäude, das von André Hermant eigens für Chagalls »Message Biblique« entworfen wurde. Die »Biblische Botschaft« umfasst 17 Monumentalgemälde, die der Künstler zwischen 1954 und 1967 schuf. Nach Chagalls Tod im Jahr 1985 wurden dem Museum weitere Werke gestiftet. Chagall war ein sehr individualistischer Künstler russisch-jüdischer Abstammung, der Themen aus dem Alten Testament und der russisch-jüdischen Folklore aufgriff. Er wurde 1887 in Vitebsk im heutigen Weißrussland geboren und verbrachte die Kriegsjahre in Amerika, bevor er sich 1950 in Saint-Paul-de-Vence niederließ. Noch zu Lebzeiten wurde das Museum eröffnet – eine Premiere in Frankreich.

Chagall, der durch seine traumhaft-visionären Gemälde mit Violine spielenden Ziegen und durch die Luft schwebenden Menschen bekannt wurde, hat hier riesige und sehr ausdrucksstarke Ölbilder geschaffen, die biblische Szenen und jüdische Themen illustrieren, z. B. die Kindheit des Künstlers in einem jüdischen Stetl (Großdorf). Zur Sammlung gehören auch Chagalls Elias-Mosaiken und wunderschöne blaue Buntglastafeln zur Erschaffung der Erde.

Musée des Beaux-Arts

Das Museum residiert in einem italienisch geprägten Anwesen aus dem 19. Jh. am Westende des Strandes. Wo einst eine ukrainische Fürstin residierte, entführt heute Raoul Dufy (1877–1953) mit farbenfroh-sinnlichen Werken ins Nizza der Impressionisten. Seine Werke wurden dazu aus dem früheren Musée Dufy hierher gebracht, weil am Ufer die salzhaltige Luft die Farben der Bilder angriff. Seine frühen fauvistischen Werke wie »Bâteaux à l'Estaque« nehmen den Kubismus vorweg, mit dem Dufy nur kurz flirtet.

Um 1920 hat er seinen eigenen, unverwechselbaren »stenografischen Stil« gefunden: In dünnen Lagen trägt er die Farbe auf, wie schnell hingeworfen, verkürzt Perspektiven und umrandet Motive mit schwarzen Linien. In weichen, hellen Farben spiegelt er Lebensfreude und sinnlichen Genuss von Nizza wieder, wie ihn auch die Impressionisten Bonnard und Vuillard eingefangen haben. Van Dongen erinnert im »Tango des Erzengels« an die wilden 1920er Jahre an der Riviera.

Eine Galerie widmet sich dem Maler Carle van Loo (1705–65) aus Nizza. Im Treppenhaus hängen Arbeiten von Jules Chéret (1836–1932). Der Belle-Époque-Lithograf führt 1866 die ersten Farbplakate in Frankreich ein. Grundstock des Museums bildet eine Stiftung Napoleons II. mit europäischen Werken des 17. bis 19. Jhs., darunter Bilder der Riviera von Edgar Degas, Alfred Sisley und Raoul Dufy, Skulpturen von Auguste Rodin und Gemälde italienischer Meister.

»Biblische Botschaft«: Monumentale Bilder mit Bibel-
Szenen bilden das Herzstück des Chagall-Museums (links);
das MAMAC beeindruckt schon von außen – mit kühner
Architektur.

Musée d'Art Moderne et d'Art Contemporain

Vier achteckige Türme aus grauem Carrara-Marmor, verbunden mit Glasgängen: Bereits die Architektur des Musée d'Art
Moderne et d'Art Contemporain (MAMAC) von Yves Bayard
und Henri Vidal ist spektakulär. Was drinnen gezeigt wird,
verrät eine nicht minder monumentale Skulptur von Alexander Calder vor dem Entrée: französische und amerikani-
sche Avantgarde ab 1960. Nizza galt fast 60 Jahre lang als der
Mittelpunkt des Nouveau Réalisme, des französischen Pen-
dants zur Pop Art. Leitfigur der Bewegung war Yves Klein,
der König des Ultramarinblaus. César presste Autos zu
Kunst, Ben (Vautier) machte seine Signatur weltberühmt.
Dank weiterer Künstler wie Martial Raysse, Arman und Jean
Tinguely besaß die zweite Schule von Nizza eine so große
Strahlkraft, das auch Andy Warhol, Roy Liechtenstein und
andere internationale Künstler angelockt wurden.

Ebenfalls im Museum zu sehen sind die Zeichnungen
und »Verpackungen« von Christo, abstrakte Kunst, minima-
listische Werke und Pop Art aus den USA. Der Sammlungs-
rundgang endet am Aufgang zum Dachgarten: Genießen
Sie tolle Ausblicke auf Nizza und Kleins »Mur de Feu«
(Feuerwand), die zu besonderen Anlässen angestrahlt wird.

Weitere Kunstmuseen

Im Herzen eines herrlichen Parks dokumentiert das Musée Masséna im Palais des Fürsten Victor Masséna mit Gemälden, Fotos und Skulpturen die Geschichte der Stadt vom 18. bis zu den ersten Jahrzehnten des 20. Jhs. Masséna war der Enkel des in Nizza geborenen gleichnamigen Marschalls, der sein militärisches Talent als Feldherr unter Napoleon entfaltete. Das Gebäude wurde der Stadt Nizza mit der Auflage überlassen, darin ein Museum für Regionalgeschichte einzurichten.

Die historische Abteilung umfasst Bilder von Mitgliedern der frühen Schule von Nizza, eine Bibliothek mit über 10 000 seltenen Büchern und Handschriften sowie eine Sammlung mit Waffen aus dem 15. und 16. Jh. Die Abteilung für lokale Traditionen zeigt Trachten, Möbel, Fayencen und Kunsthandwerk der Region.

Ein Zentrum für zeitgenössische Kunst ist die Villa Arson mit ihrer Hochschule in einer Villa aus dem 18. Jh. und einem Gebäudekomplex im Bauhaus-Stil. Lohnend sind das Museum für asiatische Kunst und das Internationale Museum für Naive Kunst Anatole Jakovsky.

French Riviera Pass
⊕ www.frenchrivierapass.com
✦ Eintritt für Museen von Nizza, Léger-Museum von Biot, Ozeanografisches Museum von Monaco, Villa Kérylos von Beaulieu oder Villa Ephrussi inkl.
1 Tag 26 €, 2 Tage 38 €, 3 Tage 56 €; inkl. Nahverkehr 30/46/68 €

Musée Matisse
✛ 226 bei C1
✉ 164, av. des Arènes de Cimiez
☎ 0493 81 08 08
⊕ www.musee-matisse-nice.org
🕐 tägl. außer Di Mitte Juni–Mitte Okt. 10–18, sonst 11–18 Uhr ✦ 10 €
🚌 Busse 17, 20, 22, 25; Bus 15 Pendelverkehr zw. Musée Matisse und Musée Chagall (1,50 €)

Musée National Marc Chagall
✛ 226 C1
✉ av. du Docteur Ménard
☎ 0493 53 87 20
⊕ www.musee-chagall.fr
🕐 tägl. außer Di Mai–Okt. 10–18, sonst 10–17 Uhr ✦ 10 €
🚌 Busse 15, Pendelbus zw. Musée Matisse und Musée Chagall

Musée des Beaux-Arts
✛ 226 A3
✉ av. des Baumettes
☎ 0492 15 28 28
⊕ www.musee-beaux-arts-nice.org
🕐 Di–So Mitte Juni–Mitte Okt. 10–18, sonst 11–18 Uhr ✦ 10 €
🚌 Busse 3, 8, 9, 10, 11, 12, 22, 23

Musée d'Art Moderne et d'Art Contemporain (MAMAC)
✛ 226 D/E2
✉ Places Yves Klein

☎ 0497 13 42 01
⊕ www.mamac-nice.org
🕐 Di–So Mitte Juni–Okt. 10–18, sonst 11–18 Uhr ✦ 10 €
🚌 Busse 1, 2, 3, 4, 5, 6, 7, 8, 9, 10, 14, 16, 25, 30, 88, 89

Musée Masséna
✛ 226 B3
✉ 65, rue de France/Promenade des Anglais
☎ 0493 91 19 10
🕐 tägl. außer Di Juni–Okt. 10–18, sonst 11–18 Uhr ✦ 6 €
🚌 Busse 22, 110, 200, 230

Villa Arson
✛ 226 bei B1
✉ 20, av. Liégeard
☎ 0492 07 73 73
⊕ www.villa-arson.org
🕐 tägl. außer Di 14–18 Uhr
🚌 Tram 1, Busse 4, 7

Musée des Arts Asiatique
✛ 226 bei A3
✉ 405, promenade des Anglais
☎ 0492 29 37 00
⊕ www.arts-asiatiques.com
🕐 tägl. außer Di 10–17 Uhr, Teezeremonie So 15 Uhr (10 €), Tai Chi/Chi Gong, Sa 10.30 Uhr ✦ frei
🚌 Busse 9, 10, 23

Musée International d'Art Naïf Anatole-Jakovsky
✛ 226 bei A3
✉ Château Sainte-Hélène/ 23, av. de Fabron
☎ 0493 71 78 33
🕐 tägl. außer Di Juni–Okt. 10–18, sonst 11–18 Uhr ✦ 6 €
🚌 Busse 9, 10, 23

⓫ Promenade des Anglais

Zwischen Prachtbauten der Belle Époque und dem azurblauen Meer erstreckt sich auf 7 km eine Flaniermeile, die zu ihrem 250. Geburtstag 2015 den Antrag eingereicht hat, Welterbe zu werden: die Promenade des Anglais. Wo einst Europas High Society flanierte, schlängeln sich heute Inlineskater und Einheimische auf blauen Stadträdern zwischen Passanten hindurch, die Kunst und Musik von Straßenkünstlern genießen – und immer wieder Paradeblicke auf die Metropole und das Meer.

Ursprünglich war die Promenade nichts weiter als ein zwei Meter breiter Küstenpfad. Heute ist sie eine breite, lärmende Uferstraße, die auf der Meeresseite einen für Fußgänger, Radfahrer oder Skater reservierten breiten Streifen bekommen hat. Zwischen den luxuriösen Stadthäusern (*hôtels*) der Belle Époque wie dem Négresco finden Sie heute auch moderne Wohnblöcke. Dennoch ist die Promenade nach wie vor ein beliebter Ort für einen Bummel am Meer und an schönen Tagen voller Leute, die hier flanieren, sich sonnen oder skaten (S. 49). Nach dem Lkw-Attentat vom 14. Juli 2016 mit 86 Toten ist die Flaniermeile zur Straße hin mit Betonblöcken gesichert.

Schöne Bummelstrecke
Carras war früher ein kleines Fischerdorf – rund um den kleinen Hafen am Westende der Promenade entstand bis

Ende 2018 nach Plänen von Christian Estrosi der <u>Parc de Carras</u> mit Palmen, Bouleplatz, Blumenbeeten und Paradeblicken auf die Baie des Anges.

Im Norden erstreckt sich ein Netz von Fußgängerzonen mit zahlreichen Restaurants, Bars und eleganten Boutiquen. Die Promenade des Anglais endet offiziell am <u>Jardin Albert Ier</u>. Doch ist sie nicht die schönste Bummelstrecke am Wasser, gehen Sie um die Landspitze herum bis zum Hafen im Osten! Diesen Abschnitt nennen die Niçois »Quai Rauba-Capéu« (Mützendieb), weil es stets etwas windig ist. Vom Quai des Etats-Unis führen Treppen und ein Fahrstuhl hinauf zur <u>Colline du Château</u> (S. 55). Hafen, Stadt und Strand liegen Ihnen zu Füßen!

Das originellste Hotel der Stadt

Unter den Prachtbauten an der Promenade des Anglais sticht der Kuppelbau des <u>Hôtel Négresco</u> hervor. Das Gebäude wurde ab 1912 für den Rumänen Henri Négresco erbaut, der als Geiger begann und acht Jahre nach dem Bau des Hotels bankrott war. 1918 nahm es den Hotelbetrieb auf – was 2018 groß gefeiert wurde. Das heute denkmalgeschützte Wahrzeichen gehört zu den schönsten Stadthäusern Frankreichs. Hier übernachteten schon Churchill, Chaplin, die

Die berühmte Nicoiser Flaniermeile hat an Anziehungskraft bis heute nicht verloren.

Piaf, Liz Taylor und Richard Burton, Picasso, Dalí und die Beatles. Die US-amerikanische Tänzerin Isadora Duncan starb 1927 vor dem Hotel, als ihr Schal sich in einem Rad ihres Bugatti verfing und ihr das Genick brach.

Von außen erinnert die rosa-weiße Fassade mit den Türmchen eher an eine Hochzeitstorte als an ein Hotel. Den Haupteingang finden Sie nicht zum Meer, sondern in einer schmalen Seitenstraße: Das ganze Hotel wurde einst mit dem Rücken zum Strand gebaut, um die Gäste vor den damals sehr verpönten Sonnenstrahlen zu schützen. Von 1957 an hat Jeanne Augier das Haus mit seinem Gourmetrestaurant »Le Chantecler« (S. 59) dirigiert und allen Versuchungen widerstanden, den Palast an fremde Investoren abzugeben. Als sie 2013 ihren 90. Geburtstag feierte, wurde ihr »aus gesundheitlichen Gründen« per Gericht die Leitung untersagt und an die Anwältin Nathalie Thomas übertragen. Im Restaurant »La Rotonde«

Stilvoller Empfang im Hôtel Négresco

(S. 60) werden die Mahlzeiten in den Originalkabinen eines Karussells aus dem 18. Jh. serviert.

Das Négresco ist zwar ein traditionelles Hotel, zugleich aber ein Museum für moderne Kunst und Dekor. Seine Innenausstattung ist voller Überraschungen – vom größten Aubusson-Teppich der Welt bis hin zu den riesigen Bädern mit glänzendem Gold. Sein Dekor erinnert an das Schloss von Versailles, und die Toiletten sind wahrscheinlich die am üppigsten verzierten, die Sie je zu sehen bekommen haben.

KLEINE PAUSE

Ein unvergessliches Essen bieten das **Le Chantecler** (S. 59) und das preiswertere **La Rotonde** (S. 60), beide im Négresco.

Promenade des Anglais
✛ 226 A/B3
🚌 Busse 52, 59, 60, 62, 94, 98, 99

Hôtel Négresco
✛ 226 B3
✉ 37, promenade des Anglais
☎ 0493 16 64 00
🌐 www.hotel-negresco-nice.com
🚌 Busse 52, 59, 94, 98, 99

Sonnenaufgang sportlich

Die Côte d'Azur begrüßt jeden jungen Tag mit Hingabe – und sehr sportlich. Auf den Promenaden von Cannes, Nizza und Le Mandelieu treffen sich die Einheimischen zum Joggen. Ruhiger und einsamer ist dieses beliebte Morgen-Ritual: Gehen Sie an den Strand, tauchen Sie ein in die badewarmen Fluten und schwimmen Sie ein paar Bahnen im Meer, während die Sonne langsam am Horizont aufsteigt und das Wasser silbrig funkeln lässt.

⑫ Vieux-Nice

Warum?	Hier erleben Sie alles, was die Provence ausmacht
Was?	Altstadtbummel – stürzen Sie sich ins Gewühl der Gassen
Wie lange?	Zwei bis drei Stunden
Wann?	Morgens für den Marktbummel, nachmittags für das bunte Treiben in den Gassen
Was noch?	Was geschah im Garten Eden? Das verrät ein Relief auf der Maison d'Adam et Eve in der Rue de la Poissonnerie
Was nehme ich mit?	Ein Fläschchen Olivenöl – zum Beispiel von Alziari (14, rue Saint-François-de-Paule, www.alziari.com)

Verwinkelte Gassen, Märkte, Bars, Boutiquen und überall Blumen: Die Altstadt von Nizza, Vieux-Nice oder *vieille ville* genannt, ist ein lebensfrohes Potpourri der Provence mit einem Hauch Italien. Bummeln Sie durch die Gassen, kosten Sie die Spezialitäten der Stadt und genießen Sie auf lauschigen Plätzen den Trubel und das Flair des Südens!

Lassen Sie den Stadtplan links liegen und lassen Sie sich durch das Labyrinth der Gassen treiben. So kommen Sie nicht automatisch an allem Sehenswerten vorbei, entdecken aber noch ruhige Seitenstraßen mit verschwiegenen Winkeln und Plätze mit Pinien. Designerboutiquen, angesagte Galerien und lokaltypische Restaurants sind dort Tür an Tür mit nüchternen Arbeiterkneipen und schlichten Läden, in denen sich die Einheimischen versorgen.

Tauchen Sie in der Rue du Marché, Rue de la Boucherie, Rue du Collet und Rue Pairolière in die Markt-Atmosphäre ein – Stände und Geschäfte sind voller verlockender Angebote (S. 34)! Für den Fischmarkt auf der Place Saint-François müssen Sie früh aufstehen!

Im Herzen der *vieille ville* liegt der Cours Saleya, wo täglich der Blumen- und Gemüsemarkt die besten Erzeugnisse der Region feilbietet. Die nahe Église de l'Annonciation gehört zu den ältesten Kirchen Nizzas. Die Chapelle de la Miséricorde ist von außen ein Juwel der Barockkunst, im Innern versteckt sie ein üppiges Rokoko-Interieur. Die Kunst

von heute präsentieren in der Altstadt ausgefallene Kunst-
räume wie die städtische <u>Galerie de la Marine</u>, die Nach-
wuchskünstler vorstellt, und die <u>Galerie des Ponchettes</u> für
zeitgenössische Kunst, die sie unter dem Gewölbe einer 30 m
langen Halle ausstellt. Einst diente sie der sardischen Marine als Arsenal, dann als Fischmarkt. 1950 überredete Matisse die Stadtväter, den Bau zu sanieren. Beide Galerien zeigen alle drei Monate neue Ausstellungen.

Ein Meer aus Blumen – dem Reiz des Marché aux Fleurs (Blumenmarkt) kann sich kaum jemand entziehen.

Cours Saleya – ein Fest für die Sinne

Der Montag ist für Trödler reserviert, aber von Dienstag bis
Sonntag findet auf dem weitläufigen, sonnigen <u>Cours Saleya</u>
(S. 34) vormittags ein Obst-, Gemüse- und Blumenmarkt
statt, der zu den besten Frankreichs zählt. Die farbenfrohen
Stände bersten geradezu unter dem üppigen Angebot feins-
ter einheimischer Erzeugnisse: Pilze in Hülle und Fülle,
Tomaten in allen Farben und Formen, Auberginen, Zitrusfrüchte und Kräuter, die *herbes de Provence* – ein Fest für die
Sinne. Obst und Gemüse sortiert man an den Marktständen
auf dem Cours Saleya selbst in eine Blechschale, die der Verkäufer aushändigt. Machen Sie es wie die Einheimischen,
bringen Sie eine Einkaufstasche oder einen Korb mit.

   Kommen Sie am frühen Morgen, wenn die besten Köche
der Riviera die Zutaten für ihre Tagesgerichte *(plats du jour)*
auswählen, stürzen Sie sich ins Gewühl und schauen Sie

dem bunten Treiben von einem der Terrassencafés und -restaurants zu! Wer dort nicht speist, holt sich einen typischen Bissen auf die Hand. Halten Sie Ausschau nach *pissaladière* (Zwiebelpizza mit Anchovis und Oliven) und *beignets de courgettes* (frittierte Zucchiniblüten). Oder kaufen Sie eine *socca*, den traditionellen Kichererbsenpfannkuchen der Stadt. Bei Einbruch der Dunkelheit wird es in den Cafés und Restaurants noch lebendiger, denn der Platz gehört zu den beliebtesten Treffpunkten der Stadt.

Am quirligen Place Rossetti, einem beliebten Treffpunkt in der Altstadt, steht die barocke Kathedrale.

Kathedrale für ein Mädchen

Hauptplatz der Altstadt ist der Place Rossetti, ihn schmückt Nizzas barocke Cathédrale Sainte-Réparate, die der einheimische Architekt Jean-André Guibera 1650 errichtet und der hl. Reparata gewidmet hat. Die Schutzpatronin der Stadt war gerade mal zwölf Jahre alt, als sie den Märtyrertod in Caesarea (Palästina) starb. Im Jahre 250 sichteten Fischer in der Bucht ein Boot, in dem ein totes Mädchen auf einem Bett aus Blüten lag. Zwei Engel und eine Taube brachten das Schiff mit Reparatas Leichnam heim nach Nizza. Seit 1690 ruhen hier ihre Gebeine. Das Gebäude wird von einem Glockenturm aus dem 18. Jh. und einer mit grünen Ziegeln gedeckten Kuppel beherrscht. Die wohlproportionierte Fassade mit dem Bogeneingang, dekorativen Nischen und Ornamenten stammt von 1825.

Im Innern prägen Marmor, Stuck und Blattgold das Bild. Hingucker sind der barocke Marmoraltar und die Empore, die mit Walnussholz getäfelte Sakristei aus einem Dominikanerkloster der Stadt und das Gemälde »Dispute du Saint-Sacrement« im rechten Seitenschiff aus der Schule Raffaels.

Barocke Familienresidenz

»Nicht einmal der Blitz kann uns treffen« war das Motto der mächtigen Familie Lascaris-Ventimiglia, die 1648 in einer schmalen Seitengasse im Herzen der Altstadt vier getrennte Häuser erwarb und zu einem Palazzo im Genueser Stil verband – dem Palais Lascaris. Ihr Familienwappen samt Credo schmückt die Decke der Eingangshalle. 1942 kaufte die Stadt Nizza den Komplex und restaurierte ihn. Im Erdgeschoss wurde eine Apotheke aus dem Jahr 1738 mit einer bemerkenswerten Sammlung von Keramikgefäßen nachgebaut. Ein mächtiges Treppenhaus mit Balustrade, verziert mit Gemälden und Statuen von Mars und Venus, führt zu den prachtvollen Empfangssälen mit eleganten Lüstern, flämischen Tapisserien, Möbeln aus dem 17. und 18. Jh. und einer Decke mit Trompe-l'œil-Malereien.

✚ 226 C/D3
🚌 alle Busse fahren zur Gare routière am Rand der Altstadt

Cours Saleya (Markt)
✚ 226 D3 ✉ Cours Saleya
🕐 Obst- und Gemüsemarkt: Di–So 6–13 Uhr, Blumenmarkt: tägl. außer So nachmittags, Trödelmarkt: Mo vormittags

Cathédrale Ste-Réparate
✚ 226 D3
✉ Place Rossetti
☎ 0493 92 79 10
🕐 tägl. 9–12 und 14–18 Uhr
🎫 frei; keine Shorts und Tops

Palais Lascaris
✚ 226 D3 ✉ 15, rue Droite
☎ 0493 62 72 40
🕐 tägl. außer Di Mitte Juni–Mitte Okt. 10–18, sonst 11–18 Uhr 🎫 10 €

Galerie de la Marine
✚ 226 D3 ✉ 59, quai des États-Unis
☎ 0493 91 92 90
🕐 Di–Sa 10–12 und 14–18, So 14–18 Uhr, Mo und Fei geschl. 🎫 10 €

Galerie des Ponchettes
✚ 226 D3
✉ 77, quai des États-Unis
☎ 0493 62 31 24 🕐 tägl. außer Mo Mitte Juni–Mitte Okt. 10–18, sonst 11–18 Uhr 🎫 10 €

Nach Lust und Laune!

13 Cathédrale Orthodoxe Russe Saint-Nicolas

Zar Nikolaus II. ließ diese russisch-orthodoxe Kirche 1903 zum Gedenken an Nikolaus, den Sohn Alexanders II., bauen, der hier begraben liegt. Der junge Zarewitsch Nikolaus kam im November 1863 nach Nizza, um im milden Klima seine Rückenschmerzen zu lindern und seine Tuberkulose zu heilen. Bei seiner Ankunft war er nur Haut und Knochen … Die Luxusvilla, in der Nikolaus in der Nacht vom 23. auf den 24. April 1865 an Meningitis starb, wurde später abgerissen. An ihrer Stelle entstanden die Kathedrale und die Grabkapelle. Sein Leichnam wurde per Schiff von Villefranche nach St. Petersburg gebracht.

Die Kirche mit dem Grundriss eines griechischen Kreuzes ist innen mit Ikonen, Fresken und anderen Schätzen ausgestattet. Eine prächtige Ikonostase trennt das Allerheiligste vom Hauptschiff.

14 Quartier du Paillon

Der Fluss Paillon war früher reißend und gefährlich tief. Um das Jahr 1830 wurde er kanalisiert und verschwand unter der Erde. Heute verläuft er unter den Gärten von Nizza, den Jardins Albert Ier, der Place Masséna mit ihren Brunnen, der schattigen Place Général Leclerc und der Promenade du Paillon mit ihren Wasserspielen, Spielplätzen und Grünflächen.

Das Zentrum des Paillon-Viertels markiert der Place Masséna. Den Platz aus dem 19. Jh. säumen rote und ockerfarbene Gebäude, die einst am Flussufer erbaut wurden. Im Dezember lädt hier eine Eisbahn (*patinoire*) zum Schlittschuhlaufen unter freiem Himmel. Am Platz beginnen die Avenue Jean Médecin als Nizzas größte Einkaufsstraße und die Fußgängerzone Rue Masséna. Im Süden kommen Sie über eine Terrasse mit Balustrade und Treppe zur Altstadt. Im Norden konnten durch die Überdeckelung des Flusses in den letzten 25 Jahren mehrere Großprojekte umgesetzt wurden, darunter eine Reihe von Kulturstätten wie das MAMAC, das Théâtre National de Nice und das auffällige Centre Acropolis aus Beton und Rauchglas.

Die Uferpromenade endet an der Colline du Château. Das Schloss mit seiner Zitadelle, die als uneinnehmbar galt, wurde 1706 von den Truppen Ludwigs XIV. vollständig zerstört. So ist der Burgberg heute unten ein Wohngebiet, oben ein beliebter Park mit verwunschenen Wasserspielen, schattigen Bäumen, Spielplatz, Café und Aussichtsplattformen mit weiten Blicken über den quirligen alten Hafen (S. 56), die Altstadt und die Bucht der Baie des Anges. An diesem eindrucksvollen Ort wurde einst die alte griechische Akropolis Nikaïa gegründet. Archäologen entdeckten römische und mittelalterliche Überreste.

Steigen Sie über die Stufen, die am Quai des Etats-Unis beginnen, hinab zur Hügelkuppe. Wer nicht so gut zu Fuß ist oder einen Kinderwagen schiebt, nimmt den Aufzug an der nahen Tour Bellanda. Hinunter geht es über die Montée Eberlé und die Rue Catherine Ségurane zur eleganten, von Arkaden überspannten Place Garibaldi. Der Platz wurde nach dem berühmten italienischen Freiheitskämpfer des 19. Jhs., Giuseppe Garibaldi, benannt – seine Statue erhebt sich auf dem Platz.

↑ 226 E3
✉ Colline du Château
☎ 0493 85 62 33
🕐 Juni–Aug. tägl. 9–20, April–Mai, Sept. 10–19, Okt.–März 10–18 Uhr
💶 frei
🚌 Tram 1; Busse 25, 38 und Fußweg

Wer es sich leisten kann, errichtet seine Villa oder sein Stadthaus, wie Matisse, auf den Hügeln von Cimiez und erfreut sich an herrlichen Ausblicken auf Stadt, Meer und Seealpen. Vor dem ehemaligen Hôtel Régina Palace erinnert ein Denkmal für Königin Viktoria daran, dass die Monarchin und andere Blaublüter hier viele Winter verbrachten. Cimiez gilt noch immer als schönstes Wohnviertel von Nizza.

Bereits die Römer waren von der Lage angetan, das verraten hier Überreste einer römischen Stadt. Bereits 140 v. Chr. gründeten die Römer auf den Hügeln ihre Siedlung Cemenelum. Ende des 2. Jhs. zählte sie 20 000 Einwohner. Zwei Stätten erinnern daran: die Terra Amata am Boulevard Carnot und das Musée d'Archéologique (S. 56) im Jardin des Arènes de Cimiez, wo auch Reste eines kleinen Amphitheaters (Arènes) freigelegt wurden. In der ovalen Arena finden heute Open-Air-Konzerte statt. In der Nähe liegt das

Der ausladende Place Masséna wird von eleganten Häusern mit Arkaden gesäumt.

Musée Matisse (S. 40). Beide Museen grenzen an einen alten Olivenhain.

Das Ostende des Parc de Cimiez begrenzt seit 1546 das Monastère Franciscain de Cimiez (Franziskanerkloster). Seine Klosterkirche Notre-Dame-de-l'Assomption birgt mit »Crucifixion« und »Déposition de Croix« zwei Meisterwerke von Louis Bréa (1450–1523), einem führenden Mitglied der ersten Schule von Nizza. Dufy und Matisse ruhen auf dem nahen Friedhof.

Jachten und Segelboote im Hafen von Nizza

17 Quartier du Port

Jahrhundertelang gab es keinen Hafen in Nizza. Die Boote der Einheimischen legten im Windschatten des Burgbergs an, größere Schiffe ankerten im Hafen von Villefranche. Erst 1750 erkannte Carlo Emmanuele III, der Herzog von Savoyen, das Potenzial für den Handel und ließ an der Mündung des Flusses Lympia einen Seehafen anlegen. Fischerei, Korsika-Fähren und der wachsende Kreuzfahrttourismus lassen heute den Hafen brummen.

Die Kais säumen rote und ockerfarbene Gebäude des 18. Jhs., die neoklassizistischen Kirche Notre-Dame-du-Port sowie einige der beliebtesten Restaurants der Stadt. Von der Promenade des Anglais erreichen Sie den Hafen auf dem Quai Rauba-Capéu. Der Weg führt an einem riesigen Monument vorbei, das an die im Ersten Weltkrieg gefallenen Einwohner von Nizza erinnert.

Auf einem Hügel östlich des Hafens befindet sich die Außenstelle Terra Amata des Musee d'Archéologique. Hier wurden Fossilien gefunden, wertvolle Zeugnisse prähistorischen Lebens in der Region.

Wohin zum ...
Übernachten?

Preise für ein Doppelzimmer pro Nacht:
€   unter 100 Euro
€€   100 bis 180 Euro
€€€   über 180 Euro

Hôtel Aria €€
Schallisoliert und klimatisiert sind sämtliche Zimmer in diesem kleinen Hotel, das mitten in Nizzas Musikerviertel zu einer ruhigen Nacht lädt in kuscheligen Zimmern, die nostalgisches Ambiente geschickt mit einem Hauch Zeitgeist verbinden – von einigen blicken Sie auf den kleinen Mozartplatz!
✝ 226 B2 ✉ 15, av. Auber
☎ 0493 88 30 69 ⊕ www.hotel-aria.fr

Hôtel Armenonville €€
Großbürgerliche Grandezza versprüht die Architektur, ein Ambiente von 1900 die mit alten Möbeln eingerichteten Zimmer – einige haben Terrassen mit Blick auf den Garten. Dort könnten Sie frühstücken oder ein paar Bahnen im Pool schwimmen.
✝ 226 A3 ✉ 20, av. des Fleurs
☎ 0493 96 86 00
⊕ www.hotel-armenonville.com

Les Camélias €
Fußläufig zum Bahnhof in einem ruhigen Viertel gelegen, schlafen Sie hier in Vier-, Sechs-, Sieben- oder Acht-Bett-Zimmern. Kochen Sie in der Küche, treffen Sie Mitreisende im Gemeinschaftsraum mit Fernseher oder beim Chillen im Garten. Freuen Sie sich über Waschmaschinen und WLAN.
✝ 226 C2 ✉ 3, rue Spitalieri
☎ 0493 93 62 15 54
⊕ www.hifrance.org

Hôtel Les Cigales €€–€€€
Das beliebte Drei-Sterne-Haus hat hinter seiner hübschen Fassade zum Frühjahr 2018 seine 19 Zimmer stylisch verjüngt, die sonnenwarmen Farben aber beibehalten. Die komfortablen Doppelzimmer sind 14, die Einzelzimmer 12 m² groß. Praktisch: Zum Haus gehört eine Privatgarage.
✝ 226 B3 ✉ 16, rue Dalpozzo
☎ 0497 03 10 70 ⊕ www.hotel-lescigales.com

Comté de Nice €€
In der Nähe des Bahnhofs gelegenes einfaches, aber blitzsauberes Hotel mit 55 Zimmern und Suiten sowie 13 Studios zu günstigen Preisen. Gleich um die Ecke liegen ein öffentlicher Parkplatz und die Tramstation Libération, von der es in drei Stationen zur Place Masséna geht.
✝ 226 B1 ✉ 29, rue de Dijon
☎ 0493 88 94 56
⊕ www.hotelcomtedenice.com

Nico' Appart €€
Die Dépendance der Villa Rivoli bietet sechs praktische, schön eingerichtete Ferienwohnungen mit Küchenzeile und Hotelservice.
✝ 226 B3 ✉ 55, rue de la Buffa
☎ 0493 88 15 04 ⊕ www.nice-appart.com

Palais de la Méditerranée €€€
Zu Beginn des 20. Jhs. war der Palast samt Casino eine Legende, dann stand das Gebäude 25 Jahre lang leer. Das Luxushotel an der Promenade des Anglais hat zwar seine denkmalgeschützte Art-déco-Fassade behalten, aber dahinter verbergen sich 187 moderne Zimmer und neun Suiten, ein Spa mit Innen- und Außenpool, eine Lounge-Bar, eine Terrasse an der Promenade des Anglais und das Restaurant »Le 3e«, wo

Die selbsternannte Perle der Côte d'Azur punktet mit einer lebhaften Altstadt.

Küchenchef Cyril Cheype lokale Traditions-
gerichte wie gefülltes Gemüse nach Nizzaer
Art oder Kabeljau-Brandade in sterneverw-
dächtige Hochgenüsse verwandelt.
✣ 226 B3
✉ 13, promenade des Anglais
☎ 0493 27 12 34 ⊕ https://nice.regency.
hyatt.com/en/hotel/home.html

Spity Hôtel €€€

Das einstige Hi Hotel eröffnet im Frühjahr
2019 neu als Spity – das heißt auf Griechisch
»Familie«. So will sich das Haus auch ver-
standen wissen: als stylische Bleibe, in der
Sie sich so wohlfühlen, als seien Sie daheim
bei Ihrer Familie. Zum Angebot gehören Bio-
kost rund um die Uhr, ein türkisches Bad
(Hamam), ein Pool auf dem Dach und ein
Privatstrand mit 200 Liegen und Restaura-
tion. Auch Yogakurse und Massagen können
Sie im Spity buchen – Luxus der modernen
Art.
✣ 226 A3 ✉ 3, av. des Fleurs
☎ 0497 07 26 26 ⊕ www.spityhotel.com

Splendid Hôtel & Spa €€€

Das Vier-Sterne-Hotel mit mehrsprachigem
Personal liegt keine zehn Minuten zu Fuß
nördlich der Promenade des Anglais. Im
8. Stock ist von Mai bis Oktober der Pool unter freiem Himmel für Hotelgäste geöffnet,
gleich neben dem Frühstücksraum, der Bar
und dem Restaurant. Außerdem gibt es einen Spa-Bereich im Erdgeschoss.
✣ 226 B3 ✉ 50, av. Victor Hugo
☎ 0493 16 41 00 ⊕ www.splendid-nice.com

Villa Rivoli €€–€€€

Die gebürtige Schwarzwälderin Barbara
Kimmig hat sich in Nizza ihren Traum erfüllt
und eine heruntergekommene Belle-Épo-
que-Villa in ein exklusives, familiär-gemüt-
liches Privathotel verwandelt – nur 200 m
vom Strand entfernt. Schön für eine Sonnenpause: der kleine Garten.
✣ 226 B3 ✉ 55, rue de Rivoli
☎ 0493 88 80 25 ⊕ www.villa-rivoli.com

Hôtel Windsor €€–€€€

Rund die Hälfte der 62 Zimmer des Vier-
Sterne-Hotels sind von zeitgenössischen

In den Gassen der Altstadt von Nizza reiht sich
ein Restaurant an das andere.

Künstlern gestaltet, und jedes Jahr gibt die
Eigentümerin Odile Payen neue Räume in
die Obhut von Kreativen. Zur Belle-Époque-
Villa gehören ein tropischer Garten mit
einem kleinen Pool, ein Spa-Bereich mit
Sauna, eine Bar und wechselnde Kunstaus-
stellungen im Eingangsbereich.
✣ 226 B3 ✉ 11, rue Dalpozzo
☎ 0493 88 59 35
⊕ www.hotelwindsornice.com

Wohin zum ...
Essen und Trinken?

Preise für ein Drei-Gänge-Menü ohne
Getränke:

€	unter 30 Euro
€€	30 bis 70 Euro
€€€	über 70 Euro

L'Acchiardo €

Eines der wenigen authentischen Restaurants in der Altstadt, mit einfachen, lokalen
Gerichten zu moderaten Preisen und einer
sehr guten Fischsuppe.
✣ 226 D3 ✉ 38, rue Droite
☎ 0493 85 51 16
🕐 Mo–Fr 12–14 und 19–22 Uhr

L'âne Rouge €€€

Die Speisekarte ist voller verführerischer
Genüsse, doch am kreativsten sind die Gerichte mit Meeresfrüchten. Auf der Weinkarte stehen hervorragende Tropfen aus der

Region. Im Winter flackert im Speiseraum ein Kamin, im Sommer speisen Sie draußen auf einer blumengeschmückten Terrasse mit Blick auf den Hafen. Lust, alles nachzukochen? Dann buchen Sie bei Michel Devillers einen Kochkurs! Er beginnt um 7.30 Uhr mit dem Einkauf auf dem Markt und endet um 15 Uhr nach dem gemeinsamen Mahl.

✥ 226 E3 ✉ 7, quai des Deux-Emmanuel
☎ 0493 89 49 63 ⊕ www.anerougenice.com
🕑 Fr–Di 12–14.30 und 19.30–22, Do 19.30–22 Uhr; Feb. geschl.

Le Bistro Dalpozzo €

Das kleine Restaurant serviert regionale Küche in fantasievollen Variationen und mit frischem Gemüse. Abends von Zeit zu Zeit Livemusik mit Blues und Jazz.

✥ 226 B3 ✉ 10, rue Dalpozzo
☎ 0607 95 55 12
⊕ http://le-bistro-dalpozzo.lafourchette.rest
🕑 Mo–Fr 12–14.30, 18.30–23, Sa/So 17–23 Uhr

Le Boccaccio €€

Zur Meeres- und Fischküche, die das Restaurant seit 1973 in der Fußgängerzone Masséna auf zwei Etagen und einer riesigen Terrasse serviert, passt die Dekoration – sie ist ein Überbleibsel einer Galeone aus dem 16. Jh. Die Bouillabaisse ist hervorragend, die Austern liefert die Maison Gillardeau.

✥ 226 C3 ✉ 7, rue Masséna
☎ 0493 87 71 76 ⊕ www.boccaccio-nice.com
🕑 tägl. 12–14.30 und 19–23 Uhr

Café de Turin €€

Das gemütliche Café serviert die besten Meeresfrüchte Nizzas. Bestellen Sie ein Dutzend Austern (huîtres), ein Kilo Muscheln (coquillages) oder eine Platte Seeigel (oursins).

✥ 226 E2 ✉ 5, place Garibaldi
☎ 0493 62 29 52
⊕ www.cafedeturin.fr 🕑 tägl. 8–23 Uhr

Caju Vegan €€

Roh, vegan oder vegetarisch, salzig oder süß, saftig oder glutenfrei? Das Café gehört für die Einheimischen zu den besten Adressen für 100% grünen Genuss. Im kleinen Shop finden Sie Superfoods zum Mitnehmen.

✥ 226 D3 ✉ 2, rue Sainte-Claire
☎ 0422 16 28 58 ⊕ www.cajuvegan.fr
🕑 Mi–So 11–17 Uhr

Le Chantecler €€€

Zwei Michelin-Sterne schweben über dem Schlemmertempel des prachtvollen Hôtel Négresco. Das Gourmetrestaurant mit der markanten, pinkfarbenen Kuppel ist eine Bastion der französischen Küche – und verlangt entsprechende Kleidung!

✥ 226 B3
✉ Hôtel Négresco, 37, promenade des Anglais ☎ 0493 16 64 00
⊕ www.hotel-negresco-nice.com
🕑 Di–Sa 19–22 Uhr; 4. Jan.–4. Feb. geschl.

Chez René Socca €

Der Klassiker in der Altstadt für die Socca, die einfachen Fladen aus Kichererbsenmehl, und andere Spezialitäten von Nizza.

✥ 226 D2 ✉ 2, rue Miralheti (Ecke rue Miralheti & Rue Pairolière
☎ 0493 92 05 73 🕑 Di–So 9–22 Uhr

Fenocchio €

Hier gibt es die beste Eiscreme der Côte d'Azur in den verrücktesten Geschmacksrichtungen von Lavendel über Olive und Tomate bis zu Basilikum und Bier – und auch der Kuchenklassiker »Tourte de Brette« mit Mangold kommt hier eiskalt daher.

✥ 226 D3
✉ 2, place Rosetti & 6, rue de la Poissonnerie
☎ 0493 80 72 52 ⊕ www.fenocchio.fr

Lou Pilha Leva €

Lou Pilha Leva bedeutet im Dialekt von Nizza »zum Mitnehmen«. Im Herzen der Altstadt serviert dieses Mini-Restaurant Spezialitäten aus Nizza wie socca, pissaladière, beignets farcis und Pizza. Ideal für ein kleines Mittagessen – mit langen Tischen für alle, die gern mit den Einheimischen plaudern.

✥ 226 D3 ✉ 10, rue du Collet
☎ 0493 13 99 08
🕑 tägl. 11–24 Uhr (im Winter bis 20 Uhr)

La Maison de Marie €€

Das zentral in einer Fußgängerzone gelegene Restaurant ist durch einen ruhigen Hof vom Trubel der Rue Masséna getrennt und eignet sich daher perfekt für ein romantisches Candlelight-Dinner. Bei gutem Wetter stehen auch Tische auf der Terrasse. Freuen Sie sich auf Mediterranes wie mit Pinienkernen gefüllte Sardinen und Lamm mit Kräuterkruste.

✠ 226 C3 ✉ 5, rue Masséna
☎ 0493 82 15 93
⊕ www.lamaisondemarie.com
🕐 tägl. 12–14 und 19–23 Uhr

La Mérenda €€

Dominic le Stanc, der frühere Küchenchef des Chantecler im Hôtel Négresco, verließ das Sterne-Restaurant, um mit seiner Frau dieses winzige Restaurant zu eröffnen. Es gibt nur zwölf Tische und kein Telefon, sodass es schwer ist, zu reservieren, doch die Mühe lohnt sich – seine liebevoll zubereitete provenzalische Küche ist schlichtweg traumhaft!

✠ 226 D3 ✉ 4, rue Raoul Bosio
⊕ http://lamerenda.net
🕐 Sa/So/Fei sowie 4.–17. Aug. geschl., keine Kartenzahlung

Olive et Artichaut €€

Oliven und Artischocken sind die Symbole für die Küche von Aurélie Marion und Thomas Hubert, die mit frischen Produkten der Region ein Risotto oder Lammgericht veredeln.

✠ 226 D3 ✉ 6, rue Sainte-Réparate
☎ 0489 14 97 51 ⊕ http://oliveartichaut.com
🕐 Mi-So 12–14 und 19.30–22 Uhr

Plage Beau Rivage €€

Direkt am Strand unterhalb der Promenade des Anglais und damit vom Straßenlärm abgeschirmt, serviert das Strandrestaurant des Hotels Beau Rivage mediterrane Küche zu vor allem mittags vernünftigen Preisen. Ein idealer Ort zum Entspannen, wenn nur das Rauschen des Meeres das Mittagessen oder das kleine Dinner am Abend nach dem Bad begleitet.

✠ 226 C3 ✉ 107, quai des Etats-Unis
☎ 0493 80 34 03
⊕ www.plagenicebeaurivage.com
🕐 tägl., im Winter nur 12–15 Uhr

La Rotonde €€

Das La Rotonde ist die wohl originellste Brasserie der Riviera. Das kreisförmige Restaurant mit kitschigem Jahrmarkt-Dekor inklusive Lichterketten, Automaten und Holzpferden im berühmten Hôtel Négresco ist deutlich preiswerter als das Chantecler im selben Haus.

✠ 226 B3 ✉ 37, promenade des Anglais
☎ 0493 16 64 00
⊕ www.hotel-negresco-nice.com
🕐 tägl. 7–23 Uhr

Le Safari €€

Das Bistro im Vieux-Nice ist sehr beliebt und platzt bei gutem Wetter aus allen Nähten. Kein Wunder, gibt es doch hier neben Pizza echte einheimischen Küche: Artischocken-Salat, Rohkost mit warmer Anchovi-Soße, Trucca, Calamari nach Nizzaer Art, gefülltes Gemüse …

✠ 226 D3 ✉ 1, cours Saleya
☎ 0493 80 18 44
⊕ www.restaurantsafari.fr
🕐 tägl. 12–14.30 und 19–23 Uhr

Terres de Truffes €€

Dieses Altstadtrestaurant hat sich ganz der seltenen Delikatesse verschrieben – selbst die Desserts werden mit Trüffeln angerichtet.

✠ 226 C3 ✉ 11, rue St-François-de-Paule
☎ 0493 62 07 68 ⊕ www.terresdetruffes.com
🕐 Di-Sa 12–14 und 19–22 Uhr

L'Union €

Abseits der Touristenströme kommt im Uni-Viertel Borriglione lokale Kost aus der Küche: gefüllte Gemüse (*petits farcis*), deftige Kutteln (*tripes*), Rindergulasch (*daube*) oder hausgemachte Gnocchi in üppigen Portionen. Sommerterrasse mit Boule-Feld.

✠ 226 bei C1 ✉ 1, rue Michelet
☎ 0493 84 65 27 ⊕ www.unionrestaurant.fr
🕐 tägl. 12–14 und 19.30–22 Uhr

L'Uzine €€

In einer der kleinen Gassen hinter dem Hafen haben Gaetan und Romain den trendigen Treff der Einheimischen eröffnet, die die Adresse wie ein Geheimnis hüten: mit großer Bar, Sommerterrasse und weiß

Kulinarische Institution und Paradies für Naschkatzen: Maison Auer

eingedeckten Tischen im Restaurantbereich. Die Cocktails sind kreativ, die Wein- und Spirituosenkarte ist ausgesucht, die Küche knackig frisch und lokal. Spielen Musiker aus Nizza auf, sollten Sie früh kommen – und den Tisch rechtzeitig reservieren.
✠ 226 E2 ✉ 18, rue François Guisol
☎ 0493 56 42 39 ⊕ http://luzine.restaurant
◑ Di–Sa 12–14 und 19–22.30 Uhr

La Villa Corleone €€€

An die italienische Tradition in Nizza erinnert das Restaurant im Hotel-Viertel, keine zehn Gehminuten vom Meer entfernt. Das Haus glänzt mit seinen sizilianischen Spezialitäten, ausgesuchten Pasta-Gerichten und Fisch. Auch die Pizza aus dem Holzofen ist ein Genuss. Unbedingt reservieren.
✠ 226 B3 ✉ 48, bd. Victor Hugo
☎ 0493 76 78 23
⊕ www.la-villa-corleone-nice.fr
◑ Mo–Sa 12–14.30 und 19–22.30 Uhr

Wohin zum ...
Einkaufen?

Mit dem Kaufhaus der Galeries Lafayette, den 100 Läden des Shoppingzentrums Nice Étoile und Filialen bekannter Ketten ist die Avenue Jean Médecin die Haupt-

einkaufsstraße der Stadt – viele Geschäfte öffnen sonntags von 11–19 Uhr! Inhabergeführte Läden und kleine Boutiquen mit Mode, Feinkost und Kunst finden Sie im Vieux-Nice.

MÄRKTE

Der Marché Saleya (Cours Saleya, Di–So 7–13 Uhr) ist ein Obst- und Gemüsemarkt mit besten Erzeugnissen aus der Provence wie Oliven, Tomaten und Basilikum. Am gleichen Ort findet auch täglich der Marché aux Fleurs (Blumenmarkt) statt, und montags ist Platz für die Trödler (8–17 Uhr). Im Sommer gibt es Kunsthandwerksmärkte (Juni–Sept. Di–So 18–24 Uhr) mit schönen Stücken aus der Provence und anderen Regionen der Erde.

TYPISCH PROVENZALISCH

Die Confiserie Florian verwandelt seit 1949 am Hafen Nizza (14, quai Papacino, Tel. 0493 66 43 50, www.confiserieflorian.com, tägl.) die Blüten und Früchte der Provence in köstliches Naschwerk: kandierte Orangen, Clementinen und Zitronen, gezuckerte Veilchen- oder Rosenbüten – oder heimische Früchte im Schokomantel. Ebenfalls auf kandierte Früchte spezialisiert hat sich die Maison Auer (7, rue St-François-de-Paule,

Tel. 0493 85 77 98, www.maison-auer.com,
So/Mo geschl.). Ihr charmant nostalgischer
Shop ist auch ein Paradies für Schoko-Fans!
Chocolats Puyricard (40, rue Pastorelli, Tel.
0493 85 34 30, www.puyricard.fr) stellt
traumhafte Schokolade her und gilt als einer
der besten Chocolatiers Frankreichs. Beim
Anblick der Kuchen und Törtchen in der
winzigen Pâtisserie Cappa (7–9, place Garibaldi, Tel. 0493 62 30 83, Mo geschl.) läuft
einem das Wasser im Mund zusammen. Probieren Sie *tourte de blette,* den köstlichen
Mangoldkuchen mit Äpfeln, Pinienkernen
und Rum. Espuno (35, rue Droite, Tel. 0493
80 50 67) ist eine der besten Bäckereien
Frankreichs und stellt köstliche *fougasse,* in
Asche gebackenes, flaches Brot, her.
Ihren Wein holen die Einheimischen seit
1910 bei den Caves Caprioglio (16, rue de
la Préfecture, Tel. 0493 85 66 57) im Vieux-
Nice. Vom preiswerten *vin de table* bis zu
den besten französischen *crus* ist alles im
Angebot. In den Hügeln im Hinterland von
Nizza liegt die Domaine Massa (425, chemin
de Crémat, Tel. 0493 37 80 02, tel. anmelden), ein altes Gut, auf dem Nelken und
Bellet-Wein angebaut werden.
Die Moulin à Huile d'Olive Alziari (14, rue
St-François-de-Paule, Tel. 0493 85 76 92, Di
bis Sa 8.30–12.30 und 14.15–19 Uhr) ist seit
1868 die Adresse für allerfeinste Oliven. Seine *olives de Nice* werden hier kiloweise verkauft – oder als Tapenade in hübsche Glä-
ser gepackt. Das hervorragende Öl stammt
aus einer Mühle am Nordwestrand von Nizza, die Sie nach Voranmeldung besichtigen
können.

KUNST UND HANDWERK

Die weiß glasierten und filigran bemalten
Keramiken aus Moustiers-Ste-Marie finden
Sie bei Fayences de Moustiers (18, rue du
Marché, Tel. 0493 13 06 03). Fantasievollen
Schmuck, jede Saison neu, fertigt Les
Néréides. Das angesagte Label gründeten
Pascale und Enzo Amaddeo 1980 in Nizza.
Heute hat es seinen Stammsitz zwar in Paris,
wird aber weiterhin von vielen örtlichen Ju-
welieren und Schmuckläden geführt (www.
lesnereides.com).

Im Vieux-Nice gibt es viele Ladengalerien.
Guillaume Aral hat sich auf moderne Kunst
spezialisiert. Ben, César, Christo und Stars
von morgen verkaufen in der Galerie Boutique Ferrero (2, rue du Congrès, Tel. 0493
88 34 44, www.galerieferrero.com) ihre
Werke.
In den Gassen der Altstadt findet Sylvia T
ihre Motive und bannt sie mit Aquarellfarben
oder China-Tusche aufs Papier (14, rue Droite, Tel. 04 93 62 59 15, www.sylvie-t.com).
Das Werk des Parisers Alain Aguano können
Sie in seinem Studio Galerie de la Loge entdecken (11, rue Droite, www.artgallery.alai
naguano.com). Mit seiner Kamera erstellt er
Mittelformat-Aufnahmen, die bei aller Ruhe
der Komposition Bewegung, Spannung und
Charakter ausstrahlen.
Die Fotografien von Jean-Louis Martinetti
(17, rue de la Préfecture, Tel. 0493 85 61 30)
fangen die typische Atmosphäre der Provence ein – perfekt als Souvenirs.

Wohin zum … Ausgehen?

NACHTLEBEN

In der Altstadt von Nizza gibt es gute Wein-
stuben, die spätestens um Mitternacht
schließen. Einige haben länger geöffnet, so
Le Staccato (4, rue du Pont Vieux, Tel. 0493
13 84 35, tägl. bis 2.30 Uhr). Im Keller gibt es
im Winter Live-Jazz.
Der High-Club mit seinem Studio 47 (45,
promenade des Anglais, Tel. 0493 96 68 00,
www.highclub.fr, Fr–So 23–5 Uhr) ist dank
nationaler und internationaler DJs eine der
angesagten Adressen in Nizza. Das kleinere
Studio 47 (www.studio47.fr) ist schicker und
feiner, für Leute ab 30 gedacht.
Eine bei Einheimischen beliebte Adresse ist
seit Jahren der Pub Wayne's (15, rue de la
Préfecture, Tel. 0493 13 46 99, tägl. 12–2 Uhr)
mit jungem, internationalem Publikum und
ausgelassenen Partys. Eine Institution ist Le
Bar des Oiseaux (5, rue Saint-Vincent, Tel.
0493 80 27 33, www.theatredesoiseaux.com,
Mi–Sa 19.30–23 Uhr) mit Livemusik jeden

Freitag- und Samstagabend in der Restaurant-Bar neben dem Theater.

Der **Club Le Folie's** (18, rue du Congrès, Tel. 0626 84 21 02) bietet »Apéro Dînatoire« (Aperitif mit Essen) in einer stimmungsvollen Lounge von 18 bis 0.30 Uhr. Die Electro-Bar **Le Ghost** (3, rue de la Barrilerie, Tel. 0493 92 93 37, https://leghost-pub.com, Mo–Sa 23–4 Uhr) ist eine Institution in der Altstadt von Nizza.

Zu den festen Größen im Nachtleben von Nizza gehört **Master Home** (11, rue de la Préfecture, Tel. 0493 80 33 82, www.facebook.com/mstrhome, tägl.) mit Livemusik, Brasserie und Tee-Salon am Nachmittag.

Das **Casino Ruhl** (Promenade des Anglais, Tel. 0497 03 12 22, www.casinosbarriere.com) verführt zum Glücksspiel am Tisch oder einarmigen Banditen und veranstaltet zuweilen Cabaret-Abende.

Glückspiel und Varieté-Unterhaltung gibt es auch im **Palais de la Méditerranée** (13, promenade des Anglais, Tel. 0492 14 68 00, www.casinomediterranee.com), einem Luxushotel und Gourmetrestaurant hinter der Art-déco-Fassade.

KINO

Die **Cinémathèque** (Acropolis, 3, esplanade Kennedy, Tel. 0492 04 06 66, www.cinematheque-nice.com, Okt.–Juni Di–Sa 14–22, So 15–17 Uhr) zeigt alte Originalfilme und die neuesten Streifen, das **Cinema Rialto** (4, rue de Rivoli, Tel. 08 36 68 00 41, www.cinemarialto.fr, tägl. 11–23 Uhr) Filme in Originalsprache.

FESTE UND FESTIVALS

Zu den größten Festen gehören der **Karneval** (S. 11) und das **Jazz-Festival** von Nizza (S. 215). Was gerade wo läuft, verrät der Veranstaltungskalender des Office de Tourisme auf http://de.nicetourisme.com/agenda.

MUSIK UND THEATER

Das **Conservatoire à Rayonnement Régional/Conservatoire de Nice** (127, av. de Brancolar, Tel. 04 97 13 50 00, www.crr-nice.org) veranstaltet mehrmals pro Woche öffentliche Proben – sämtliche Termine finden Sie in der Rubrik »Auditions«. Das Niveau ist hoch, der Eintritt frei.

Die **Opéra de Nice** (9, rue St-François-de-Paule, Tel. 0492 17 40 00, www.opera-nice.org, Di–Sa) bietet Opern, klassische Konzerte und Ballettvorführungen.

Der **Palais Nikaïa** (163, route de Grenoble, Tel. 0492 29 31 29, www.nikaia.fr) ist eine große Veranstaltungshalle und zieht internationale Stars an. Bei Konzerten gibt es einen Busservice (Linie 95).

Das **Théâtre de Verdure** (Espace Jacques Cotta, promenade des Anglais, Tel. 04 97 13 37 55, www.tdv-nice.org) unterhält unter freiem Himmel bis zu 3200 Zuschauer mit Livemusik.

Für Mainstream-Aufführungen mit Tanz und Theater ist das **Théâtre National de Nice** (Promenade des Arts, Tel. 0493 13 90 90, www.tnn.fr) der beste Ort.

Der Carnaval de Nice ist ein perfekt durchchoreografiertes Spektakel.

An der Plage de Passable beginnt der ehemalige
Zöllnerpfad um die Halbinsel Saint-Jean-Cap-Ferrat.

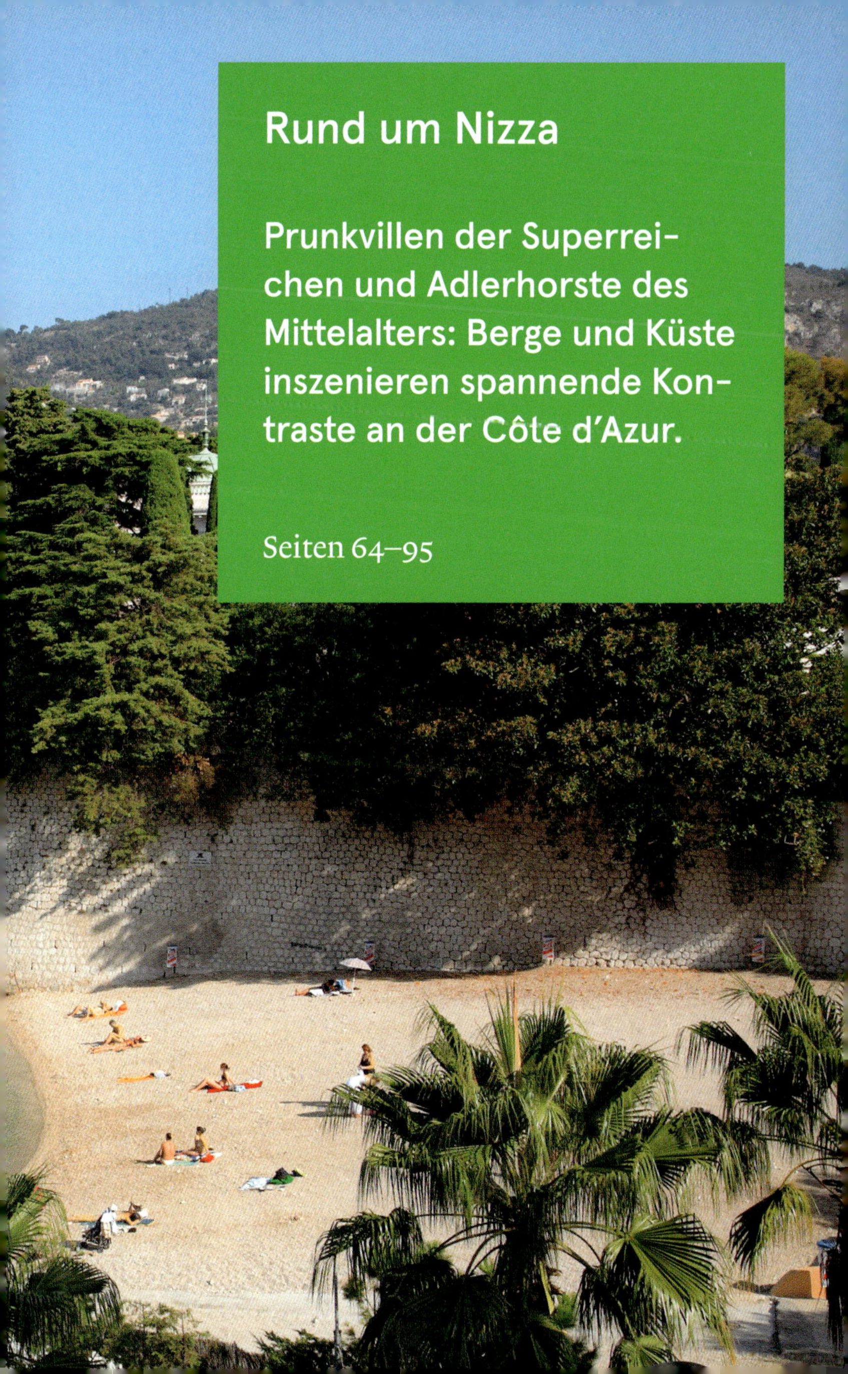

Rund um Nizza

Prunkvillen der Superrei-
chen und Adlerhorste des
Mittelalters: Berge und Küste
inszenieren spannende Kon-
traste an der Côte d'Azur.

Seiten 64–95

Erste Orientierung

Zwischen Nizza und Menton leuchtet das Meer azurblau. Zwischen den Felsenkaps verstecken sich großartige Badebuchten, romantische Strände, grandiose Villen und filmreife Städtchen wie Villefranche. Als wärmster Ort der Küste gilt Menton: Vor den Spitzen schneebedeckter Berge blühen dort mitten im Winter die Zitronen!

Das milde Mikroklima machte Frankreichs Riviera im 19. Jh. als Winterflucht weltberühmt; Stars und Sternchen, Wirtschaftsbosse und Politiker verwandelten den einst armen Küstenstrich der Fischer und Piraten in einen Hotspot der High Society. Der Prunk der Belle Époque hat zwar heute etwas Patina angesetzt, doch der bezaubernde Charme nimmt noch immer gefangen. Die Orte entlang der Küste indes sind nahezu verschmolzen; fast durchgängig säumt das Siedlungsband die Küstenstraße von Menton bis Cannes. Dennoch hat jede Stadt ein Stück ihrer Identität bewahrt. Menton mit seinen Jugendstilvillen und Zitrusbäumen an der Grenze zu Italien gilt vielen als attraktivster Ort an der Côte d'Azur. Cap Ferrat ist als »Halbinsel der Milliardäre« mit prächtigen Villen inmitten subtropischer Gärten die exklusivste

Adresse an der Riviera. Wer dort wohnt oder die Ferien verbringt, vergnügt sich auch gern mit Gleichgesinnten in Monaco (S. 98).

Drei Küstenstraßen, *corniches* genannt, folgen dem gebirgigen Ufer in unterschiedlichen Höhen und verbinden die Orte. Haarnadelkurven wechseln hier mit Tunneln und atemberaubenden Ausblicken. Zwei mittelalterliche Dörfer ragen hoch über der Küste empor: La Turbie mit einem mächtigen römischen Monument und das malerische Èze, von dem aus Sie aus 427 m über dem Meeresspiegel über die Küste blicken. Das dünn besiedelte Hinterland mit den Schluchten von Roya und Vésubie, alten Dörfern, Kirchen und Kastellen, die wie Adlerhorste auf Felsengraten hocken, geht schließlich in das Wanderland des einsamen Mercantour-Nationalpark über. Hier finden Sie Ruhe.

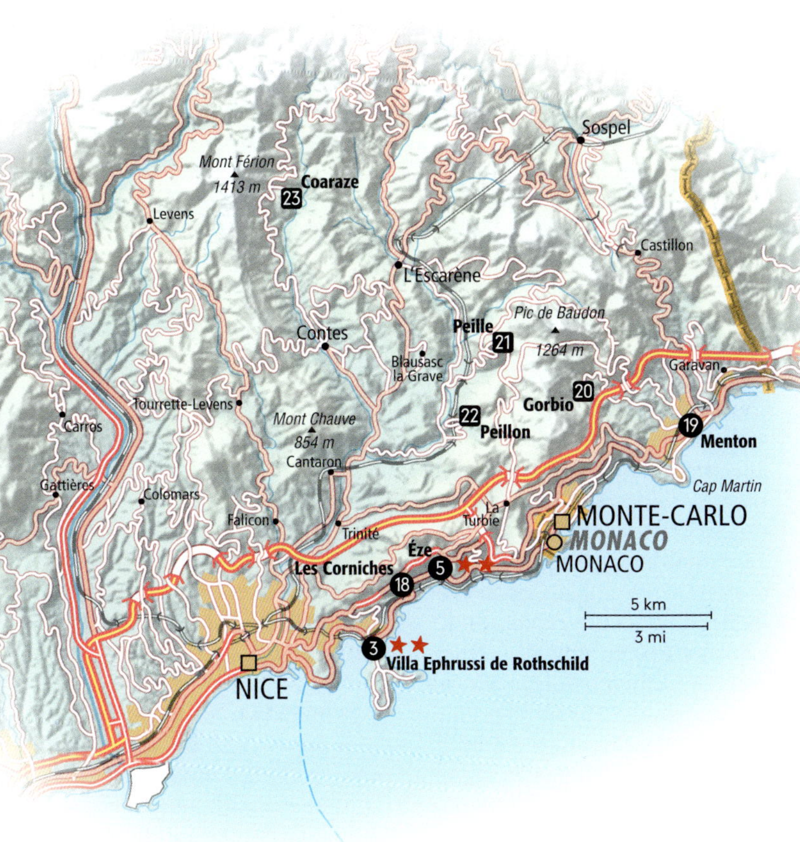

Sospel
Mont Férion
1413 m
Coaraze
23
Levens
Castillon
L'Escarène
Pic de Baudon
Peille
21
1264 m
Contes
Blausasc
la Grave
Garavan
Tourrette-Levens
20
Gorbio
Mont Chauve
22
19
Carros
854 m
Peillon
Menton
Cantaron
Cap Martin
Gattières
Colomars
La
Turbie
MONTE-CARLO
Falicon
Trinité
MONACO
Èze
Les Corniches
5
MONACO
18
3
NICE
Villa Ephrussi de Rothschild
5 km
3 mi

Mein Tag in den Bergen

Die Flüsse Paillon, Bévéra und Roya haben sich im Hinterland von Nizza tief in den Fels gefräst und eine spektakuläre Landschaft geschaffen, in der uralte Dörfer wie Adlernester hocken, eingebettet in ein sattes Grün. Mitten hindurch saust ein legendärer Zug: der Train des Merveilles – Aussicht, Landschaft und Orte sind wahre Wunder.

9 Uhr: Zug der Wunder

Der Train des Merveilles, der Nizza seit 1928 mit Tende verbindet, bringt Sie in gut zwei Stunden in die Berge. Abfahrt ist um 9.17 Uhr. Die Tageskarte erlaubt, unterwegs jederzeit Pausen einzulegen. Doch genießen Sie erst einmal die herrlichen Aussichten auf die Landschaft.

10 Uhr: Zeitreise in Peille

Mit seinen Natursteinhäusern, Kirchen, Kapellen, Plätzen und Gassen war **21** Peille (S. 86, von Bhf. ins Zentrum mit dem Taxi, ca. 6 km) schon vor mehr als 100 Jahren ein beliebter Ausflugsort. Folgen Sie dem Circuit des Cartes Postales und vergleichen Sie an 14 Stationen alte Postkarten mit heutigen Ansichten. Was unverändert ist? Noch immer glitzert tief unten das Mittelmeer! Wie Alltag und Arbeit zu Urgroßmutters Zeiten aussahen, verrät das Musée du Terroir.

11.30 Uhr: Der kleine Hunger

Le petit creux, die kleine Kuhle, nennen Franzosen den kleinen Hunger, der sich mittags meldet – groß getafelt wird abends! Diesen stillt in Peille La Voute mit köstlichen Pfannkuchen: süß als Crêpes, salzig als *galettes* aus Buchweizen-

9 Uhr: Zug der Wunder

mehl. Schwarz und kräftig ist der Kaffee der Bar L'Absinthe an der Place du Serre – der perfekte Ort, um mit Einheimischen in Kontakt zu kommen.

13 Uhr: Sightseeing im Zug

Pünktlich um 12.54 Uhr geht es weiter mit dem Zug gen Norden, nach Breil-sur-Roya. Lehnen Sie sich zurück und genießen Sie knapp 40 Minuten lang Bilderbuchlandschaften im Vorbeifahren.

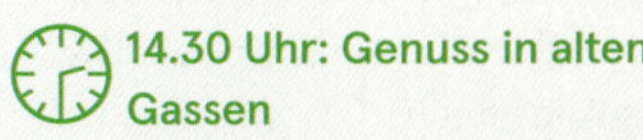

14.30 Uhr: Genuss in alten Gassen

In Breil-sur-Roya, im Schatten des Mont Bégo (2872 m), wachsen dank

des milden Mikroklimas noch auf 300 m Höhe die Zitronen. Schlendern Sie vom Bahnhof erst zum Fluss und lassen Sie die Silhouette auf sich wirken, ehe Sie durch die Altstadt schlendern, wo die Geschäfte gegen 15/16 Uhr wieder öffnen.

Die Rue Pasteur ist der reinste Schlemmerboulevard: mit traumhaftem Honig von der Miellerie de la Roya, hausgemachten Wurstwaren und Terrinen der Boucherie de la Roya, den Kuchen, Keksen und typischen Brotsorten der Region bei Le Petit Gourmand.

Feinstes Olivenöl finden Sie bei der Domaine de la Chapelle Saint Jérôme, köstlichen Ziegenkäse von Odoli bei den Käse-Affinateurs der kleinen Stadt.

16.30 Uhr: Apéro!

Auch Vin de Noix (Walnusswein) und Vin d'Orange (Orangenwein) gehören zu den lokalen Spezialitäten. Kosten Sie sie in Breil-sur-Roya beim Apéro in der Bar Le Biancheri.

17.30 Uhr: Letzter Halt – Adlernest

Um 17.25 verlässt der Zug Breil, folgt erst dem Tal der Roya, dann des Paillon und erreicht um 18.11 Uhr ein malerisches Adlernest: **22** Peillon (S. 87). Wer noch nicht fußmüde ist, lässt sich auf steilen Gassen durch das Dorf mit seinen schlanken Häusern treiben und betrachtet in der Chapelle des Pénitents-Blancs die schönen Wandmalereien.

Peille liegt auf einem Felssporn 20 km landeinwärts von Monaco (links), es versprüht wie Peillon (rechts) mit seinen Kopfsteinpflastergassen eine ganz eigene Atmosphäre.

Die Rue Pasteur in Breil-sur-Roya ist ein wahres Schlemmerparadies.

14.30 Uhr

17.30 Uhr

19 Uhr: Ein Hauch Asien

Pascale und Paul servieren im Bistrot des Sources in Peillon nicht nur regionale Klassiker, sondern auch Dorade, Pasta, vegetarische Gerichte und lokale Genüsse, die mit asiatischen Aromen verfeinert werden.

20 Uhr: Zurück nach Nizza

Die letzte Bahn verlässt Peillon in Richtung Nizza um 20.15 Uhr, wo Sie 20.41 Uhr nach einem erlebnisreichen Tag eintreffen.

Train des Merveilles
Zugauskunft ☎ 08 00 11 40 23
⊕ www.tendemerveilles.com/train-des-merveilles
✦ Tagesticket 16 €

Musée du Terroir
✣ 225 E5 ✉ Place Armé, Peille
◗ Mi–So 9–17 Uhr, Juli/Aug. tägl.
✦ Eintritt frei

La Voute €
✣ 225 E5 ✉ 42, rue Centrale, Peille
☎ 04 93 04 56 85
◗ Tägl. 8–20 Uhr, Di Abend und Mi geschl.

Bar L'Absinthe
✣ 225 E5 ✉ Place du Serre, Peille
☎ 04 93 79 95 75
◗ tägl. 7–19 Uhr

Tourist Information Breil-sur-Roya
✣ 225 E5 ⊕ http://breil-sur-roya.fr

Le Biancheri €
✣ 225 E5 ✉ 5, place Biancheri, Breil-sur-Roya
☎ 0493 04 40 11
◗ tägl. 12–21.30, im Winter 14.30–19 Uhr geschl.

Le Bistrot Des Sources €
✣ 225 E5 ✉ 672, av. de l'Hôtel de Ville, Peillon
☎ 09 83 30 00 76
◗ Juni–Aug, Di–So 7–14.30 und 17–21 Uhr, Sept.–Mai Mo/Di geschl.

❸ ★★ Villa Ephrussi de Rothschild

Wie die Brücke eines Schiffes, wünschte sich die Baronin, solle sich ihr Palast aus dem Grün kunstvoll gestalteter Gärten auf der schmalsten Stelle des Cap Ferrat erheben und weite Ausblicke auf das azurblaue Meer eröffnen. Die Vision der extravaganten Béatrice Ephrussi de Rothschild, die in ihrem rosafarbenen Palazzo Feste feierte, Gäste verwöhnte und Kunst vom Feinsten zeigte, hat der Küste eine ihrer schönsten Ikonen beschert.

Béatrice de Rothschild (1864–1934), die Frau des wohlhabenden Bankiers Maurice Ephrussi, verfügte über nahezu unbegrenzte finanzielle Mittel. Die leidenschaftliche Kunstsammlerin und Weltreisende ließ sich an der Côte d'Azur ihre Traumvilla im Stil der italienischen Renaissance errichten. Fünf Jahre lang dauerte der Bau. 40 Architekten waren involviert. Einige wurden schon nach wenigen Stunden von der Baronin aus ihren Diensten entlassen.

Die Villa erhebt sich auf der schmalsten Stelle des Cap Ferrat und gilt als einer der schönsten Aussichtspunkte der Riviera. Das sieben Hektar große, karge und felsige Grundstück ließ die Baronin in neun Themengärten verwandeln. Nach dem Tod ihres Mannes verließ die Baronin ihre Villa und verstarb 1934 in Davos. Sie hinterließ das Anwesen der französischen Akademie der Schönen Künste.

Besucher können heute durch die Gärten spazieren, das Erdgeschoss der Villa entdecken und die Kunstsammlung im 1. Stock bei einer Führung besichtigen.

Die extravagante Villa Ephrussi de Rothschild in Saint-Jean-Cap-Ferrat

Eklektischer Mix

Das Innere der Villa ist üppig mit erlesenen Kunstschätzen ausgestattet: Seltene Antiquitäten und sogar Stücke aus dem Besitz von Marie Antoinette sind unter den 5000 Objekten, die die Baronin im Laufe ihres Lebens gesammelt hat, aber auch Stilmöbel und sakrale Kunst der Renaissance, Truhen aus China und teure Teppiche, rosafarbene Jadearbeiten und wertvolles Porzellan aus Vincennes und Sèvres. Ein eklektischer Mix, der die Villa nicht museal, sondern wie ein bewohntes Heim wirken lässt.

Im 1. Stock verbirgt sich auch der Salon des Singes (Affensalon). Er ist mit Affenfries und Porzellanaffen ausgestattet – diese Tiere liebte die Baronin ganz besonders. Vor der Besichtigung jedoch sollten Sie sich die Zeit nehmen und zu-

mindest den ersten Teil des 18-minütigen Films ansehen, der
das Leben der Oberschicht an der Riviera während der Belle
Époque schildert. Der Rest des Films dokumentiert die Geschichte des Hauses und die Sammlung.

Die Laubengän-
ge des Innen-
hofs sind im Stil
der italieni-
schen Renais-
sance gehalten.

Traumhafte Gärten

Die neun Gärten wurden thematisch gestaltet – zum einen
nach ländertypischen Gartenstilen (Frankreich, Spanien, Japan und Florenz als Überbleibsel des Italien-Gartens) sowie
nach Pflanzengruppen (Steingartenpflanzen, Rosen, Exoten
und mediterrane Pflanzen der Provence). Mehrmals pro
Stunde sprudeln die Brunnen zu Musik! Der große französische Garten ist als Schiffsdeck mit Liebestempel am Bug gestaltet. Die Baronin verfügte sogar, dass ihre Gärtner hier im
Matrosenanzug arbeiten mussten.

KLEINE PAUSE
Genießen Sie Kaffee und Kuchen im eleganten **Teesalon**,
durch dessen große Fenster Sie auf die Bucht von Villefranche blicken.

✛ 225 D4
✉ St-Jean-Cap Ferrat
☎ 0493 01 33 09
🌐 www.villa-ephrussi.com
🕐 Mitte Feb.–1. Nov. tägl. 10–18 (Juli/

Aug. bis 19 Uhr), Nov.–Mitte Feb. Mo–Fr
14–18, Sa/So 10–18 Uhr
🎫 14 €
🚌 Zug bis Beaulieu-sur-Mer (800 m),
Bus 81 bis Plage de Passable

Segeltörn zu den Delfinen

Bartenwal, Zahnwal, Pottwal, Finnwal, Pilot-
wal und Großer Tümmler: Hätten Sie geahnt,
dass all diese Meeressäuger nur wenige Kilometer vor der Küste von Cap Ferrat leben? Ganz
nah kommen Sie ihnen bei einem Törn mit der
gemeinnützigen Schutzorganisation SOS Grand
Bleu, die im Sommer mit ihrem Nostalgiesegler
»Santo Sospir« die unvergesslichen Naturerleb-
nisse einbettet in einen Tag voller Legenden
und Begegnungen. Wollen Sie mit anpacken
beim Segelhissen?
SOS Grand Bleu, Saint-Jean-Cap-Ferrat,
Anleger: Molenspitze, Tel. 04 93 76 17 61,
www.sosgrandbleu.asso.fr, tägl. 9–17 Uhr, 60 €

 ❺ ★★ Èze

Warum?	Mittelalter-Gasse mit Mega-Panorama
Was?	Folgen Sie dem felsigen Pfad vom unteren hinauf zum oberen Gemeindeteil und genießen Sie die Ausblicke auf die Gärten
Wie lange?	Mindestens zwei Stunden
Wann?	Am besten frühmorgens
Was noch?	400 Kakteen und Sukkulenten aus aller Welt vereint der Jardin Exotique 429 m hoch über dem Meer
Resümee	Das schönste Panorama der Côte d'Azur

Unten das Küstenstädtchen mit Bahnhof und Badestrand, hoch oben auf den Klippen das autofreie alte Dorf – ein *village perché* mit engen, verträumten Blumengassen, die Burgruine Èze ist so malerisch, dass sie schon früh die Künstler anlockte: Friedrich Nietzsche vollendete hier »Also sprach Zarathustra«.

Nid d'aigle (Adlerhorst) wird Èze oft genannt. Dort, wo die letzten Ausläufer der Seealpen ins Meer stürzen, thront es auf halbem Weg zwischen Nizza und Monaco an der Moyenne Corniche in rund 430 m Höhe auf einem Felssporn. Enge mittelalterliche Gassen, Torbögen, Treppenwege und mehrere Aussichtspunkte, von denen Sie tief hinunter aufs glitzernde Meer blicken, machen seinen Reiz aus.

Èze ist seit der Bronzezeit besiedelt, wurde aber erst im 11. Jh. offiziell gegründet, im 14. Jh. dann befestigt. Jahrhundertelang herrschten hier die Grafen von Savoyen. Mit der Gründung des Départements Alpes-Maritimes im Jahr 1792 kam Èze zum Fürstentum Monaco. Erst 1860 stimmten die Bewohner dafür, fortan zu Frankreich zu gehören, um den ewigen Machtstreitigkeiten ein Ende zu bereiten.

Was für ein Blick!

Betreten Sie Èze durch das einzige Tor der ehemaligen Stadtmauer, sind Sie mittendrin im Mittelalter – mit labyrinthartig verschlungenen Gassen voller Kopfsteinpflaster, die goldfarbene Häuser säumen. Steintreppen führen steil bergan bis zu den Ruinen einer einst mächtigen <u>Sarazenenfestung</u>, die die Franzosen im 19. Jh. zerstörten. Was für ein Blick aufs Meer! Und was für eine exotische Pflanzenpracht! Denn die Ruinen bilden einen <u>Jardin Exotique</u>, der mehr als 400 Kakteen-, Sukkulenten und seltene Palmenarten versammelt.

Von Èze Village bietet sich ein herrlicher Blick auf das Cap Ferrat.

Nehmen Sie sich Zeit, um die blumengeschmückten Straßen des mittelalterlichen Dorfes mit den schicken Hotels, Restaurants und kleinen, in Felshöhlen versteckten Läden für Keramiken, Zinnobjekte und Olivenholzartikel zu erkunden.

Am Fuß des Hügels liegen die Dependancen zweier Parfümfabriken aus Grasse, <u>Galimard</u> und <u>Fragonard</u>. In den Werksmuseen werden die Geheimnisse der Parfümherstellung erklärt. Bergdorf und Badedorf verbindet der <u>Chemin de Nietzsche</u>. Diesen Nietzschepfad beschritt einst der Philosoph, um zum Strand des ehemaligen Fischerdorfes <u>Èze-Bord-de-Mer</u> zu gelangen, heute ein beliebter wie moderner Ferienort am Wasser.

✝ 225 E4

Tourist Information
✉ Place du Général de Gaulle, Èze
☎ 0493 41 26 00
⊕ www.eze-tourisme.com
🕐 Mai–Sept. Mo–Sa 9–19, So 14–19, Okt.–April Mo–Sa 9–18.30, So 9.30–13 und 14–18.30 Uhr

Jardin Exotique d'Èze
✉ Rrue de Château, Èze
☎ 0493 41 10 30
⊕ www.jardinexotique-eze.fr
🕐 Juli–Sept. tägl. 9–19.30, April–Juni, Okt. 9–18.30, sonst 9–16.30 Uhr
🎟 6 €

⑱ Die Corniches

Drei berühmte und überaus klangvolle Küstenstraßen, die Corniche Inférieure, die Moyenne Corniche und die Grande Corniche durchqueren einen der reizvollsten Abschnitte der Riviera, der sich von Nizza über Menton bis nach Monaco zieht. Die reizvollen Landschaftseindrücke überwiegen deutlich und lassen den oft regen Verkehr vergessen.

CORNICHE INFÉRIEURE (N 98)

Villefranche-sur-Mer

Das kleine Fischerdorf Villefranche-sur-Mer mit Booten, die im Hafen schaukeln, hat sich seit seiner Gründung als zollfreier Hafen (Villefranche heißt »Freistadt«) im 14. Jh. kaum verändert. Angesichts der Nähe zu Nizza und Monte-Carlo ist der Ort erstaunlich natürlich geblieben. Die tiefe Bucht wird von Häusern in warmen Farben und vielen Lokalen gesäumt.

Steile Stufen und höhlenartige Durchgänge steigen vom Hafen zur Altstadt an. Die etwas unheimliche Rue Obscure, eine schmale überwölbte Straße aus dem 13. Jh., schützte die Bewohner von Villefranche im Lauf der Geschichte vor Bombardierungen aller Art.

Die Stadtväter haben sich in der trutzigen Zitadelle verschanzt, die seit dem 16. Jh. dicht am Wasser steht und neben dem Rathaus auch zwei Museen birgt, die neben Arbeiten einheimischer Künstler Werke von Miró und Picasso zeigt.

Die Buchten ums Cap Ferrat sind beliebte Ankerplätze.

In der Chapelle Saint-Pierre (14. Jh.) am Kai wurden einst Fischernetze aufbewahrt. 1957 malte sie der bekannteste Bewohner der Stadt mit Fresken aus. Die lichten Bilder des Schriftstellers und Regisseurs Jean Cocteau zeigen u. a. Petrus im Kreise einheimischer Fischerfrauen.

Von Villefranche-sur-Mer führt ein schattiger Küstenpfad rund um Cap Ferrat nach Saint-Jean. Unterwegs laden zahlreiche kleine Buchten zum Baden ein. Essen gibt's im Hafen von St-Jean.

Cap Ferrat

Cap Ferrat zählt – wie Cap Martin und Antibes – zu den schicksten Adressen an der Riviera. Auch hier hat die High Society riesige Anwesen gut versteckt in mediterranen Gärten errichtet – rosarot die prachtvolle Villa Ephrussi de Rothschild (S. 72). Elton John, Bono und Tina Turner haben hier Feriendomizile. Für eine Milliarde (!) Euro suchte die Villa Les Cèdres, einst Sommerfrische des belgischen Königs, 2017 einen Käufer.

Obwohl Cap Ferrat so exklusiv ist, hat es sich für Besucher geöffnet. Im Hauptort der Halbinsel, Saint-Jean-Cap Ferrat, gibt es sogar eine Tourist Information. Den Hafen des kleinen Städtchens säumt eine Reihe von Restaurants und Cafés. Hier beginnen auch die Wege, die der 14 km langen Küstenlinie mit großartigen Ausblicken folgen.

Beaulieu-sur-Mer

Bereits der Name verrät es: Beaulieu ist ein »schöner Ort«.
Und das liegt nicht nur am besonders warmen Mikroklima
und den Hügeln zu drei Seiten, die ihn vor kalten Winden
schützen. Schön ist auch sein reiches Erbe der Belle Époque,
als viele berühmte Persönlichkeiten hier urlaubten – auch
der Prince of Wales, Kaiserin Sisi, Tschaikowski und Gustave
Eiffel. Um 1920 wurde das Casino als elegante Rotunde im
edwardianischen Stil eröffnet.

Heute blättert hier das Historische Museum die Stadt-
geschichte auf. Villen im Belle-Époque-Stil und Palmen-Pro-
menade säumen die geschützte Baie des Fourmis, auf deren
Nordspitze trutzig die Villa Grècque Kérylos thront. Der Ar-
chäologe Théodore Reinach erbaute sein Domizil 1908 als
perfekte Kopie einer griechischen Villa aus dem 2. Jh. v. Chr.
Das Innere ist üppig mit Marmor, Elfenbein und Bronze
ausgestattet. Reinach lebte hier rund 20 Jahre lang, wobei er
aß, sich kleidete und sich verhielt wie ein Bürger Athens.

Von Beaulieu-sur-Mer führt die Corniche Inférieure weiter via Monaco (S. 98) bis nach Roquebrune-Cap Martin.

Ein Glanzstück des Belle-Époche-Stils: La Rotonde de Beaulieu, das als Veranstaltungsort genutzt wird.

MOYENNE CORNICHE (N 7)

Èze

Nur zehn Autominuten von Nizza und Monaco entfernt,
lockt Éze (S. 76) mit Mittelalterflair, Badestränden und Pano-
ramablicken. Vom Jardin Exotique sehen Sie alle Corniches.

La Turbie

Das Dorf La Turbie klammert sich an einen Felsgrat in den Hügeln oberhalb von Monaco. Berühmt wurde es durch ein riesiges Denkmal. Die <u>Trophée des Alpes</u>, die am höchsten Punkt der antiken Via Julia 480 m über dem Meeresspiegel thront, war ursprünglich 50 m hoch und 28 m breit. Es wurde im Jahre 6 v. Chr. zum Gedenken an die »Befriedung« der Alpenvölker durch Kaiser Augustus erbaut. Im Mittelalter diente das Monument als Festung, unter Ludwig XIV. wurden 1705 große Teile abgerissen. Im 19. Jh. nutze man es als Steinbruch für den Bau einer Kirche.

Die Bilder in der benachbarten <u>Église Saint-Michel-Archange</u> werden Schülern von Veronese, Raffael, Bréa, Ribera und Murillo zugeschrieben.

Der Jardin Exotique in Éze bietet nicht nur Kakteen und tropische Blumen, sondern auch immer wieder tolle Ausblicke auf die Umgebung.

Roquebrune-Cap Martin

Roquebrune-Cap Martin ist ein Doppelort. An den Berg klammert sich in 225 m Höhe das alte Roquebrune als mittelalterliches *village perché*, die Küstenlinie säumt das elegante Seebad Cap Martin. <u>Roquebrune</u> ist ein faszinierendes Gewirr aus blumengeschmückten alten Gassen, Treppen und überdachten Passagen. Sie ziehen sich rund um die älteste Burg Frankreichs, die als einzige im karolingischen Stil erhalten ist. Sie wurde im 10. Jh. errichtet, um Angriffe der Sarazenen abzuwehren.

Zu den Besuchern von <u>Cap Martin</u> zählte unter anderem Le Corbusier. Der Architekt ertrank 1965 vor dem Kap, auf dem Friedhof von Roquebrune liegt er begraben. Wandern Sie auf der <u>Promenade Le Corbusier</u> an der Küste um das Kap (S. 192)!

KLEINE PAUSE

Strandvergnügen mit Stil bietet der kleine Privatstrand **Paloma Beach.** Für 21 € gibt es eine rote Liege oder ein Sunbed beim Strandrestaurant, das unter anderem mit frisch gegrilltem Fisch den Hunger stillt (www.paloma-beach.com, Ostern–Sept.).

 ✝ 225 D4

Tourist Information Villefranche-sur-Mer
✉ Jardin Francois-Binon
☎ 0493 01 73 68
⊕ www.villefranche-sur-mer.com

Chapelle St-Pierre
✉ Quai Courbet, Port de Villefranche
☎ 0493 76 90 70
🕐 Sommer Mo–Fr 8–12 und 13–19, Winter 8–12 und 13–16.30 Uhr, Mitte Nov.–Mitte Dez. geschl.
🎫 3 €

Tourist Information Beaulieu-sur-Mer
✉ Place Georges-Clemenceau
☎ 0493 01 02 21
⊕ www.beaulieusurmer.fr
🕐 Juli/Aug. Mo–Sa 9–12.30 und 14–19, So 9–12.30, Sept.–Juni Mo–Fr 9–12.15 und 14–18, Sa 9–12.15 und 14–17 Uhr

Villa Grecque Kérylos
✉ Beaulieu-sur-Mer
☎ 0493 01 47 29   ⊕ www.villakerylos.fr
🕐 Mitte Feb.–Okt. tägl. 10–18 (Juli/Aug. bis 19 Uhr), Nov.–Mitte Feb. Mo–Fr 14–18, Sa/So 10–18 Uhr   🎫 11,50 €

Tourist Information La Turbie
✉ Place Detras   ☎ 0493 41 21 15
⊕ www.ville-la-turbie.fr

Trophée des Alpes
✉ 18, av. Albert 1er
☎ 0493 41 20 84
⊕ www.trophee-auguste.fr
🕐 Mitte Mai–Mitte Sept. Di–So 9.30–13 und 14.30–18.30, sonst 10–13.30 und 14.30–17 Uhr   🎫 6 €

Château de Roquebrune
✉ Place William Ingram
☎ 0493 35 07 22
🕐 Juni–Sept. tägl. 10–13 und 14.30 bis 19, sonst 10–12.30 und 14–17 Uhr   🎫 5 €

⓳ Menton

Warum?	Bezaubernde Kleinstadt am Mittelmeer
Was?	Eine Führung durch Menton und seine Gärten
Wie lange?	Ein halber Tag ist perfekt für Stadt und Strand
Wann?	Zur Fête de Citron im Februar und zum Festival de Musique Anfang August
Was noch?	Via Iulia Augusta führt in die römische Vergangenheit von Menton und Ventimiglia (www.comune.ventimiglia.it)
Was nehme ich mit?	Limoncello, den frischen Digestif aus Menton – zum Beispiel von »Au Pays du Citron« in der Fußgängerzone

Dolce Vita à la française: In Menton ist Bella Italia tonangebend. Schmal und hoch, mit ockerfarbener Fassade und den typisch grünen Fenstern des nur 1,5 km entfernten Italien drängt sich der Badeort an einen schützenden Bergrücken – und feiert mitten im Winter mit gigantischen Skulpturen die Blüte der Zitronen.

Bevor die Riviera im 19. Jh. zum Wintererholungsort der High Society aufstieg, war Menton ein wenig bekannter Fischerort im Besitz der Familie Grimaldi. 1860 annektierte Napoleon III. das Städtchen. Später entdeckten russische und britische Aristokraten den Ort mit dem milden Klima. Hotelpaläste im Fin-de-Siècle-Stil wuchsen empor, und um sie herum entstanden edwardianische Gärten, von denen einige noch heute existieren.

Nach dem Ersten Weltkrieg verlor Menton gegenüber Nizza, Cannes, Saint-Tropez und Monaco an Bedeutung, doch ein wenig vom Charme der Belle Époque ist noch immer zu spüren.

Der terrassierte Jardin de la Serre de la Madone in Menton

Letzte Stadt vor Italien

Die Altstadt ist ein Gewirr aus terrakottagepflasterten Treppen, Wegen und kleinen Plätzen, gesäumt von alten Häusern in Pastellfarben. Viele Gebäude im italienischen Stil erinnern daran, dass Menton nicht immer zu Frankreich gehörte. Wer die schmale Rue Longue zur Place de la Concepcion hinaufsteigt, stößt auf zwei schöne Barockkirchen: Église Saint-Michel und Chapelle des Pénitents Blancs. Dazwischen liegt der Parvis Saint-Michel, ein Platz, auf dem als schwarz-weißes Mosaik das Wappen der Grimaldi prangt. Hier findet im August ein Kammermusikfestival (S. 95) statt.

Auf den Spuren von Jean Cocteau

Das obere Ende der Altstadt begrenzt ein Friedhof mit Meerblick, den der Schriftsteller Guy de Maupassant einst als »aristokratischsten« Frankreichs bezeichnete. Besuchen Sie danach die Markthalle (Halles Municipales) hinter dem Quai de Monléon und kaufen Sie ein wie die Franzosen (tägl. 5–13 Uhr). An der Plage des Sablettes könnte man nun picknicken.

Sehr sehenswert sind die Museen von Menton. Im Palais Carnolès, einer Sommerresidenz der Fürsten von Monaco aus dem 18. Jh., zeigt das Musée des Beaux-Arts Kunst vom Mittelalter bis heute. Interessant ist der Skulpturengarten: Die Plastiken stehen zwischen einer außergewöhnlichen Sammlung von Zitrusgewächsen – der Jardin des Agrumes

Der botanische Garten Val Rahmeh in Menton ist Sitz des nationalen Museums für Naturkunde.

beweist äußerst eindrucksvoll, dass es nicht nur eine Sorte
Orangen und Zitronen gibt!

Jean Cocteau (1889–1963) hat die Salle des Mariages
(Standesamt) im Rathaus (Hôtel de Ville) mit Hochzeits-
szenen gestaltet. Mit zwei Standorten erinnert das Musée
Jean Cocteau an den Maler und Schriftsteller.

Stadt der Zitrone

Menton ist mit 316 Sonnenstunden pro Jahr Frankreichs
wärmste Stadt. Während der Edwardischen Epoche ließen
reiche Engländer mediterrane Gärten anlegen. Die meisten
von ihnen befinden sich im wohlhabenden Garavan-Viertel
in den niedrigen Hügeln jenseits der Stadt an der italienischen Grenze. Am schönsten sind der Jardin Botanique du
Val Rahmeh, der Jardin Serre de la Madone und der valenzia-
nische Jardin Fontana Rosa, den der spanische Autor Blasso
Ibánez allen Schriftstellern widmete. Diese Gärten werden
auch im Winter so von der Sonne verwöhnt, dass exotische
Pflanzen aus aller Welt gedeihen können.

Menton nennt sich stolz die »Zitronenhauptstadt der
Welt«. Überall an den umliegenden Hängen gedeihen Zitrusfrüchte. Der Garten des Palais Carnolès gilt als größter
Zitrusgarten Europas. Zwischen den Palmen und Zitronen-
bäumen des Jardin Biovès feiert Menton mit Paraden und
bis zu 10 m hohen Fruchtskulpturen die Fête du Citron.

KLEINE PAUSE

Im Cocteau-Museum bietet das **Café du Musée** kleine
Gerichte und Getränke. Das **Café des Arts** (16, rue de la
République, Tel. 04 93 35 78 67) bietet ein sehr gutes
Preis-Leistungs-Verhältnis.

✠ 225 E4

Tourist Information
✉ 8, av. Boyer ☎ 0492 41 76 76
⊕ www.tourisme-menton.fr
🕐 Juni–Sept. tägl. 9–18, Okt.–Mai
Mo–Sa 8.30–12.30 und 14–18, So
9–12.30 Uhr

Musée Jean Cocteau
✉ 2, quai Monléon ☎ 0489 81 52 50

⊕ www.museecocteaumenton.fr
🕐 tägl. außer Di 10–18 Uhr ✦ 10 € inkl.
der ein paar Schritte entfernten
Bastion (Quai Napoléon III, tägl. außer
Di 10–12 und 14–18 Uhr ✦ 3 €)

Salle des Mariages
✉ Hôtel de Ville, Place Ardoïno
☎ 0492 10 50 00 🕐 Mo–Fr 8.30–12.30
(letzter Einlass 11.30) und 13.30–17 Uhr
✦ 2 €

Nach Lust und Laune!

20 Gorbio

Das mittelalterliche *village perché* liegt 10 km nordwestlich von Menton und bildet eine willkommene Kulisse für die Souvenirläden entlang der Touristenstrecke. Rund um den Hauptplatz kann man wunderbar bummeln. Dort stehen auch eine 300 Jahre alte Ulme und die Burg der Grafen Alziari, ferner die barocke Église Saint-Barthélémy und die Chapelle des Pénitents Blancs aus dem 15. Jh. Im Dorf und in der Nähe gibt es weitere interessante Kirchen und Kapellen.

Am schönsten ist der Besuch von Gorbio zu Fronleichnam (Fête Dieu), dann zieht die Procession dai Limaça nachts durch das Dorf! Der Festzug hat seinen Namen von den Schneckenhäusern (provenzalisch: *limaça*) erhalten, die mit Olivenöl gefüllt und entzündet werden. An Wänden, Torbögen Fenstern und Stufen befestigt, tauchen sie die alten Gassen während der Prozession in flackerndes Licht: eine magische Atmosphäre! Die Schnecke ist ein heidnisches Symbol für Erneuerung. Mit diesem Ritus dankten die Dörfler früher für die Olivenernte und vertrieben böse Geister.

✛ 225 E5

Tourist Information
✉ Mairie: 30, rue Garibaldi
☎ 0492 10 66 50 🌐 www.gorbio.fr

21 Peille

Zu den schönsten Dörfern der Côte d'Azur gehört auch Peille (S. 68), das seit dem Mittelalter 20 km landein von Monaco an einem Berghang der Seealpen klebt. Früher war Peille nicht nur eine uneinnehmbare Verteidigungsbastion, sondern konnte sich aufgrund seiner isolierten Lage auch ziemlich ungestört entwickeln, sodass hier sogar ein eigener Dialekt, *pelhasc* genannt, entstand.

Das Dorf hatte ein sehr ungewöhnliches Verhältnis zur Kirche. Im Mittelalter wurde Peille mehrfach exkommuniziert, weil die Bewohner sich weigerten, den Zehnten zu entrichten. Die Chapelle des Pénitents Noirs wurde in die ortseigene Olivenpresse umgewandelt, in der Chapelle de Saint-Sébastien befindet sich heute das Rathaus.

Das *village perché* hat eine ganz eigene Atmosphäre. Entlang der Kopfsteinpflastergassen stehen alte Gebäude mit schönen Torbogen, Brunnen und Steinmetzarbeiten aus der Gotik und Renaissance. In der Église Sainte-Marie zeigt ein Gemälde den mittelalterlichen Ort mit der heute zerstörten Burg der Grafen von Provence in all ihrer früheren Pracht – den Kirchenschlüssel erhalten Sie im Rathaus. In der Kirche steht auch ein Rosenkranz-Polyptychon von Honoré Bertone aus der Schule von Nizza.

Wer trittsicher und schwindelfrei ist, kraxelt den Klettersteig hinauf zu einer atemberaubenden Aussicht. Im August feiert Peille ein Weizen- und Lavendelfest.

22 Peillon

Peillon auf 373 m Höhe ist das Nachbar- und Zwillingsdorf von Peille und eines der schönsten *villages perchés* der Riviera (S. 68). Es duckt sich zwischen die luftigen Felsgipfel hoch über dem Tal von Peillon und ist von unten kaum zu erkennen. Von oben konnte man hingegen früher jeden Angreifer lange im Voraus sehen, denn der Blick öffnet sich sowohl zum Hinterland als auch zur Küste hin.

Heute sorgt die spektakuläre Lage dafür, dass dem Tourismus Grenzen gesetzt sind. Der Ort ist nicht überlaufen, wirkt noch ursprünglich. Gehen Sie von der Place Arnulf mit ihrem Steinbrunnen durch ein Gewirr von Gassen, Stufen und Torbogen hinauf zur Église Saint-Sauveur auf dem Gipfel.

Vorbei an der alten Dorfschule an der Place Gleià, für die Charles Rocher de Gérigné 1952 die Freske »Lux in Tenebris« gemalt hat, erreichen Sie die Chapelle des Pénitents Blancs außerhalb des Dorfes. Sie hat Giovanni Canavesio im 15. Jh. mit Fresken zur Passion Christi verziert. Besucher sollten sich vorab telefonisch im Rathaus anmelden. Hinter der Kapelle führt ein Fußweg nach Peille. Der Weg über die alte Römerstraße dauert etwa zwei Stunden.

Die Häuser von Peille über der Faquin-Schlucht

War für eine Heldentat! Um der Macht des Teufels zu entkommen, haben die Bewohner eines winzigen Dörfchens im Hinterland von Nizza den roten Unhold eingefangen und ihm den Schwanz abgeschnitten. Wo dies auf 650 m Höhe passiert ist, verrät der Ortsname – denn im Dialekt heißt *coa* »Schwanz« und *raza* »abschneiden«.

Coaraze gilt als besonders sonnenreich und nennt sich daher Village du Soleil (Sonnendorf). Künstler wie Jean Cocteau und Valentin Douking haben sich in den 1960er Jahren hier niedergelassen und es mit farbenfrohen Sonnenuhren aus Keramik geschmückt – Cocteaus Sonnenuhr finden Sie an der Rathaus-Fassade auf der Place Félix Giordan.

Kopfsteinpflastergassen, Treppen, überdachte Durchgänge, Brunnen und charmante Plätze sorgen für mittelalterliches Flair, wenn im August beim Mittelalterfest groß gefeiert wird. Wer es sich leisten kann, gönnt sich hier eine Zweitwohnung. Und geht spazieren.

Zum Beispiel zur Chapelle Bleue, die ihren Namen erst erhielt, nachdem der spanische Maler Ponce de Léon 1964/65 das Innere mit leuchtend blauen Wandbildern und grünen Buntglasfenstern verziert hatte – zuvor hieß sie Notre-Dame des Sept-Douleurs (Kapelle der Jungfrau der sieben Schmerzen). Rechnen Sie rund 20 Minuten für den Fußweg!

✠ 225 D5

Tourist Information
✉ 7, place Sainte-Cathérine
☎ 0493 79 37 47
⊕ www.coaraze.eu
◐ Di–Sa 10–12 und 15–17 Uhr

Sonnenuhren verzieren die Gassen von Coaraze, das als Sonnendorf bekannt ist.

Wohin zum … Übernachten?

Preise für ein Doppelzimmer pro Nacht:
€   unter 100 Euro
€€   100–180 Euro
€€€   über 180 Euro

BEAULIEU-SUR-MER

Riviera €
Das kleine familiäre Hotel ist in einer Villa aus dem Jahr 1930 untergebracht, die zwar nicht direkt am Meer, aber in einer ruhigen Straße nur 150 m vom Strand entfernt steht. Innen erwartet Sie ein schöner Innenhof und kleine, aber blitzsaubere Zimmer.
✚ 225 D4
✉ 6, rue Paul Doumer
☎ 0493 01 04 92
⊕ www.hotel-riviera.fr
⊘ Okt.–Mitte Jan. geschl.

ÈZE

Château Èza €€€
Die Sicht vom Schloss aus ist atemberaubend und lohnt allemal den recht anstrengenden Aufstieg über Hunderte von Stufen. Das ehemalige Domizil des schwedischen Thronfolgers umfasst mehrere mittelalterliche Häuser, die dieses luxuriöse Anwesen vereint. Ebenso traumhaft: Lage und Küche der Restaurantterrasse (S. 91).
✚ 225 E4 ✉ Rue de la Pise
☎ 0493 41 12 24
⊕ www.chateaueza.com
⊘ Nov.–Mitte Dez. geschl., in der Nebensaison Mo/Di geschl.

MENTON

Paris Rome €€–€€€
Das familiäre Häuschen am Hafen von Garavan mit 20 geschmackvoll eingerichteten Zimmern ist nur ein paar Schritte von der Altstadt entfernt und idealer Ausgangspunkt für Spaziergänge oder ein Bad im Mittelmeer. Der Name passt: Menton liegt auf halber Strecke zwischen Rom und Paris.

Menton vereint französisches und italienisches Flair.

✚ 225 E4 ✉ 79, Porte de France
☎ 0493 35 70 35
⊕ www.paris-rome.com
⊘ Nov.–Ende Jan. geschl.

Prince de Galles €€
Dieses Drei-Sterne-Hotel in italienischem Stil liegt in der Nähe des Stadtzentrums direkt am Meer mit großartiger Aussicht bis nach Italien. Einige der 64 komfortablen, schallisolierten Zimmer haben Meerblick, ebenso die Panoramaterrasse. Unter zwei majestätischen Palmen im tropischen Garten können Sie im Sommer zu Abend essen und ein Glas Wein trinken.
✚ 225 E4 ✉ 4, av. Général de Gaulle
☎ 0493 28 21 21
⊕ www.princedegalles.com

PEILLON

Auberge de la Madone €€–€€€
Die typische Auberge wurde liebevoll im traditionellen provenzalischen Stil ausgestattet. Die Zimmer sind mit schönen Stilmöbeln eingerichtet. Von der Terrasse blickt man über das umliegende Land und kann dabei in aller Ruhe die gute Regionalküche genießen, für die es Michelin-Sterne gab.
✚ 225 E5
✉ 3, place Auguste Arnulf
☎ 0493 79 91 17
⊕ www.auberge-madone-peillon.com
⊘ 6. Nov.–22. Dez. geschl.

ROQUEBRUNE-CAP MARTIN

Les Deux Frères €€
Vom Hotel blicken Sie über das Mittelmeer nach Monaco. Die zwölf eleganten Zimmer sind individuell nach Themen gestaltet. Im Marinezimmer sind die Bettbezüge blau-weiß gestreift, im Mittelalterzimmer steht eine schmiedeeiserne Bank, und im marokkanischen Zimmer liegt ein Leopardenfell. Die Mahlzeiten werden im Restaurant, auf der Terrasse mit Meerblick oder in der Gaststube mit Kamin serviert.
✛ 225 E4
✉ Le Village, 4, place des Deux Frères
☎ 0493 28 99 00
⊕ www.lesdeuxfreres.com

ST-JEAN-CAP FERRAT

Hôtel Brise Marine €€
Diese Villa im italienischen Stil wurde 1878 erbaut und ist heute ein Hotel garni mit drei Sternen. Die ockerfarbene Fassade und die Fenster mit blauen Läden sind dem Meer zugewandt, und auch vom Garten, der Terrasse und 16 schönen Zimmern sind die Ausblicke wundervoll. Ohne Restaurant, es gibt aber mehrere im Ort (S. 93).
✛ 225 D4 ✉ 58, av. Jean Mermoz
☎ 0493 76 04 36
⊕ www.hotel-brisemarine.com
⊙ Nov.–Feb. geschl.

Grand Hôtel du Cap Ferrat €€€
Die Verjüngungskur hat dem traditionsreichen Haus mit seinem wunderschönen Park, dem herrlichen Pool mit Meerblick und seinem Gourmetrestaurant gut getan. Das Nobelhaus aus dem Jahr 1908 ist mit seinen 49 Zimmern und 24 Suiten wieder das Paradies, das die ersten Touristen vor hundert Jahren geschätzt haben.
✛ 225 D4 ✉ 71, bd. du Général de Gaulle
☎ 0493 76 50 50
⊕ www.fourseasons.com/capferrat
⊙ Jan.–Ostern geschl.

Hôtel Royal Riviera €€€
Extravagantes Hotel der Leading Hotels of the Worlds mit prächtig ausgestatteten Zimmern, eigenem Hubschrauberlandeplatz, und Grillabenden am großen Pool im Herzen eines Garten mit Palmen, Oleanderbüschen und Bananenstauden.
✛ 225 D4
✉ 3, av. Jean Monnet
☎ 0493 76 31 00
⊕ www.royal-riviera.com
⊙ 25. Nov.–13. Jan. geschl.

LA TURBIE

Hostellerie Jérôme €€€
Hinter den Feldsteinmauern eines ehemaligen Zisterzienserklosters verbinden die geräumigen Zimmer und Suiten den höchsten Komfort von heute mit dem rustikalen Flair der ländlichen Provence. Die Restaurantküche schmücken zwei Michelin-Sterne (S. 93), günstiger genießen Sie im Bistrot Café de la Fontaine.
✛ 225 E4
✉ 20, rue du Comte de Cessole
☎ 0492 41 51 51

VILLEFRANCHE-SUR-MER

Hôtel de la Darse €–€€
Ein typisches Strandhotel mit 21 geräumigen Zimmer für ein bis vier Gäste ist dieses Zwei-Sterne-Haus gegenüber dem Port-Royal de la Darse. Von den meisten Zimmern – und der Restaurantterrasse – blicken Sie auf das Mittelmeer und die Masten der schaukelnden Luxusjachten.
✛ 225 D4
✉ 32, av. du Général de Gaulle
☎ 0493 01 72 54
⊕ www.hoteldeladarse.com

Hôtel Welcome €€€
Ein Kloster aus dem 17. Jh. wurde zum modernen Gebäude umgebaut. Alle Zimmer sind hell und haben Balkone mit Blick über die Bucht. Jean Cocteau wohnte hier, während er die Chapelle Saint-Pierre mit Fresken verzierte.
✛ 225 D4 ✉ 3, quai de l'Amiral Courbet
☎ 0493 76 27 62
⊕ www.welcomehotel.com
⊙ 11. Nov.–21. Dez. geschl.

Von der Terrasse des Hotel-Restaurants »Château Eza« bietet sich ein fantastischer Blick.

Wohin zum ...
Essen und Trinken?

Preise für ein Drei-Gänge-Menü ohne Getränke:

€   unter 30 Euro
€€   30 bis 70 Euro
€€€ über 70 Euro

BEAULIEU-SUR-MER

La Réserve €€–€€€

Die Restaurants im Luxushotel La Réserve, das im 19. Jh. seine erste Glanzzeit erlebte, bieten alles, was Feinschmecker sich wünschen. Das Restaurant des Rois (€€€) hat einen Stern, günstiger, aber ebenfalls ausgezeichnet speisen Sie in La Table de la Réserve (€€).

✚ 225 D4 ✉ 5, bd. du Maréchal Leclerc
☎ 0493 01 00 01
⊕ www.reservebeaulieu.com
🕑 Okt. Weihnachten, mittags (Restaurant des Rois), Di/Mi (La Table) geschl.

ÈZE

Le Cactus €

Erholen Sie sich auf der Terrasse dieser kleinen Crêperie vom Sightseeing. Die Mittagskarte bietet süße Crêpes und salzige Galettes mit diversen Füllungen, ferner Salate, Eiskrem und Tee.

✚ 225 E4
✉ La Placette, entrée Vieux Village
☎ 0493 41 19 02
🕑 März–Okt. 9–21 Uhr; im Winter Sa/So und in den Schulferien

Château Eza €€€

Im Schloss mit seinen zehn Sälen und auf der kleinen Terrasse können Sie zum 180°-Blick über die Küste und das 400 m tiefer gelegene Meer gehobene Küche mit frischem Fisch und Fruits-de-Mer genießen, die exquisit zubereitet werden. Kalb und Huhn werden Fleischfans begeistern, Dessertklassiker wie *tarte tatin* die Naschkatzen. Gemeinsam können sich alle Gäste des Tisches ein Degustationsmenü teilen. Dazu gibt's natürlich eine gute Weinauswahl.

✚ 225 F4 ✉ Brue de la Pise
☎ 0493 41 12 24 ⊕ www.chateaueza.com
🕑 1. Nov.–15. Dez. geschl.

La Chèvre d'Or €€€

Ein wunderbarer Blick auf Küste und Meer, dazu eine kosmopolitische Küche mit Barsch-Sushi, Hühnchen mit Zitronengras oder Brassenfilet *a la plancha,* und das alles im renommierten und mit zwei Michelin-Sternen geschmückten Restaurant des luxuriösen Hôtel Château de la Chèvre d'Or.

✙ 225 E4 ✉ Moyenne Corniche, Rue du Barri
☎ 049210 66 66
⊕ www.chevredor.com
🕔 Nov.–März, Mo geschl.

Hermitage €€

Gute Küche auf dem Pass (Col d'Eze) im Nordwesten des Dorfes. Herrliche Sommer-terrasse.

✙ 225 E4 ✉ 1957, av. des Diables Bleus
☎ 0493 41 00 68
⊕ www.ezehermitage.com 🕔 tägl. geöffnet

Le Nid d'Aigle €

Das Restaurant des Adlernestes serviert provenzalische Klassiker in lockerer Atmo-sphäre gleich gegenüber dem Jardin Exo-tique. Hier erhalten Sie Regionalküche zu vernünftigen Preisen.

✙ 225 E4 ✉ 1, rue du Château
☎ 0493 411908 ⊕ www.leniddaigle-eze.com
🕔 tägl. während der Hauptsaison; 9. Jan.–8. Feb. geschl.

GORBIO

Les Terrasses €

Provenzalische Küche und Pasta werden im freundlichen Lokal/Café im luftigen Gorbio serviert.

✙ 225 E5 ✉ 88, place de la République
☎ 0493 35 95 78
🕔 Okt.–Mai abends, So/Mo geschl.

MENTON

A Braïjade Meridiounale €€

Dieses einladende rustikale Restaurant in der Altstadt hat sich auf provenzalische Gerichte und Gegrilltes spezialisiert – seine Fleischspieße sind legendär!

✙ 225 E4 ✉ 66, rue Longue
☎ 0493 35 65 65 ⊕ www.abraijade.fr
🕔 Sa Mittag, So Mittag geschl.

Croc'antine €

Eine gute Adresse für den kleinen Hunger: Salate, kleine Gerichte und kreative Des-serts, schön gelegen zwischen Strand und Stadt in der Nähe des Musée Jean Cocteau.

✙ 225 E4 ✉ 3, rue Trenca
☎ 0493 51 85 62
🕔 So Mittag und Mo geschl.

La Martina €–€€

Italien ist nicht weit, und Antonio Ciamba-rella setzt auf die Küche seiner Heimat.

✙ 225 E4 ✉ 11, place du Cap
☎ 0493 57 80 22
🕔 Jan. und Mi geschl.

Mirazur €€€

Der argentinische Chefkoch Mauro Colagre-co verwendet nur die frischesten Zutaten vom lokalen Markt. Zu den Spezialitäten zäh-len *gamberoni de San Remo* – rote Gar-nelen in Spargel und Zucchini mit Borretsch und Knoblauch. Das moderne Dekor passt zu dem Rundumblick aufs Meer. Unbedingt reservieren!

✙ 225 E4 ✉ 30, av. Aristide Briand
☎ 0492 418686
⊕ www.mirazur.fr
🕔 mittags und abends; Mo/Di (Ausnahme: Juli/Aug.) sowie Sa/So mittags geschl.

PEILLON

Auberge de la Madone €€€

Der Familienbetrieb hat sich auf aromati-sche Klassiker aus Nizza mit reichlich Oli-venöl, Trüffeln, Ziegenkäse, Oliven und Berg-käse spezialisiert. Im L'Authencité schmeckt die lokale Sterne-Küche von Christian und

75 bis 80 % der französischen Trüffelernte stammen aus der Region Provence-Alpes-Côte d'Azur.

Thomas Millo, auf der Terrasse serviert »La Table d'Augustine« beste Bistronomie zum wunderbaren Blick.

⚓ 225 E5   ✉ 3, place Auguste Arnulf
☎ 0493 79 91 17
🌐 www.auberge-madone-peillon.com
🕐 Mi, 6. Nov.–26. Dez. geschl.

ROQUEBRUNE–CAP MARTIN

Au Grand Inquisiteur €€
Die höhlenartigen Gewölbesäle dienten einst als Unterstand für Vieh. Heute eignen sie sich perfekt für ein romantisches Abendessen.

⚓ 225 E4   ✉ 15, rue du Château
☎ 0493 35 05 37
🌐 www.augrandinquisiteur.com
🕐 Mo geschl., mittags nur So geöffnet

La Grotte €
Das beliebte Höhlenrestaurant liegt gleich am Dorfeingang. Einige Tische stehen auch auf dem Platz. Wer ein gutes Tagesgericht (*plat du jour*) oder eine preiswerte Pizza sucht, ist hier genau richtig.

⚓ 225 E4
✉ Place des Deux-Frères
☎ 0493 35 00 04
🌐 www.lagrotte-lolivier.fr
🕐 tägl. außer Mi 10–23 Uhr

ST-JEAN–CAP FERRAT

Capitaine Cook €€
Das Restaurant am Ortsrand serviert vor allem Meeresfrüchte. Die Terrasse ist ideal für ein Abendessen im Sommer.

⚓ 225 D4   ✉ 11, av. Jean Mermoz
☎ 0493 76 02 66
🕐 Di, Fr–So 12.30–14.30 und 19.30–22.30, Do 19.30–22.30 Uhr; Mi und 3. Nov.–26. Dez. geschl.

Equinoxe €€
Keine Mikrowelle, keine Fritteuse, nur frische Produkte auf der kleinen Karte: die beste Adresse für gesunden Hochgenuss am Hafen – mit einer Terrasse direkt am Meer.

⚓ 225 D4
✉ Av. Claude Vignon

☎ 0493 76 01 01
🕐 Di, Mitte Jan.–Mitte Feb. geschl.

LA TURBIE

Hostellerie Jérôme €€€
Bruno Cirino hat einen Michelin-Stern ins Gebäude aus dem 15. Jh. geholt – seine ausgezeichnete Regionalküche ist leicht, fantasievoll und übertrifft alle Erwartung, wie auch das schicke, aber dennoch sehr entspannte Ambiente und der von Herzen freundliche Service.

⚓ 225 E4
✉ 20, rue du Comte de Cessole
☎ 0492 41 51 51
🕐 Mo/Di (außer Juli–Aug.), 6. Nov.–10. Feb. geschl.

VILLEFRANCHE-SUR-MER

L'Aparté €–€€
Magret de Canard mit Ahorn-Jus – oder lieber Kabeljau im Fruchtmantel? Das Restaurant in einer Altstadtgasse bringt die kulinarischen Traditionen der Mittelmeerländer mit oft überraschenden Kombinationen auf den Teller.

⚓ 225 D4   ✉ 1, rue Obscure
☎ 0493 01 84 88
🕐 tägl. 18.30–22.30 Uhr

Les Garçons €–€€
Das kleine französische Altstadt-Restaurant mit lauschiger Terrasse bietet eine originelle Küche mit exotischen Kombinationen und einen preiswerten Mittagstisch.

⚓ 225 D4   ✉ 18, rue du Poilu
☎ 0493 76 62 40
🕐 tägl. außer Mi 12–14 und 19–23 Uhr

La Mère Germaine €€€
Seit 1938 eine Institution direkt am Wasser mit täglich wechselnder Karte und fangfrischem Fisch. Jean Cocteau war Stammgast.

⚓ 225 D4
✉ 9, quai Amiral Courbet
☎ 0493 01 71 39
🌐 www.meregermaine.com
🕐 tägl. 12–14.30 und 19–22 Uhr, 2. Nov.–24. Dez. geschl.

Wohin zum ...
Einkaufen?

MÄRKTE

In vielen kleinen Dörfern an den Corniches finden täglich oder wöchentlich Märkte statt, die ein wahres Fest für die Sinne sind. An der Corniche Inférieure gastiert auf der Place du Marché von **Beaulieu-sur-Mer** täglich ein Obst- und Gemüsemarkt. Samstags werden dort Kleider und Haushaltswaren verkauft, am dritten Samstag im Monat kommen die Trödler.

In **Villefranche-sur-Mer** können Sie sonntags im Jardin François Binon und an der Av. Amélie Pollonnais an Flohmarktständen stöbern; Samstagvormittag verwandeln sich der Jardin François Binon und die Promenade de l'Octroi in einen provenzalischen Markt. An der Grande Corniche veranstaltet **Roquebrune** auf seiner Place du Marché täglich einen gut besuchten Provencemarkt und Mitte September den jährlichen Flohmarkt. In **La Turbie** herrscht am Donnerstagvormittag ein reges Markttreiben.

Menton hat eine täglich geöffnete Markthalle (Les Halles) für Frischfleisch, Obst, Gemüse und Käse; Kleider werden am Samstagvormittag am alten Hafen (Vieux-Port) verkauft, freitags wird auf der Place aux Herbes getrödelt.

LEBENSMITTEL

Eine der besten Adressen für Leckermäuler ist die **Maison Herbin** (2, rue Palmero, Menton, Tel. 0493 57 20 29, www.confitures-herbin.com, Mo, Mi und Fr jeweils ab 10.30 Uhr Führungen durch die Fabrik) in Menton. Verkauft werden Hunderte von Konfitüren-Sorten, eingemachtes Gemüse und kandierte Früchte.

SPEZIALITÄTEN

Die **Coutellerie E Garnero** (8, rue St-Michel, Menton, Tel. 0493 57 03 60) hat sich seit hundert Jahren auf Messer und Schirme spezialisiert. Dieser altmodische Laden gehört zu den ungewöhnlichsten Geschäften an der Riviera.

L'Herminette Èzasque (1, rue Principale, Èze, Tel. 0493 41 13 59, Sommer tägl. 10–19, Winter bis 18 Uhr) hat seinen Sitz im alten Stadttor und verkauft provenzalische Krippenfiguren *(santons)* sowie Souvenirs aus Olivenholz.

PROVENZALISCHES

Les Images de Provence (21, rue St-Michel, Menton, Tel. 0493 57 09 98, tägl. 9–19 Uhr) bietet Stoffe in typischen Provencemustern am Meter oder als Tischdecken, Sets und Bettüberwürfe.

Kostprobe in der Markthalle von Menton

Wohin zum ...
Ausgehen?

FESTE RUND UM NIZZA

Im Februar veranstaltet Menton die **Fête du Citron** zu Ehren der Zitronen (S. 85). Höhepunkt ist der Umzug von Festwagen, die – wie die Aufbauten im Jardin Biovès – mit Tausenden von Zitronen geschmückt sind. Im März findet in Villefranche-sur-Mer als Höhepunkt der Karnevalsaktivitäten eine **Combat Naval Fleuri** statt. Beim Blumengefecht zur See kreuzen rund 50 *pointus*, traditionelle Holzsegler, die üppig mit Mimosen und anderen Blumen geschmückt sind, in der Bucht. Ähnliche Veranstaltungen gibt es überall in der Region.

Den April dominieren religiöse Feste. In Roquebrune-Cap Martin beginnt **Ostern mit einer Prozession** am Gründonnerstag/Karfreitag.

Der **1. Mai** (Tag der Arbeit/Fête du Travail) ist in Frankreich offizieller Feiertag und traditionell der Tag, an dem man lieben Menschen einen Maiglöckchengruß schenkt. Zu Fronleichnam sollten Sie in Gorbio sich die nächtliche **Procession dai Limaça** anschauen (S. 86). Den genauen Termin – manchmal auch im Mai – entnehmen Sie bitte dem Kalender. In Menton öffnen sich im Juni die privaten und **öffentlichen Parks und Gärten** für Besucher. In ganz Frankreich werden am 21. Juni bei der **Fête de la Musique** Konzerte im Freien veranstaltet.

Zahlreiche Feste, darunter viele Kunst- und Musikfestivals, fallen in den Juli und August. Im Juli lädt das **Monastère de l'Annonciade** in Menton zu einer abendlichen Konzertreihe ein, in den Parks finden Musikfestivals und Aufführungen mit südamerikanischer Musik statt. In Roquebrune-Cap Martin lockt zu Monatsbeginn ein **Mittelalterfest.**

Die **Fête de St-Pierre** (2. So im Juli) wird vor allem in Cap d'Antibes, Villefranche-sur-Mer und Nizza festlich begangen. Feuerwerke, *batailles de fleurs* und Volksbälle begleiten den **Nationalfeiertag am 14. Juli.**

Beim **Musikfestival in Menton** im August wird den ganzen Monat über Kammermusik

Fantasiefiguren aus Früchten: das Zitronenfest

im Freien gespielt. Dazu kommen **Open-Air-Theateraufführungen** und der **Grand Prix im Kartfahren.** Am 5. August findet in Roquebrune eine Prozession statt, in Peille trifft man sich zum **Weizen- und Lavendelfest.**

Am ersten Sonntag im September geht's zum **Festin des Baguettes** nach Peille, in Menton kann man zeitgleich bei den **Mittelmeer-Gartentagen** Pflanzen- und Gartenschauen besuchen.

Im Dezember locken **Weihnachtsmärkte und Krippenausstellungen** mit kunstvoll geschnitzten und bemalten *santons*.

THEATER & CASINO

Das **Théâtre Francis Palmero** (Palais de l'Europe, av. Boyer, Tel. 0492 41 76 50) lädt zu französischen Stücken, Operetten und Vorträgen ein.

Das **Casino de Menton** bietet einarmige Banditen, Spielsäle, zwei Bars, Restaurant und den **Club Le Brummell** (2, av. Félix Fauré, Tel. 0492 10 16 16, www.casinosbarriere. com/fr/menton.html, tägl. 10–3, Fr/Sa bis 4 Uhr).

SPORT

Der **Monte Carlo Golf Club** (Route du Mont Agel, La Turbie, Tel. 0492 41 50 70; http://fr. montecarlosbm.com, Mo 8–17, Di–So 8–18 Uhr) ist ein 18-Loch-Platz mit Blick auf die Küste und die italienischen Alpen.

Die Altstadt von Monaco mit dem Fürstenpalast
thront auf dem Le Rocher genannten Felsen.

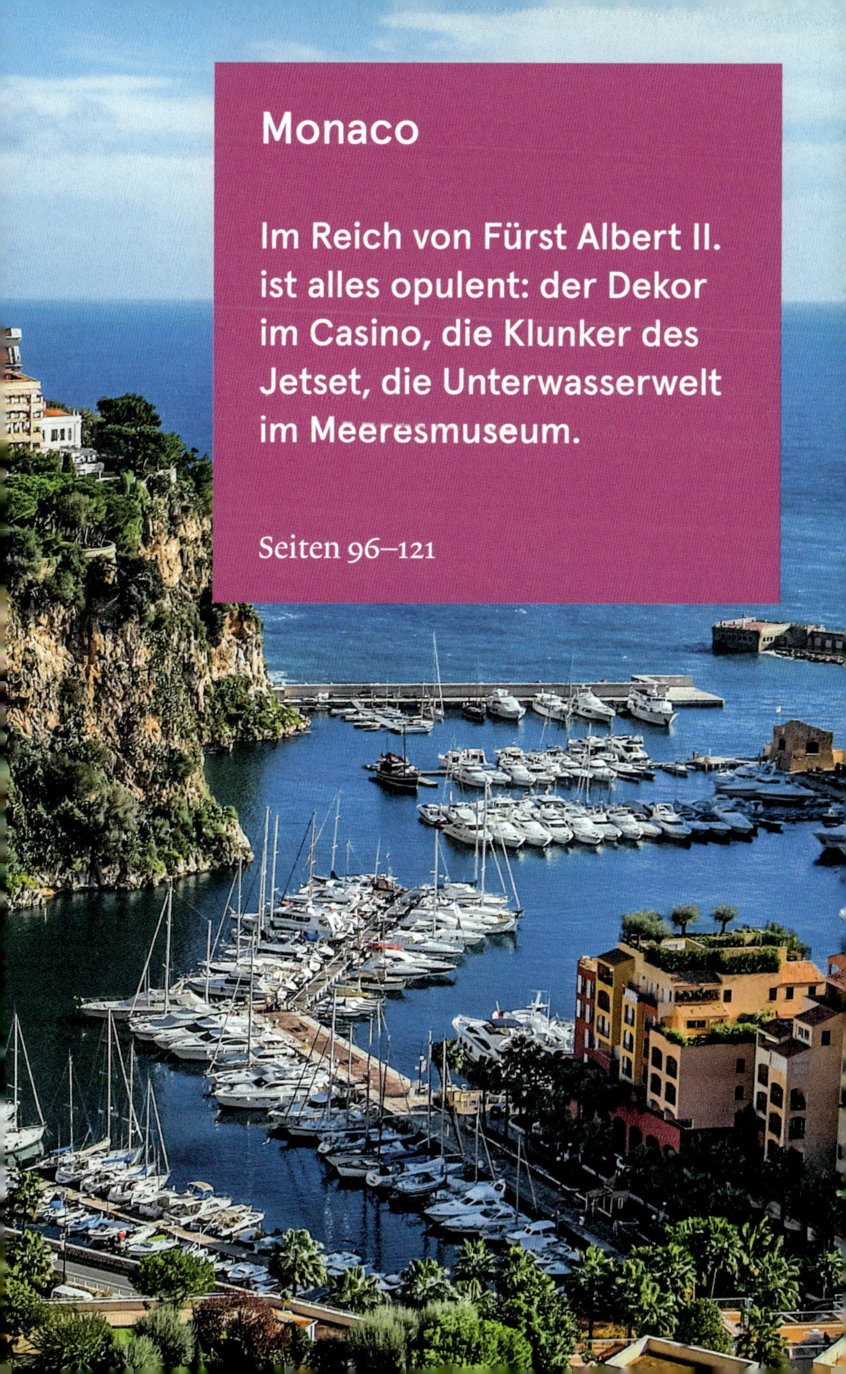

Monaco

Im Reich von Fürst Albert II.
ist alles opulent: der Dekor
im Casino, die Klunker des
Jetset, die Unterwasserwelt
im Meeresmuseum.

Seiten 96–121

Erste Orientierung

Es ist eine Steueroase, Hotspot der Schickeria und Reich einer Fürstenfamilie, deren Wurzeln zurückgehen auf italienische Piraten: Monaco. Hochhaustürme und Luxusjachten prägen das Bild des Ministaates, der aus allen Nähten platzt und nach Fontvieille noch weitere Viertel ins Meer bauen will.

Monaco lockt vor allem mit zwei Dingen: dem exzellenten Meeresmuseum – und der Aussicht auf Erfolg beim Promi-Spotting. Publikumsmagnet unter den vielen Veranstaltungen im Jahreslauf ist der Große Preis von Monaco im Mai. Tausende von Zuschauern säumen dann die Straßen von Monte-Carlo und schauen zu, wie die Rennwagen mit ohrenbetäubendem Lärm und atemberaubender Geschwindigkeit durch das Stadtzentrum donnern.

Monaco ist nach dem Vatikan der zweitkleinste souveräne Staat der Welt, überholt ihn jedoch bei der Bevölkerungsdichte: 18 944 Menschen pro km² – das ist Weltrekord! Weltweit einzigartig ist die offizielle Dreiteilung der Bevölkerung. Nur 6600 der 39 000 Bewohner sind gebürtige Monegassen. Die anderen sind Landeskinder (*enfants du pays*), die seit Generationen im Fürstentum leben, sowie wohlhabende Ausländer. Letztere zahlen exorbitante Preise für Wohnungen und Grundstücke, nur um zur Gemeinschaft der Millionäre, Spieler, Bankiers und Aristokraten zu gehören. Keine Staatsbürgerschaft der Welt ist so begehrt wie diese. Von den zahlreichen Antragstellern wurden in den letzten 40 Jahren gerade einmal wenige Tausend angenommen, darunter Karl Lagerfeld, Alain Ducasse, Steffi Graf, Alain Prost und Claudia Schiffer. Monaco ist und bleibt die Tummelwiese der Reichen und Berühmten.

TOP 10

1 ★★ Casino de Monte-Carlo

Nicht verpassen!

24 Musée Océanographique

25 Monaco-Ville

Nach Lust und Laune!

26 Fontvieille

27 Jardin Exotique

28 La Condamine

29 Musée National

30 Le Larvotto

Mein Tag am Meer

Monaco und das Meer ist eine jahrtausende-alte Liebe. Ob es daran liegt, dass die Grimaldi einst Piraten waren? In ihrem Mikrokosmos können Sie das Meer mit allen Sinnen genießen: von der Unterwasserwelt in einem der schönsten Aquarien der Welt über die vorzügliche Fischküche und die Heilkraft des Meeres bis zur stilvollen Sonnenpause in einem privaten Strandbad.

10 Uhr: Hallo, Hai!

Auf einem Steilfelsen über dem Mittelmeer erhebt sich das ❷❹ Ozeanographische Museum Monaco (S. 108). Es wurde 1910 von Prinz Albert I., einem leidenschaftlichen Meeresforscher, eröffnet und dank seines langjährigen Direktors Jacques Cousteau weltberühmt. Das Megamuseum zur Meereskunde zeigt auf 6500 m² rund 6000 Meeresbewohner in naturnahen Aquarien. Quallen, Muränen, Garnelen, Mondfische, Laternenfische und Clownfische tummeln sich in ihnen; ein Heringsschwarm blitzt und blinkt in einer angestrahlten Säule im Dunkel des Meeresmuseums. 400 000 l fasst das Becken für die Riffhaie. In den oberen Stockwerken sind Sammlungen zur Meeresforschung und zur Seefahrt ausgestellt sowie Skelette von Meeresbewohnern.

12.30 Uhr: Schlemmen beim Sonnenbaden

Der Monte-Carlo Beach Club hat 200 braun-beige gestreifte Kabinen

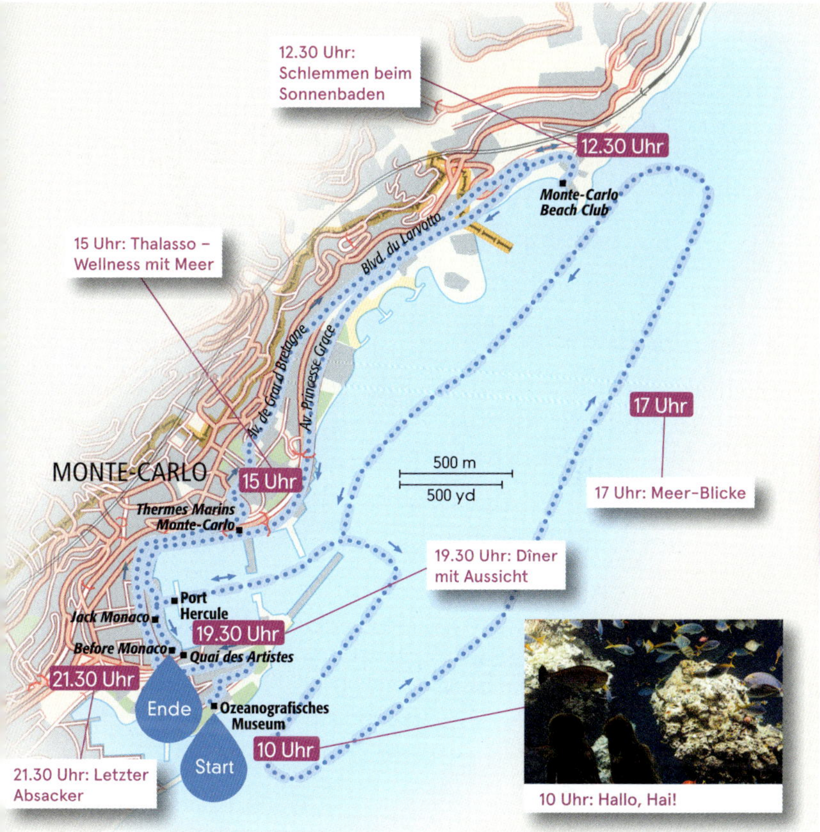

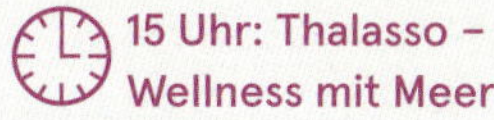

10 Uhr: Hallo, Hai!

mit komfortablen Liegen und Sonnenschutz auf seinen feinen Sandstrand gestellt und verwöhnt Sie beim Sonnenbad mit frischer mediterraner Küche: Lachstartar, Langusten oder Spaghetti mit Meeresfrüchten – worauf haben Sie Appetit?

15 Uhr: Thalasso – Wellness mit Meer

Algenpackungen und Sprudelbäder, Massagen und Schönheitsbehandlungen: Die Thermen von Monaco sorgen mit Thalasso-Anwendungen für Wohlfühlmomente. Das 29 °C warme Wasser des Meerwasserpools mit traumhaftem Blick auf das Mittelmeer wird in 37 m Tiefe etwa 400 m vor der Küste gewonnen.

17 Uhr: Meer-Blicke

Starten Sie im Port Hercule zu einer 40-minütigen Stadtrundfahrt per Boot und erleben Sie Monaco

Eine Riesenkrake wacht über die Eingangshalle des Musée Océanographique, das an einem Felshang in Monaco-Ville errichtet wurde.

Die Thermes Marins sorgen auf vier Etagen für Entspannung.

vom Meer aus! Vom Felsen der Grimaldi mit dem Fürstenpalast geht es erst nach Westen bis Fontvieille, das dem Meer abgerungen wurde, dann gen Osten einmal die gesamte Küste des Kleinstaates entlang – vorbei an den Stränden und Häusern von Le Larvotto mit dem berühmten Tour Odéon und dem Japanischen Garten. In Monte-Carlo blicken Sie vom Meer auf das Casino, die Oper, das Hôtel de Paris und den Formel-1-Tunnel, ehe Sie wieder in den Port Hercule einlaufen.

18 Uhr: Kreative Cocktails am Kai

Jack Monaco hat eine Paradeposition: direkt an der Hafenpromenade mit Blick auf die noblen Jachten und die Berge, die die Bucht einrahmen. Die Präsentation der Drinks ist ungewöhnlich: Mal ruht der Cocktail auf Stroh neben Meeresfrüchten, dann kommt er im Kupferbecher daher ...

19.30 Uhr: Dîner mit Aussicht in der Fischbrasserie

Ganz im Stil der großen Pariser Brasserien lädt Le Quai des Artistes zum Dîner unter einem riesigen Kristallleuchter, während Sie von der Lederbank entlang der Wand auf den Port Hercule blicken und echte, unverfälschte Meeresküche genießen. Bei schönem Wetter können Sie Ihre *moules marinières*, den Lachs auf Zitronenschaum oder den Butt nach provenzalischer Art auf der großen Terrasse genießen.

Von den Terrassen der umliegenden Restaurants bietet sich ein atemberaubender Blick auf den Port Hercule.

21.30 Uhr: Ein letzter Absacker

Nur wenige Schritte vom Restaurant entfernt steht eine Bar, die Kult ist bei den Einheimischen: Before Monaco – eng, voll, viel zu klein für einen Klub, aber gerade deswegen ungeheuer beliebt bei den Monegassen.

Monte-Carlo Beach Club €€–€€€
✠ 225 E4 ✉ Route de la Vigie/Sentier de la Mer
☎ +377 98 06 52 45
⊕ http://fr.montecarlosbm.com
🕐 Mitte April–Mitte Okt. 10–18, Jul./Aug. bis 19 Uhr; kostenloser Strandbadshuttle für Gäste der Hotels »Paris« und »Hermitage«
⚡ Preis auf Anfrage
🚌 Taxi oder Express-Bus 110 bis Larvotto Bay Hotel, dann 10 Min. Fußweg

Thermes Marins
✠ 225 E4 ✉ 2, av. de Monte-Carlo, Monaco
☎ +377 98 06 69 00
⊕ http://fr.thermesmarinsmontecarlo.com
🕐 tägl. 7–21 Uhr
⚡ Massagen ab 90 €, Schlammpackungen 80 €, Wellnesstag 150 €

Monaco Riviera Navigation
✠ 225 E4 ✉ 8, quai L'Hirondelle
☎ +377 92 16 15 15
⊕ http://monaco-navigation.com/louer-bateau-monaco.html
🕐 Juli/Aug. 14, 15, 16, 17 Uhr, bei Bedarf auch später; Sept. auf Anfrage
⚡ 20 €

Jack Monaco €–€€
✠ 225 E4 ✉ 32, route de la Piscine, Monaco
☎ +377 97 98 34 56
⊕ http://www.jack.mc
🕐 tägl. 12–3 Uhr

Quai des Artistes €€
✠ 225 E4 ✉ 4, quai Antoine 1er, Monaco
☎ +377 97 97 97 77
⊕ www.quaidesartistes.com
🕐 tägl. 12–14.30 und 19.30–23 Uhr

Before Monaco €€
✠ 225 E4 ✉ Route de la Piscine, Monaco
☎ +377 99 90 80 30
⊕ http://before-monaco.business.site
🕐 Mo–Do 18–0.30, Fr 18–1, Sa 18–2 Uhr

❶ ★★ Casino de Monte-Carlo

Warum?	Glamouröse Spielhölle der 1920er Jahre
Was?	Besichtigung vor der Öffnung des Spielbetriebs
Wie lange?	Zum Schauen eine halbe Stunde, zum Spielen sollten Sie Geld und Zeit vorher festsetzen
Wann?	Täglich ab 14 Uhr heißt es: *Rien ne va plus!*
Was noch?	Das Sun Casino um die Ecke mit Automaten und Spieltischen
Was nehme ich mit?	Nur so viel Geld, wie Sie verspielen und für einen (überteuerten) Drink an der Bar ausgeben wollen

Wer nach Monaco fährt, sollte auch das berühmteste Casino der Welt besuchen. Die Fassade ist fast schon kitschig mit ihrem üppigen Schmuck, und auch im Innern ist die Opulenz überwältigend. Nichts verkörpert den theatralisch inszenierten Glanz und Glamour des Zwergstaates so wie die einstige Haupteinnahmequelle des Fürstentums. Heute setzt Albert II. auf andere Werte – und so umweht auch das Casino ein Hauch von Patina und vergangenem Glanz.

Die Grimaldi von Monaco regierten einst einen viel größeren Küstenabschnitt und bezogen ihr Einkommen hauptsächlich aus Abgaben, die sie auf Oliven und Zitrusfrüchte aus Menton erhoben. Die drückende Steuerlast löste 1848 einen Aufstand aus, bei dem Menton und Roquebrune ihre Unabhängigkeit vom Fürstentum erklärten und damit den Grimaldi 80 Prozent ihres Besitzes entzogen. Fortan hatte Monaco seine heutige Größe, und Fürst Charles III. stürzte in eine tiefe Finanzkrise. 1878 eröffnete der Fürst, nach dem Monte-Carlo benannt wurde, das Casino, um dem drohenden Bankrott zu entgehen. 95 Prozent der Gewinne flossen in die Staatsschatulle. Das Geschäft erwies sich als so lukrativ, dass der Fürst bereits fünf Jahre später sämtliche Steuern abschaffte, woran sich bis heute nichts geändert hat. Allerdings sind die Tage vorbei, in denen die Monegassen allein von der Verschwendungssucht auswärtiger Gäste leben konnten. Die Einnahmen aus dem Casino sinken, und mittlerweile ist es eher eine Touristenattraktion.

Kathedrale der Hölle

Charles Garnier, der Architekt der Pariser Oper, entwarf den Prachtbau. In seinen Glanztagen erhielt das Casino den Beinamen »Kathedrale der Hölle«. Das üppige Belle-Époque-Interieur erstrahlt in Rosa-, Grün- und Goldtönen. Marmorböden, Bronzeskulpturen, Onyxsäulen und reich verzierte Decken, von denen prunkvolle Lüster herabhängen, schaffen die unverwechselbare Atmosphäre. Linker Hand befinden sich das Café de Paris und die Salons Américains. Wer sich hier beim Pokern oder an einarmigen Banditen vergnügen will, muss volljährig sein, jedoch keinen Eintritt zahlen.

Ebenfalls kostenfrei können Sie in den Gartenanlagen spazieren, die parkenden Luxuslimousinen vor dem Eingang bewundern oder einen Blick in die Eingangshalle des Casinos werfen. Wer die Spielsäle (Salons) betreten möchte,

Überschüssiges Geld kann man im berühmten Casino leicht ausgeben.

wird jedoch zur Kasse gebeten. Für 10 € erhalten Sie Zutritt zu den Salons Européens, einem Miniatur-Las Vegas unter blattvergoldeter Rokokodecke. Einen gediegenen Anzug oder das kleine Schwarze sollten Sie schon tragen, wenn Sie nach 22 Uhr in den Salons Privés mithalten möchten. Passend zum noch extravaganteren Dekor wird hier um höhere Einsätze gespielt. Beim Roulette und an den *chemin-de-fer*-Tischen setzen die Spieler aus aller Welt schwindelerregende Summen. Nur wenige Touristen verirren sich hierher. Kameras sind nicht erlaubt und Spieler wie Croupiers nehmen die ganze Sache äußerst ernst.

Großer Abräumer

Wer so weit vorgedrungen ist, erblickt an der Decke nackte, Zigaretten rauchende Damen. Und genau hier hat Charles Deville Wells 1891 in einem dreitägigen Spielmarathon aus 400 Dollar 40 000 gemacht und Charles Coborn zum Song »The Man Who Broke the Bank at Monte Carlo« inspiriert.

Das Casinogebäude beherbergt auch die nach dem berühmten Architekten benannte Salle Opéra Garnier mit reichem Dekor. Auf einer Seite wird das Casino vom schicken Café de Paris flankiert, auf der anderen Seite vom Hôtel de Paris mit dem prächtigen Speisesaal des Louis XV.

Rund um das Casino zieht sich ein Goldener Ring von Designerboutiquen und Juwelieren, wo man das gewonnene Geld rasch wieder loswerden kann.

KLEINE PAUSE

Auf der **Terrasse des Café de Paris** (S. 115) können Sie bei einem kühlen Drink Casinoluft schnuppern – und bei der Formel 1 hautnah zuschauen.

Casino de Monte-Carlo
⚓ 225 E4
✉ Place du Casino
☎ +377 92 16 20 00
⊕ www.casino-monte-carlo.com
🕐 Besichtigung tägl. 10–12, Spielbetrieb ab 14 Uhr, Besuch erst ab 18 J., strenge Kleiderordnung: T-Shirts oder nackte Beine sind Tabu; für Männer: Jackett-Pflicht; in den privaten Sälen herrscht nach 22 Uhr Krawattenzwang,

Uniformen sind nicht zugelassen
💳 10 €

Tourist Information
⚓ 225 E4 ✉ 2a, bd. des Moulins
☎ +377 92 16 61 16
🕐 Mo–Sa 9–19, So 10–12 Uhr
Im Sommer zusätzlich Kioske am Bahnhof und bei den wichtigsten Sehenswürdigkeiten

Glamour & Nervenkitzel

Es ist der Oscar der Zirkuswelt: der Goldene Clown. Seit 1974 wird er beim größten Zirkusfestival der Welt in Monaco verliehen. Mehr als hundert Artisten versuchen unter dem hohen Dach des Zirkuszelts Chapiteau de Fontvieille die begehrte Trophäe zu ergattern. Zehn Tage wirbeln sie auf Motorrädern durch die Luft, tanzen auf den Rücken galoppierender Pferde Walzer oder jonglieren während ihrer Akrobatik am Trapez. Zur Gala mischt sich die Fürstenfamilie unters Volk und vergibt die Preise bei einer atemberaubenden »Winner Show«.

www.montecarlofestival.mc

㉔ Musée Océanographique

Warum?	Meerespalast auf der Klipppe
Was?	100 Aquarien mit Fischen aus allen Weltmeeren
Wie lange?	Mindestens zwei Stunden
Wann?	Am günstigsten ist der Besuch von November bis März
Was noch?	Verpassen Sie nicht die Dachterrasse mit der Schildkröten-insel und einer herrlichen Panoramaaussicht
Resümee	Das maritime Megamuseum gehört zu den Top 5 der Welt

Pierre Gilles, Leiter des riesigen Meeresmuseums von Monaco, inspiziert jeden Morgen höchstpersönlich Muräne und Mantarochen, Clownfisch und Hering, kleines Seepferdchen und großen Hai. Die Besucher ziehen vorbei an hundert Aquarien, riesigen Skeletten, alten Taucherglocken und anderen Exponaten der Meeresforschung – die Bedrohung der Ozeane wird dabei nicht verschwiegen.

1910 eröffnete Prinz Albert I., ein begeisterter Meeresforscher, das Museum als Forschungsinstitut und sammelte dort die zahlreichen Arten, die er von seinen Reisen mitbrachte. Elf Jahre dauerte es, bis man die 100 000 t weißen Sandstein aus La Turbie (S. 81) verbaut hatte. Das mit Gewinnen aus dem Casino finanzierte Meisterwerk der Monumentalarchitektur thront direkt über dem Meer.

Das Museum erstreckt sich über mehrere Etagen, sein Herzstück ist jedoch das Aquarium im Untergeschoss mit Tausenden von seltenen Fischen in herrlichen, mit Korallen aus aller Welt bewachsenen Becken. Die größten Fische schwimmen hinter einer dicken Glasscheibe links vom Eingang. Dieser Bereich grenzt an den Felsen, der direkt mit dem offenen Meer verbunden ist. Hier tummeln sich insgesamt 2000 Exemplare aus mehr als 250 Spezien, darunter elf Hai- und Rochenarten.

In anderen Becken versammeln sich Quallen, karibische Muränen und ihre Freunde, die kleinen Putzergarnelen, unheimliche Laternenfische (auch passend Dämonen der Nacht genannt) sowie gut getarnte Arten wie der Weitaugenbutt.

U-Boot mit Pedalantrieb

Im 1. Stock finden Sie eine außergewöhnliche Sammlung nautischer Instrumente und seltene Meeresflora und -fauna, darunter das Skelett eines 20 m langen Wals mitsamt seinen eindrucksvollen Barten, durch die er Krill filtert. Ebenfalls auf dieser Etage können Sie das Labor bewundern, das Prinz Albert auf seinem Schiff »Hirondelle II« einbauen ließ. Schautafeln erklären natürliche Meeresphänomene wie Wellen, Gezeiten, Strömungen und Salzgehalt. Hier liegt auch das älteste U-Boot der Welt von 1774, das mit Pedalantrieb funktionierte und während des US-amerikanischen Unabhängigkeitskriegs gegen englische Schiffe eingesetzt wurde.

Im Erdgeschoss stehen Modelle aller Schiffe, die für die Reisen des Fürsten gebaut wurden. Das Kino zeigt regelmäßig Filme des Meeresforschers Jacques-Yves Cousteau, der bis 1988 die Forschungsabteilung leitete.

Der Saal der Wale (Salle de la Baleine) setzt die Skelette unterschiedlich großer Wale in Szene.

KLEINE PAUSE
Das **Café La Terrasse** im 2. Stock eröffnet herrliche Ausblicke. In der Nähe des Museums gibt's im **Da Sergio** (Rue Basse, Tel. +377 93 30 34 15) preiswerte Pizza.

✛ 225 E4
✉ Av. St-Martin
☎ +377 93 15 36 00
🌐 www.oceano.mc
🕐 tägl. Juli/Aug. 9.30–20, April-Juni,

Sept. 10–19, Okt.–März 10–18 Uhr
🎟 Juli/Aug. 16 €, April-Juni, Sept. sowie Schulferien 14 €, sonst Nov. bis März 11 €

㉕ Monaco-Ville

Warum?	Der älteste und kleinste Stadtteil von Monaco vereint auf einem Felsen Mittelalter-Flair und fürstlichen Prunk
Was?	11.55 Uhr die Wachablösung vor dem Palast
Wie lange?	Planen Sie mindestens anderthalb Stunden ein
Wann?	Juni bis Anfang September zum Open-Air-Kino
Wann nicht?	Zum Großen Preis von Monaco im Mai (falls Sie kein Motorsportfan sind)
Was noch?	Nouveau Musée National Monaco (NMNM)
Resümee	Noblesse, Glamour, dörfliches Flair, vereint auf Flaniergröße

Monaco besteht heute aus mehreren Vierteln, ursprünglich war der Ort ein typisches *village perché* hoch oben auf einem Felsen. Der älteste Teil, Monaco-Ville, umfasst den Fürstenpalast und die Altstadt. Sie liegen auf einem Felsen (Le Rocher), der 800 m weit ins Mittelmeer ragt und 300 m tief abfällt.

Der Fürstenpalast

Der Fürstenpalast erhebt sich am westlichen Ende des Rocher. Er wurde auf den Fundamenten einer genuesischen Festung aus dem 13. Jh. errichtet. Als Franziskanermönch verkleidet, schlich sich François Grimaldi 1297 in die Burg, öffnete die Tore für seine Soldaten und übernahm die Kontrolle über Monaco. Fürst Albert II. ist sein direkter Nachfahre und setzt die Linie einer der ältesten Dynastien Europas fort.

Der elegante Palast stammt aus dem 17. Jh. Die akkurat gekleidete Fürstengarde wacht vor dem Eingang und ist notfalls bereit, das Schloss mit dem Gewehr gegen jeden Eindringling – in welcher Verkleidung auch immer – zu verteidigen. Die Wachablösung findet täglich um 11.55 Uhr

Die Renaissancefassade des Fürstenpalasts, Sitz der Familie Grimaldi

statt und dauert zehn Minuten. Weht vom Turm die Landesfahne, ist der Fürst zu Hause. Von Juni bis Oktober können Sie seinen Palast mit Audioguides besichtigen. Der Rundgang umfasst den Ehrenhof, die Herkulesgalerie mit Fresken aus dem 17. Jh., den Thronsaal und die Staatsgemächer mit kostbaren Schätzen.

Die Altstadt

Der Palast, der angrenzende Platz und die Gartenanlagen nehmen einen Großteil von Monaco-Ville ein. Der Rest des Rocher gehört der Altstadt, einem echten Miniaturstädtchen mit einem blitzsauberen Labyrinth aus Kopfsteinpflastergassen, Plätzen mit plätschernden Brunnen, Fassaden im italienischen Stil und unzähligen Souvenirläden.

In der Rue Colonel Bellando de Castro im Herzen der Altstadt steht die neoromanische Cathédrale Notre-Dame-Immaculée de Monaco, in der Rainier III. neben seiner Frau Gracia Patricia (1929–82) beigesetzt wurde. Ihr Grab ist häufig mit Blumen geschmückt. Das Baumaterial für die Kathedrale stammt aus La Turbie (S. 81). Die Kirche ist nicht besonders eindrucksvoll, birgt aber neben den Grabstätten einen Altar von Louis Bréa und Gräber weiterer Grimaldi-Fürsten.

Nicht verpassen sollten Sie in der Altstadt das Musée Océanographique (S. 108). Schön zum Abschluss: der Blick über das Meer von den Jardins de Saint-Martin auf der Rückseite des Monumentalbaus.

Achtung, Auswärtige Fahrzeuge sind in Monaco-Ville nicht zugelassen. Man erreicht das Viertel zu Fuß von der Place d'Armes aus oder mit dem Aufzug vom Parking des Pêcheurs.

Gegenüber vom Fürstenplatz verwöhnt seit 1953 das Restaurant **Castelroc** (www.castelrocmonaco.com, Di–So) die Gäste mit monegassischen Spezialitäten und Meeresküche.

✣ 225 E4

Tourist Information
✉ 2a bd. des Moulins
☎ +377 92 166 166
🌐 www.monaco-tourisme.com
🕐 Mo–Sa 9–19, So 10–12 Uhr

Palais Princier
✉ place du Palais ☎ +377 93 25 18 31
🌐 www.palais.mc 🕐 April–Ende Okt.

tägl. 10–18 Uhr 💶 8 €, mit Oldtimer-Sammlung 11,50 €, Eintritt nur im Rahmen der Führung 🚌 1, 2

Cathédrale Notre-Dame-Immaculée de Monaco
✉ 4, rue Colonel-Bellando-de-Castro
☎ +377 93 30 87 70 🌐 www.diocese.mc
🕐 Sommer tägl. 8.30–19 Uhr, Winter bis 18 Uhr; Sept.–Juni So 10 Uhr Messe mit Knabenchor »Les Petits Chanteurs«

Nach Lust und Laune!

26 Fontvieille

Dieses moderne Wohn- und Geschäftsviertel wurde auf einer Sandvorspülung im Meer unterhalb des Rocher von Monaco-Ville erbaut. Es umfasst einen Jachthafen, ein Stadion, Läden, zahlreiche Museen und – noch auf der Flanke des Rocher – einen Zoo (Jardin Animalier) mit 250 Tieren, die gespendet oder vom Staat aufgegriffen wurden: Vögel, Reptilien und Schildkröten, Tiere vom Bauernhof und aus den Tropen.

Folgen Sie dem Skulpturenpfad, einem von modernen Skulpturen gesäumten Fußweg, der sich von der Place du Campanile St-Nicholas hinauf zur Roseraie Princesse-Grace windet. Der Park ist der früheren Hollywood-Schauspielerin und späteren Gemahlin von Fürst Rainier III. gewidmet, die 1982 mit ihrem Wagen auf der Moyenne Corniche tödlich verunglückte. Der Garten in der Avenue des Papalins ist eine friedliche Oase, erfüllt vom Duft der 4000 Rosenstöcke.

Zu den Museen von Fontvieille gehören das Musée des Timbres et des Monnaies mit einer Briefmarken- und Münzsammlung, das Musée Naval mit Hunderten von Modellen berühmter Schiffe und die Collection des Voitures Anciennes mit blitzenden Oldtimern.

✛ 225 E4

Jardin Animalier
✉ Terrasses de Fontvieille
☎ +377 93 25 18 31 🕐 Juni–Sept. tägl. 9–12 und 14–19, März–Mai 10–12 und 14–18, Okt.–Feb. 10–12 und 14–17 Uhr
🎫 5 €

Musée des Timbres et des Monnaies
✉ Terrasses de Fontvieille
☎ +377 93 15 41 50
⊕ www.mtm-monaco.mc
🕐 Juli–Sept. tägl. 9.30–18, Okt.–Juni tägl. 9.30–17 Uhr 🎫 3 €

Musée Naval
✉ Terrasses de Fontvieille
☎ +377 92 05 28 48 🕐 tägl. 10–18 Uhr
🎫 4 € 🚌 5, 6

Collection des Voitures
✉ Terrasses de Fontvieille
☎ +377 92 05 28 56
⊕ www.mtcc.mc 🕐 tägl. 10–18 Uhr
🎫 6,50 € 🚌 5, 6

Der 1933 eröffnete Jardin Exotique

27 Jardin Exotique

Hoch über Fontvieille liegt an der Moyenne Corniche (N 7) der Jardin Exotique, eine der Hauptattraktionen Monacos, mit mehreren tausend Kakteen und Sukkulenten in bunten Farben und bizarren Formen. Einige Pflanzen sind fast 10 m hoch.

Der Eintrittspreis schließt einen Rundgang durch die Grottes de

Die viel gerühmte Aussicht vom Fürstenpalast auf den Hafen von Monaco

l'Observatoire ein, Höhlen, die bereits während der Altsteinzeit bewohnt waren. Inbegriffen ist auch der Eintritt ins Musée d'Anthropologie Préhistorique mit urzeitlichen Mammutknochen und frühen menschlichen Artefakten.

✝ 225 E4
✉ 62, bd. du Jardin-Exotique
☎ +377 93 15 29 80
🌐 www.jardin-exotique.mc
🕐 Mitte Mai–Sept. tägl. 9–19, Okt., Febr.–April 9–18, Nov.–Jan. 9–17 Uhr
🎟 7,20 € 🚌 2

28 La Condamine

Im Mittelalter bezeichnete man fruchtbares Land am Rand eines Dorfes oder vor einer Burg als *condamine*. Heute ist das Gebiet außerhalb des Fürstenpalasts ein quirliges Viertel, das sich rund um den Hafen von Monaco zieht und alljährlich Startpunkt des Großen Preises ist. Die Rue Grimaldi ist die wichtigste Einkaufsstraße mit zahlreichen Lebensmittelläden. Der Wochenmarkt findet seit 1880 auf der Place d'Armes statt. Dort liegen auch der Bahnhof und einige preisgünstigere Hotels und Bars, in denen die Einheimischen noch den alten monegassischen Dialekt sprechen. Am Hafen Port Hercule blicken Sie von legeren Restaurants auf luxuriöse Jachten.

✝ 225 E4
☎ +377 92 16 15 15
🕐 Juni–Mitte Sept. tägl. um 11, 14.30 und 16 Uhr, Fahrten rund um Le Rocher ab dem Quai des Etats-Unis, Port d'Hercule
🚌 1, 2, 4, 5, 6

29 Musée National

Monaco hat in zwei Villen des 19. Jhs. sein Nationalmuseum untergebracht und präsentiert dort neben Sammlungen des Fürstentums vor allem aktuelle Kunst.

225 E4

Villa Sauber
✉ 17, av. Princesse Grace
☎ +377 93 30 91 26 ● tägl. 10–18,
Juni–Sept. 11–19 Uhr ● 6 €

Villa Paloma
✉ 56, bd. du Jardin Exotique
☎ +377 98 98 48 60 ● tägl. 10–18,
Juni–Sept. 11–19 Uhr ● 6 €

30 Le Larvotto

Was Monaco nicht an natürlichen Reichtümern besitzt, erschafft es sich künstlich. Rainier III. dehnte Monaco um ein Fünftel aus, indem er dem Meer Land für das Viertel Fontvieille abtrotzen ließ und in Le Larvotto auf der anderen Seite der französischen Grenze einen künstlichen Strand und Badeeinrichtungen schuf. In Le Larvotto hat auch der Sporting Club seinen Sitz, samt 6 ha großem Areal am Wasser. Fußabdrücke berühmter Fußballer wie Franz Beckenbauer oder Zinédine Zidane säumen die Promenade Grace Kelly vom Grimaldi-Forum zum Larvotto-Strand.

Nicht weit vom Strand von Le Larvotto bildet der stille Jardin Japonais als Shinto-Garten mit Teichen, Wasserfällen und einem hölzernen Teehaus einen Kontrast zur Glitzerwelt von Monte-Carlo (tägl. 9 Uhr bis Sonnenuntergang). Das Forum Grimaldi (www.grimaldiforum.com) ist ein Kongress- und Kulturzentrum, das Shows, Konzerte, Ausstellungen und andere Events präsentiert. Den Hunger stillt im zweiten Obergeschoss das Restaurant Crazy Fish Monte Carlo mit Kaviar, Austern, anderem topfrischem Seafood und reicher Fischauswahl.

225 E4

Le Sporting Club
✉ Av. Princesse-Grace
☎ +377 92 16 20 20

Das Neue Nationalmuseum Monaco zeigt in der Villa Paloma Wechselausstellungen.

Wohin zum ...
Übernachten?

Preise für ein Doppelzimmer pro Nacht:
€   unter 100 Euro
€€   100–180 Euro
€€€   über 180 Euro

Hôtel Ambassador €€
Das kleine Hotel unweit vom Bahnhof gehört zu den günstigeren Häusern im Fürstentum und beherbergt im Erdgeschoss eine Pizzeria im Pop-Art-Stil.
✝ 225 E4
✉ 10, av. Prince Pierre, Monte-Carlo
☎ +377 97 97 96 96
⊕ www.ambassadormonaco.com

Columbus €€€
Während Monaco sich gerne an den Glanz und Glorienschein der Belle Époque klammert, hat man den alten Plunder in diesem schicken Designerhotel längst über Bord geworfen, ohne deshalb auf Luxus zu verzichten. Neutrale Farben und zeitgenössischer Dekor verleihen diesem Hotel eine schlichte und entspannte Atmosphäre. Die schicke Brasserie passt ins Bild.
✝ 225 E4
✉ 123, av. des Papalins, Fontvieille
☎ +377 92 05 90 00
⊕ www.columbushotels.com

Hôtel de France €€
Auch dieses Hotel gehört zu den wenigen erschwinglichen Unterkünften im Fürstentum. Es liegt nahe beim Bahnhof im Viertel La Condamine, ist klein, bunt, fröhlich und bietet gemütliche Zimmer, einige sogar mit Balkon.
✝ 225 E4
✉ 6, rue de La Turbie, Monte-Carlo
☎ +377 93 30 24 64
⊕ www.hoteldefrance.mc

Hôtel de Paris €€€
Monte-Carlos bestes und berühmtestes Hotel ist ein Prunkstück der Belle Époque mit Marmorsäulen, Kristalllüstern und jedem erdenklichen Luxus. Es wurde 1865 eröffnet, um den durchreisenden Mitgliedern der Zaren-, Königs- und Adelshäuser eine angemessene Unterkunft zu bieten. Heutige Gäste dürfen unter der besten Adresse Monte-Carlos noch immer Luxus und Exklusivität erwarten. Zum Hotel gehören drei Restaurants, darunter der Top-Gourmettempel Louis XV (S. 117). Zudem bietet es direkten Zugang zu den schicken Thermes Marins.
✝ 225 E4   ✉ Place du Casino, Monte-Carlo
☎ +377 98 06 30 00
⊕ http://de.hoteldeparismontecarlo.com

UNTERKÜNFTE IN BEAUSOLEIL

Gleich jenseits der Grenze finden Sie im französischen Beausoleil günstigere Quartiere als im Fürstentum Monaco.

Hôtel Boeri €–€€
Mit einem Fahrstuhl geht es hinauf zu 30 schallisolierten, klimatisierten Zimmer mit flottem WLAN. Auch die Lage ist top: nur 300 m zum Casino, nur 7 Minuten zum Strand.
✝ 225 E4
✉ 29, bd. du Général Leclerc, Beausoleil
☎ 0493 78 38 10
⊕ www.hotelboeri.com

Hôtel Le Forum €€
Mit einer Dachterrasse, die herrliche Panoramablicke auf Monaco und den Hafen eröffnet, punktet dieses moderne Drei-Sterne-Haus mit 39 Zimmern.
✝ 225 E4
✉ 16, av. d'Alsace, Place des Moneghetti
☎ 0493 78 96 36   ⊕ www.forumhotel.net

Hôtel Olympia €€
An der Grenze von Monaco und Beausoleil, aber nur wenige Minuten vom Casino entfernt, liegt dieses attraktive und äußerst günstige Hotel mit 31 Zimmern. Die Zimmer sind sauber und geschmackvoll eingerichtet, und das Personal ist freundlich und hilfsbereit.
✝ 225 E4
✉ 17, bis Général Leclerc, Beausoleil
☎ 0493 78 12 70
⊕ www.olympiahotel.fr

Wohin zum ...
Essen und Trinken?

Preise für ein Drei-Gänge-Menü ohne
Getränke:
€   unter 30 Euro
€€   30–70 Euro
€€€   über 70 Euro

Man kann in Monaco zweifellos sehr schick,
doch durchaus auch preiswert essen. Unweit der italienischen Grenze gibt es nicht
nur Pizza und Pasta guter Qualität zu kleinen
Preisen.

Le Bambi €
Gönnen Sie Ihrer Brieftasche eine Pause,
und genießen Sie italienische Küche zu
kleinen Preisen. Besonders günstig ist das
Tagesgericht.
♁ 225 E4 ✉ 11, rue Princesse-Antoinette, La
Condamine
☎ +377 93 30 35 06
🕐 tägl., Sa/So nur abends geöffnet

Café de Paris €€
Brasserie auf dem Casino-Platz im Dekor
der Belle Époque. Meeresfrüchte und Fisch
dominieren das bekannte und somit stets
gut gefüllte Haus.
♁ 225 E4 ✉ Place du Casino
☎ +377 98 06 76 23
🕐 So abends, 21. Dez.–7. Jan. geschl.

Le Castelroc €€
Dem Fürstenpalast gegenüber befindet sich
dieses beliebte und meist überfüllte Restaurant, seit 1953 von derselben Familie betrieben. Serviert wird monegassische Küche mit
Meeresfrüchten und *stocafi* (Stockfisch) mit
Knoblauch, Wein, Tomaten und Oliven.
♁ 225 E4 ✉ Place du Palais, Monaco-Ville
☎ 377 93 30 36 68
🌐 www.castelrocmonaco.com
🕐 Di–So, Jan. geschl.

Elsa €€€
Der italienische Chefkoch Paolo Sari hat
sich im 1930 erbauten Hotel Monte-Carlo
Beach mit Gerichten aus Bio-Produkten einen Michelin-Stern erkocht und brilliert mit
fantasievollen Menüs.
♁ 225 E4
✉ Av. Princesse Grace, Roquebrune-Cap
Martin ☎ +377 98 06 88 64
🌐 www.monte-carlo-beach.com
🕐 Ende Okt.–Anfang März geschl.

Das glamouröse Café de Paris zählt zu den bekanntesten Lokalen des Fürstentums.

Joël Robuchon Monte-Carlo €€€

Küchenchef Joël Robuchon vertritt die schlichte Philosophie, dass Essen ganz natürlich schmecken sollte. Mitten im Reich der Exzesse serviert er Gerichte mit nicht mehr als drei Zutaten, die man allesamt gut herausschmeckt. Das elegante, aber nicht übertriebene Ambiente harmoniert mit dem besonderen Geschmackserlebnis.

✝ 225 E4

✉ Hôtel Métropole, 4, av. de la Madone, Monte-Carlo ☎ +377 93 15 15 10

⊕ www.joel-robuchon.com

◗ Mi geschl.

Loga €–€€

Leckere Mittelmeerküche mit einfachen und preisgünstigen Mittagsgerichten und ausgefallenen Menüs am Abend.

✝ 225 E4

✉ 25, bd. des Moulins

☎ +377 93 30 87 72

⊕ www.logarestaurant.com

◗ Mi Abend und So geschl.

Le Louis XV €€€

Küchenchef Alain Ducasse regiert in diesem hoch angesehenen Drei-Sterne-Restaurant im prunkvollen Hôtel de Paris. Die mediterran inspirierte Küche des Gourmettempels wechselt mit den Jahreszeiten, die Preise sind allerdings immer gleich hoch. Der imposante Speisesaal versetzt die Gäste ins Versailles Ludwigs XV. Am besten rechtzeitig reservieren!

✝ 225 E4 ✉ Hôtel de Paris, Place du Casino, Monte-Carlo

☎ +377 98 06 88 64

⊕ www.alain-ducasse.com

◗ Juli/Aug. Do–Mo 12–14 und 19.30–21.30 Uhr, Mi nur abends; Dez. und 24. Feb.–11. März geschl.

La Maison du Caviar €€–€€€

Das schlichte, aber elegante Restaurant serviert in Erinnerung an die Zarenzeit Kaviar, Blini, Lachs und Wodka in üppigen Mengen.

✝ 225 E4

✉ 1, av. St-Charles, Monte-Carlo

☎ +377 93 30 80 06

◗ Sa mittags, So und Juli geschl.

Maya Bay €€–€€€

Eine Buddhastatue hat in diesem stilvollen thailändisch-japanischen Restaurant ein wachsames Auge auf die Dekoration aus orientalischen Hölzern, zauberhaften Kimonos und Bonsaibäumen. Der Service ist gut und aufmerksam und die Küche hat sich dem Fusion-Stil verschrieben.

✝ 225 E4

✉ 24, av. Princesse Grace

☎ +377 97 70 74 67

⊕ www.mayabay.mc

◗ So/Mo und Nov. geschl.

Pasta Roca €–€€

Das kleine italienische Lokal mit einer Terrasse in der Altstadt von Monaco stillt mit einfachen Gerichten, Pizza, Pasta und Salaten den Hunger.

✝ 225 E4

✉ 23, rue Comte Félix Gastaldi

☎ +377 93 30 44 22 ◗ Mi geschl.

Polpetta €€

Das italienische Restaurant liegt etwas abseits vom Trubel von Monte-Carlo, zieht aber dennoch bekannte Persönlichkeiten auf der Suche nach *la dolce vita* an. In der rustikalen Trattoria genießen Sie wunderbare Antipasti, hausgemachte Pasta, Meeresfrüchterisotto und Kalbfleisch. Die italienische Weinkarte ist lang und gut.

✝ 225 E4

✉ 2, rue Paradis

☎ +377 93 50 67 84

⊕ www.restaurantpolpetta.com

◗ tägl. 12–14 und 19.30–23 Uhr

Quai des Artistes €€

Zu der Brasserie im Pariser Stil am Hafen gehört eine schöne Terrasse.

✝ 225 E4

✉ 4, quai Antoine 1er, La Condamine

☎ +377 97 97 97 77

⊕ www.quaidesartistes.com

◗ tägl. 12–14.30 und 19.30–23 Uhr

Stars'N'Bars €

Familien mit Kindern fühlen sich in diesem Restaurant im US-amerikanischen Stil wohl und genießen die Burger und die Tex-Mex-

Das Hochzeitsfoto von Charlène und Albert von Monaco schmückt so manche Bar.

Küche, während die Kleinsten im bunten Spielbereich toben dürften. Die Wände sind mit Sporttrophäen geschmückt. Schön: der Blick auf den Hafen. Das Lokal setzt auf Nachhaltigkeit; viele Zutaten sind bio, einige sogar selbst gezogen.

✣ 225 E4
✉ 6, quai Antoine Ier, La Condamine
☎ +377 97 97 95 95
⊕ www.starsnbars.com
🕐 tägl., im Winter Mo geschl., Küche 11.30 bis 24 Uhr

U Cavagnetu €–€€

Leckere monegassische Küche kann auch preiswert sein, das beweist dieses kleine Lokal mit schnellem Service und sympathischer Atmosphäre.

✣ 225 E4
✉ 14, rue Comte Felix Gastaldi
☎ +377 97 98 20 40
🕐 tägl. 12.15–14 und 19.30–21.30 Uhr (Nov. bis März nur mittags geöffnet)

Wohin zum ... Einkaufen?

Eine komplette Liste der Läden und Restaurants von Monaco enthält der **Monaco Shopping Guide,** der in der Tourist Information (2a, bd. des Moulins, Tel. +377 92 16 61 16, www.visitmonaco.com) ausliegt.

MODE UND SCHMUCK

Monaco ist für Haute Couture und teuren Schmuck bekannt. Wer danach sucht und mit dem nötigen Kleingeld ausgestattet ist, dürfte im *carré d'or,* dem **Goldenen Viertel** rund um das Casino und das Hôtel de Paris, fündig werden. Boutiquen mit großen Namen wie Gucci, Prada und Van Cleef & Arpels säumen die **Avenue de Monte-Carlo.** Auf der anderen Seite des Hôtel de Paris glitzern in der **Avenue des Beaux Arts** Kreationen von Bulgari, Cartier, Louis Vuitton und, Piaget in den Auslagen.
Im **Hôtel Hermitage** an der Place Beaumarchais findet man ebenfalls elegante Boutiquen, darunter das exklusive italienische Label Prada und den bekannten Schuhhersteller Salvatore Ferragamo sowie zahlreiche weitere Modeläden für Herren und Damen. Die aus Dänemark stammende Modemacherin **Isabell Kristensen** hat nach ihrem ersten Haute-Couture-Shop in London die zweite Boutique in Monaco (18, rue Princesse Marie de Lorraine, Tel. +377 97 70 41 94, www.isabellkristensen.com) eröffnet und lebt seit dem Jahr 2000 vorwiegend im Fürstentum, wo sie beste Beziehungen zum Hof unterhält. Die Schwedin **Helen Rimsberg** gründete im Jahr 2000 Le Dressing (https://ledressing-monaco.com, Tel. +377 93 25 82 26), das in zwei Boutiquen – Rue Princesse Florentine und 2, rue des Orangers – Second-Hand-Mode von Edel-Designern wie Chanel,

Hermès, Gucci, Prada oder Dior verkauft; mitunter finden Sie dort ausgesprochene Schnäppchen.

Die **Avenue Princesse Grace** und der **Boulevard des Moulins** Richtung Larvotto warten mit weiteren interessanten Läden auf. Stock Griffe (5 bis, av. St-Michel, Tel. +377 93 50 86 06) z. B. ist ein Schnäppchenladen für Designerstücke.

Das **Centre Commercial Le Métropole** im Herzen von Monte-Carlo (unterhalb des Hotels Métropole, 17, av. des Spelugues, Mo–Sa 10–19.30 Uhr) vereint 80 Läden unter einem Dach. In edlem Belle-Époque-Ambiente mit Marmorböden und Kandelabern aus böhmischem Kristall kann man auf drei Etagen alles von Kosmetik über Mode und Freizeitausrüstung bis hin zu Haushaltswaren finden.

Einkaufsvergnügen am **Hafen** bietet die YCM Gallery mit Rolex, Zegg & Cerlati, Brooks Brothers und dem Wine Palace Monte-Carlo mit 2300 erlesenen Tropfen.

BESONDERE WÜNSCHE

Die **FNAC-Filiale** im Centre Commercial le Métropole birgt ein überwältigendes Angebot an französischen und fremdsprachigen Büchern, CDs, DVDs und Elektronikzubehör. Hier erhalten Sie auch Karten für Theater-, Oper- und Konzertvorstellungen (www.fnac.com).

Die **Manufacture de Monaco** (Centre Commercial le Métropole, 4, rue de la Madon, Tel. +377 93 50 64 63, www.mdpm.com) ist ein kleiner, exklusiver Laden, der die Fürstenfamilie mit traditionellem monegassischem Porzellan, Silber, Glas und Tischwäsche beliefert.

In **La Condamine** kann man insgesamt preisgünstiger einkaufen, beispielsweise bei **Marie Dentelle** (10, rue Princesse Caroline, Tel. +377 93 30 43 40), einer Wunderhöhle für Geschenkideen mit bunter Keramik, Bettwäsche sowie Steppdecken mit typisch provenzalischen Mustern und Boutis-Stickereien.

Monegassen kaufen gern in der **Rue Grimaldi** ein, denn die Preise sind für hiesige Verhältnisse erschwinglich. Formel-1-Fans kommen in der **Boutique Formule 1** (15, rue Grimaldi, Tel. +377 93 15 92 44) auf ihre Kosten, Fußballfans sollten die **Boutique des Clubs AS Monaco** (1, promenade Honoré II, Tel. +377 97 77 74 74) ansteuern, der sich nach dem Aufstieg in Frankreichs erste Liga 2013 für 170 Millionen Euro mit internationalen Stars verstärkt hat und mit dem Gewinn der französischen Meisterschaft 2016/17 wieder an die Erfolge der Vergangenheit anknüpfte. Ein beliebtes Mitbringsel sind die **Briefmarken des Fürstentums,** die es im Museum im Stadtteil Fontvieille oder in den Postämtern gibt.

LEBENSMITTEL

Echanson (7, rue de la Colle, Tel. +377 92 05 61 01, www.echanson-vins.fr) beliefert die Fürstenfamilie mit Wein und Spirituosen. **Les Grands Chais Monegasques** (11, rue Baron de Sainte Suzanne, Tel. 377 93 30 26 80, www.grandschais.com) sind die älteste Weinhandlung des Fürstentums, in der nicht nur die besten Tropfen Frankreichs, sondern der ganzen Welt angeboten werden. Zudem gibt es eine exquisite Auswahl an Cognac, Armagnac oder Whisky.

Weniger exklusive Wünsche lassen sich in den Bäckereien und Blumenläden der **Rue Princesse Caroline in La Condamine** erfüllen. Das **Centre Commercial Fontvieille** (www.centre-commercial-fontvieille.com) ist ein von Einheimischen besuchtes Einkaufszentrum mit einem Carrefour-Supermarkt sowie 36 Geschäften.

Monaco ist für teuren Schmuck bekannt.

MÄRKTE

Besonders hautnah erlebten Sie Monaco in **La Condamine,** wo Montag bis Sonnabend von 7.30 bis 14.30 Uhr drinnen wie draußen ein stets gut frequentierten Gemüse-, Blumen- und Obstmarkt auf der **Place des Armes** stattfindet.

Mit ihren Cafés und dem alten Brunnen ist die Place des Armes immer einen Besuch wert. In der **Rue du Marché** des französischen Beausoleil, nur wenige Minuten vom Casino entfernt, ist ebenfalls täglich Markt.

Wohin zum ... Ausgehen?

In der Tourist Information liegt ein detaillierter Veranstaltungskalender für Kulturbewusste und Nachtschwärmer aus.

NACHTLEBEN

Zum **Café de Paris** (Place du Casino, Tel. +377 92 16 20 20, http://fr.montecarlosbm. com/restaurant-monaco/brasseries, tägl. ab 10 Uhr), der berühmten Brasserie des Hôtel de Paris, gehört auch eine Terrasse, von der aus Sie wunderbar das Treiben ringsum beobachten können. Der glanzvolle Name und das glamouröse Ambiente machen für viele die hohen Preise mehr als wett. Hier wurde das berühmte Dessert Crêpe Suzette erfunden, benannt nach einer Begleiterin Edwards VII. von England, der häufig zu Gast war. Das Café besitzt auch einen eigenen Spielsaal mit Automaten.

Legendärer – ist das Glückspiel im **Casino de Monte-Carlo** (Place du Casino, Tel. +377 92 16 20 00, www.monte-carlo.com, tägl. ab 14 Uhr bis morgens). Das berühmte Casino im Belle-Époque-Stil ist eine Tummelwiese für Reiche, Schöne und deren Gefolge. Für die Kleidung der Damen gilt: je extravaganter, desto besser; Herren sollten in Anzug und Krawatte erscheinen, jedenfalls, wenn sie nach 20 Uhr Zutritt zu den privaten Spielsälen begehren. Volljährigkeit (Ausweispflicht) ist auch eine Voraussetzung (S. 104).

Mit dem Jetset tanzen können Sie im **Jimmy'z** (26, av. Princesse-Grace, Tel. +377 92 16 22 77, https://fr.jimmyzmontecar lo.com, Mai–Okt. tägl. 23–5, Nov.–April Mi bis So 23.30–5 Uhr), einem Club mit Außenbereich, kubanischem Raucherzimmer, verspiegelter Tanzfläche und horrenden Getränkepreisen. Die Türsteher sind streng, gute Chancen hat man mit superschicker Kleidung, Mut zum Styling und einem geschickt platzierten Augenaufschlag.

Der **Living Room** (7, av. des Spélugues, Tel. +377 93 50 80 31, Mo–Sa 23–6 Uhr), ein Szeneclub im Herzen von Monte-Carlo, bietet eine Mischung aus Live- und Tanzmusik. Auch hier sind exklusive Kleidung und ein gut gefülltes Portemonnaie Voraussetzung.

Eine kleine, aber feine Adresse ist das von Prominenten geschätzte **Sass Café** (11, av. Princesse Grace, Tel. +377 93 25 52 10, www. sasscafe.com) mit Restaurant und Livemusik jeden Abend ab 23 Uhr.

KINO

Le Sporting (Galerie du Sporting d'Hiver, Place du Casino, Tel. +377 93 25 36 81, www. cinemas2monaco.com, tägl. 14–1 Uhr) im Herzen von Monte-Carlo ist der größte Kinokomplex von Monaco. Er befindet sich in einer Einkaufspassage und zeigt teilweise Filme in Originalsprache sowie im Sommer sogar unter freiem Himmel auf den Terrasses du Parking des Pêcheurs.

MUSIK

In der **Salle Garnier, Monacos Oper** (Opéra de Monte-Carlo, Place du Casino, Tel. +377 92 16 22 99, www.opera.mc) sind schon viele berühmte Sänger aufgetreten. Das Programm wechselt mit jeder Spielzeit. Für die Musik sorgt das Philharmonische Orchester von Monte-Carlo. Da es nur 524 Sitzplätze gibt, ist Reservierung notwendig.

Die **Salle des Etoiles** (Le Sporting, av. Princesse-Grace, Tel. +377 98 06 36 36, http:// fr.montecarlosbm.com/bien-etre-sport/ salles-de-concerts/salle-etoiles, Ende Juni–Anfang Sept. ab 20 Uhr) ist eine Konzerthalle in toller Lage, die viele internationale Stars auf die Bühne lockt. Vor der Show schlürft man einen Cocktail auf der Terrasse, für Herren gilt Jackettpflicht.

WELLNESS UND BEAUTY

Die privaten oder hoteleigenen Strandbäder von Monaco kosten Eintritt, doch an der **Plage du Larvotto** (av. Princesse-Grace) gibt es Bereiche, in denen man kostenlos und während der Hochsaison unter Aufsicht von Bademeistern ins Wasser springen kann. Der **Country Club de Monte-Carlo** (155, Av. Princesse Grace, Roquebrune, Tel. 04 93 41 72 00, www.mccc.mc, tägl. 8–20.30 Uhr) richtet das ATP-Tennisturnier aus und bietet ganzjährig Zutritt zu 21 Sandplätzen und zwei Hartplätzen mit Blick aufs Mittelmeer. Es gibt auch einen Spiegel-Pool, ein Fitnesscenter mit Physiotherapeuten, eine Sauna und einen Whirlpool. Nichtmitglieder können Tagespässe erwerben. Die **Thermes Marins de Monte-Carlo** (2, av. Monte-Carlo, Tel. +377 98 06 69 00, http://fr.thermesmarinsmontecarlo.com, tägl. 8–20 Uhr) mit Meerblick sind für Thalassotherapien bekannt und besitzen mehrere beheizte Meerwasserpools, ein Solarium und türkische Bäder. Im Angebot sind klassische Anwendungen, orientalische Massagen mit Aromaölen und Meerwassertherapien.

FESTE, FESTIVALS UND SPORT-EVENTS

Sainte-Dévote, die Schutzheilige von Monaco, wurde in Korsika getötet. Ihren Leichnam legte man in ein Boot, das über das Meer in Richtung Afrika fuhr. Der Legende zufolge flog eine Taube aus dem Mund der Märtyrerin und lenkte das Boot nach Monaco. Dort, wo es auf den Strand lief, steht heute die Église Sainte-Dévote. Das **Patronatsfest** findet jährlich am 27. Januar statt und ist im Fürstentum Feiertag. Die Messe wird auf Monegassisch gelesen. Der Abend endet mit einer feierlichen Prozession und einer symbolischen Bootsverbrennung vor der Kirche. Ebenfalls in der letzten Januarwoche bringen bei der weltberühmten dreitägigen **Rallye Monte-Carlo** Rennfahrer auf den eisigen und winterlichen Straßen rund um

Großer Auftritt beim Zirkusfestival von Monaco

Monaco ihre Schlitten auf Höchsttouren. Informationen erteilt der Automobile Club de Monaco (23, bd. Albert Ier, Tel. +377 93 15 26 00, www.acm.mc).
Ende Januar/Anfang Februar heißt es Manege frei beim **Festival International du Cirque** (Espace Fontvieille, Av. des Ligures, Tel. +377 92 05 23 45, www.montecarlofestivals.com). Dann präsentieren Zirkuskünstler Akrobatik und Artistik, wilde Tiere und Zauberei. Die Highlights zeigt die glanzvolle Abschlussvorstellung (S. 107).
Im April finden sich Tennisstars zum **ATP-Masters** ein (Country Club de Monte-Carlo, 155, av. Princesse Grace, Roquebrune, Tel. 04 93 41 30 15, www.mccc.mc). Monte-Carlos berühmtestes Ereignis ist der **Große Preis von Monaco** im Mai, wenn Formel-1-Piloten mit ihren Boliden durch die Häuserschluchten und Tunnel jagen (Automobile Club de Monaco, 23, bd. Albert Ier, Tel. +377 93 15 26 00, www.acm.mc).
Im August lässt ein internationales **Feuerwerk- und Musikfestival** den Nachthimmel erstrahlen und erklingen (www.monaco-feuxdartifice.mc).

Auf den Straßen und Plätzen von Cannes ist im
Sommer immer etwas los.

Erste Orientierung

Cannes! Denken Sie auch an Hollywood auf dem roten Teppich, an eine Welt des Luxus und des Jetset? Das ist jedoch nur eine Seite der Königin der Riviera, denn sie kann mehr als Croisette und Carlton: Sie hat ihre mittelalterliche Altstadt bewahrt und Künstler angelockt. Am Meer können Sie Fischern beim Netzeflicken zuschauen, während ihre bunten Boote auf den Wellen schaukeln.

Cannes nimmt unter den schicken touristischen Ferienorten und Jachthäfen von Millionären wie Antibes und Juan-les-Pins eine zentrale Stellung ein. Stars und Sternchen, Royals und Reiche aus aller Welt flanieren auf der Croisette, ankern mit Megajachten in der weiten Bucht und prägen den luxuriösen Lifestyle der Küste.

Die drei Städte bilden einen deutlichen Kontrast zum wilden, einsamen Massif de l'Esterel mit der rauen Küste, den eindrucksvollen roten Felsen, zerklüfteten Buchten und den ursprünglichen Îles de Lérins mit schönen Spazierwegen und Buchten zum Baden.

Hinter der abwechslungsreichen und reizvollen Küste verbirgt sich die eigentliche Seele der Region – kleine Marktflecken und alte honigfarbene Dörfer in einer wildromantischen Landschaft zwischen Lavendel- und Weinfeldern und Olivenhainen. Hier liegt der typische Duft der Provence in der Luft. Das magische Licht hat über Jahrhunderte immer wieder zahlreiche Maler angelockt und inspiriert. Die Region gilt als Wiege des Impressionismus. Bedeutende Kunstsammlungen wie das Musée Picasso, die Fondation Maeght, das Musée Bonnard oder das Musée Renoir bewahren ihr Leben und Werk.

Das Hinterland von Cannes ist bekannt für traditionelles provenzalisches Kunsthandwerk, ganz besonders für Glas aus Biot, Keramik aus Vallauris und Parfüm aus Grasse.

Nach Lust und Laune!

32 Le Cannet
33 Grasse
34 Mougins
35 Juan-les-Pins
36 Antibes
37 Biot
38 Cagnes-sur-Mer
39 Saint-Paul-de-Vence
40 Vence
41 Vallauris
42 Fréjus
43 Saint-Raphaël

TOP 10

6 ★★ Musée Picasso
7 ★★ Cannes
9 ★★ Îles de Lérins
10 ★★ Fondation Maeght

Nicht verpassen!

31 Corniche de l'Esterel

Mein Tag auf den Spuren von Commissaire Duval

Christine Cazon (Foto rechts) ist die Krimi-Queen der Côte d'Azur. In mehreren Bänden lässt sie Léon Duval die Verbrechen rund um Cannes aufklären. Immobilienhaie, fliegende Händler, Drogendealer, Jachtbesitzer, Fischer und sogar Wölfe: Was Südfrankreich gesellschaftliche Spannungen beschert, sorgt für Nervenkitzel in ihren Krimis.

8.30 Uhr: Aussichtsreiche Runde

Für Léon Duval beginnt der Tag sportlich: Machen Sie es wie der Commissaire und joggen Sie zum Fernblick auf das Meer durch den Naturpark Croix-des-Gardes. ❼ ★★ Cannes (S. 132) hat einen Gesundheitspfad angelegt.

10 Uhr: Einmal Provence intensiv!

Frisch geduscht und umgezogen, frühstücken Sie dort, wo Commissaire Duval und seine Freundin Annie es an einem freien Tag auch tun würden: in der Kaffeerösterei La Cannoise am Marché Forville (S. 157). Seit 1934 ist die Markthalle der Treff der Einheimischen, die dort montags trödeln. Dienstag bis Sonntag weichen Tand und Trödel einem Obst-, Blumen- und Gemüsemarkt.

11 Uhr: Kunst im Leichenlager

Nach dem späten Frühstück bummeln Sie durch das Altstadtviertel, Le Suquet. Genießen Sie den Blick von der Aussichtsterrasse. Noch schöner ist der Rundumblick vom Turm des Musée de la Castre (S. 135). Sie sind am Wochenende un-

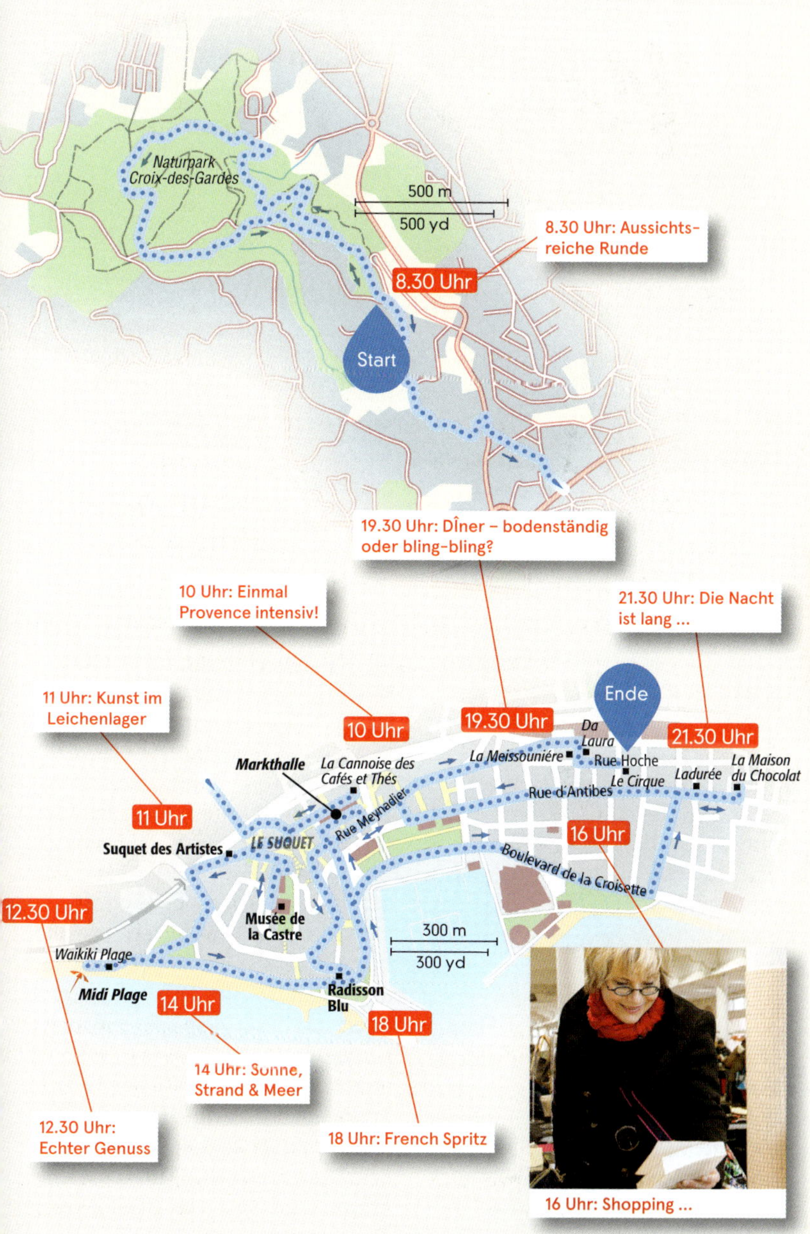

16 Uhr: Shopping ...

Im einstigen Leichenlager der Stadt arbeiten heute Künstler, etwa Olivia Paroldi, die ihre Werke präsentiert (oben).

Der Blick vom Hoteldach des Radisson Blu ist nicht zu toppen (rechts).

Der überdachte Marché Forville in Cannes bietet alle Köstlichkeiten der Region.

terwegs? Dann besuchen Sie den Suquet des Artistes (S. 135), der im einstigen Leichenlager des städtischen Krankenhauses Saint-Dizier eingerichtet wurde.

🕐 12.30 Uhr: Echter Genuss

Wollen Sie wirklich essen wie die Cannois, dann gehen Sie zur Waikiki Plage. Jünger, lauter und hipper geht es in den benachbarten Strandbars zu.

🕐 14 Uhr: Sonne, Strand & Meer

Zur *sieste* geht's an den Hausstrand von Léon Duval: Midi Plage. Wenn Sie im Waikiki Plage gegessen haben, sind Sie schon da! Mieten Sie eine Strandliege, sonnen Sie sich bei der Krimi-Lektüre und schwimmen Sie in den azurblauen Fluten!

🕐 16 Uhr: Shopping ...

Cannes ist eine Shopping Mall unter freiem Himmel. Luxusboutiquen gibt es entlang der Croisette zu bestaunen, bummeln Sie dann in der Rue d'Antibes mit ihren erschwinglicheren Markenboutiquen: Kleider, Schmuck, Schuhe, Parfümerien ... Dazwischen liegen Patisserien wie Ladurée, die goldfarbene Macarons anbieten, oder – etwas versteckt – die Maison du Chocolat, eine edle Adresse für Schokofans. In der Einkaufstraße Rue Meynadier finden Sie neben dem letzten inhabergeführten Hutmacher auch Ernest, den Cannoiser Patissier und Traiteur, bei dem die Cannoise dekorative Törtlein als Dessert erstehen. Die Fruits Confits für seine Mutter kauft Duval bei Cannolives.

18 Uhr: French Spritz

Duvals Freundin Annie mag's romantisch: Der Sundowner auf dem Dach des Radisson Blu ist nicht zu toppen. Die Sonne versteckt sich hinter den zerfurchten Zacken des Esterel-Massivs. Was für eine Kulisse!

19.30 Uhr: Dîner – bodenständig oder bling-bling?

Am liebsten isst Commissaire Duval bei Claire, der sympathischen Wirtin von La Meissounière, die etwas von bodenständiger Küche versteht. Duval nimmt seinen Kaffee, den besten der Stadt, wie er findet, gern gegenüber im Da Laura. Ein ausgezeichneter Italiener, der sich seinen Ruf bezahlen lässt.

21.30 Uhr: Die Nacht ist lang ...

Trubelig ist es in der nahen Rue Hoche: Hier geht das junge Cannes aus. Commissaire Duval finden Sie manchmal im Le Cirque.

La Cannoise €
⚓ 224 B2 ✉ 17, rue du Marché Forville, Cannes
☎ 06 14 22 38 67 ⊕ www.facebook.com/lacannoisedescafesetdesthes
🕐 Mo 7–14, Di–Sa 6–17, So 6–14 Uhr

Waikiki Plage €–€€
⚓ 224 B2 ✉ Bd. Jean Hibert, Cannes
☎ 04 93 99 01 78
⊕ www.facebook.com/waikikiplagecannes

Radisson Blu 1835 Hotel & Thalasso €€–€€€
⚓ 224 B2 ✉ 2, bd. Jean Hibert, Cannes
☎ 0492 99 73 00
⊕ www.radissonblu.com/de/hotel-cannes

La Meissounière €
⚓ 224 B2 ✉ 15, rue Du Vingt-Quatre Août, Cannes ☎ 0493 38 37 76
⊕ www.lameissounniere.com 🕐 Di–Sa

Da Laura €€–€€€
⚓ 224 B2 ✉ 7, rue Du V.-Q. Août, Cannes
☎ 0493 38 40 51 🕐 Mo–Sa 7.30–23.30 Uhr

Le Cirque €
⚓ 224 B2 ✉ 30, rue Hoche, Cannes
⊕ www.lecirquecannes.com 🕐 Mo–Sa 8–24 Uhr

❻ ★★ Musée Picasso

Die Wände waren feucht und kühl, durch Ritzen und Fensterläden pfiff der Mistral. Eine schmale Matratze als Bett musste genügen: So arbeitete Pablo Picasso in der Burg von Antibes. Der Kubist hatte 1946 dort sein Atelier. Und malte auf Materialien, die es nach Kriegsende im Überfluss gab: Holzreste und Betonplatten. 23 weltberühmte Gemälde entstanden – entdecken Sie sie im Château Grimaldi.

Die Grimaldis herrschten zwischen dem 13. und dem 16. Jh. von dieser Burg aus, die nach dem Vorbild einer römischen Festung auf den Fundamenten einer griechischen Akropolis errichtet wurde. 1928 kaufte die Stadt Antibes die Burg, um darin ein Museum für Kunst, Geschichte und Archäologie unterzubringen. Als Pablo Picasso (1881–1973) nach den Kriegsjahren in Paris 1946 an sein geliebtes Mittelmeer zurückkehrte, verliebte er sich auf dem Weg nach Nizza bei einem Besuch von Antibes spontan in das Städtchen – und suchte ein Atelier. Er fand es im Château Grimaldi.

Eingefangene Lebensfreude

Das Museum birgt rund 250 Arbeiten von Picasso. 23 Gemälde und 44 Zeichnungen sind direkt in Antibes entstanden. Viele Arbeiten aus jener Zeit spiegeln die heitere Grundstimmung des Künstlers nach den schweren Kriegsjahren wider. Die sonnigen Farben und das strahlende Licht verliehen Pi-

cassos Werken damals eine ganz
neue Dimension. Eine andere,
kraftvolle Maltechnik und das
Interesse an mythologischen
Themen ließen Meisterwerke
wie »Ulysée et les Sirènes« (1947),
»Nu Couché au Lit Bleu« (1946)
und das berühmte Bild »La Joie
de Vivre« (1946) entstehen.

Meister abstrakter Kunst

Zwar verbrachte Picasso nur drei
Monate in Antibes, doch war dies
eine seiner schöpferischsten Phasen. Aus Dankbarkeit stiftete er sämtliche Arbeiten jener
Periode dem Burgmuseum und ergänzte sie durch eine
Sammlung von Tapisserien, Skulpturen und mehr als
150 Keramiken, die im nahen Vallauris entstanden waren.
Der Rundgang endet an einer kleinen Terrasse zum Meer.

Für Kunstliebhaber ist der Besuch des Picasso-Museums ein Muss.

In den Hügeln von Antibes haben inmitten von Oliven
zwei Meister der abstrakten Kunst in den 1960er Jahren
eine Villa gebaut und ihre Studios eingerichtet: der Deutsch-
Franzose Hans Hartung und die Norwegerin Anna-Eva
Bergman. Heute führt ihr Anwesen die Fondation Hartung
Bergman, die von April bis Oktober Architektur und Atelier
sowie die Arbeiten der beiden Künstler vorstellt.

KLEINE PAUSE

Rund um den Hafen gibt es eine Reihe von Cafés und außerdem einen schönen **Markt am Cours Masséna** (S. 156).

✛ 224 C2

Musée Picasso Antibes
✉ Château Grimaldi, Place Mariéjol
☎ 0492 90 54 20
🌐 www.antibes-juanlespins.com
🕐 15. Juni–15. Sept. Di–So 10–18, sonst
Di–So 10–13 und 14–18 Uhr, Fei geschl.
💶 8 €

Fondation Hartung Bergman
✉ 182, chemin du Valbosquet

☎ 0493 33 45 92
🌐 www.fondationhartungbergman.fr
🕐 April–Okt. Fr 14 Uhr
💶 7 € 🚌 1, 7

Tourist Information
✉ 11, place Général Gaulle, Antibes
☎ 0492 90 53 00
🌐 www.antibes-juanlespins.com
🕐 Juli/Aug. tägl. 9–19, Sept.–Juni Mo–
Fr 9–12 und 13.30–17.30, Sa 9–12 und
14–18 Uhr

❼ ★★ Cannes

Teure Boutiquen, prächtige Hotels, Promis und Paparazzi: Cannes ist einer der mondänsten Ferienorte der Welt und nach Paris die Nummer zwei im Geschäftstourismus. Im März gastiert mit der MIPIM die weltgrößte Immobilienmesse, im Mai das Filmfestival. Der Sommertrubel beginnt ab Ostern, wenn die Liegen auf den Strand gestellt werden und die Cannois in Buchten flüchten, die nur sie kennen.

Bei so viel Glanz und Glamour, Sprachgewirr aus aller Welt und Schaulaufen vergisst man leicht die bescheidenen Ursprünge als Fischerdorf, das wegen der Vegetation in den umliegenden Sumpfgebieten seinen Namen erhielt: Cannes heißt Schilfrohr! Die einst vielen Sümpfe wurden längst in luxuriöse Jachthäfen umgewandelt. Berühmtheit erlangte der Ort, als der britische Ex-Kanzler Lord Brougham 1834 auf dem Weg nach Nizza hier eine Zwangspause einlegen musste, weil dort die Cholera ausgebrochen war. Wider Erwarten genoss er den Aufenthalt in dem Städtchen mit dem milden Klima, gab seine ursprünglichen Pläne auf, baute hier eine Villa und verbrachte die nächsten 34 Winter in Cannes, nicht ohne seine prominenten Bekannten auf die Entdeckung hinzuweisen. Bald entstanden am Ufer die ersten Grandhotels. Ende des 19. Jhs. war Cannes zur Winter-Lounge der High Society aufgestiegen.

Wie die Rollen der Städte an der Côte verteilt waren, verriet in den 1920er Jahren ein beliebter Reim: Menton galt als

schmucklos, Monte-Carlo als protzig, Nizza als laut, Cannes dagegen als stilvoll. Doch erst in den 1930er Jahren entdeckte man den Ort auch als Sommerfrische. Die 1950er Jahre brachten den Massentourismus. Von ihm lebt Cannes bis heute.

Unterhalten werden die Sommergäste mit Strandvergnügen, Spielbank und Straßenkunst, Sightseeing im Riesenrad, Festivals, Märkten und Shopping – luxuriös an der Croisette, mit französischen Ketten in der Rue d'Antibes, volkstümlicher in der Rue Meynadier (S. 128, 155). Bootsfahrten zu den Îles de Lérins (S. 136) locken mit Spaziergängen in der Natur und Verkostungen edler Tropfen.

Das Schmuckstück von Cannes

Das moderne Cannes wurde rund um den berühmten <u>Boulevard de la Croisette</u> erbaut, der mit der Promenade des Anglais in Nizza (S. 46) um den Rang der schönsten Uferpromenade der Region wetteifert. Auch hier säumen Palmen und prächtige Belle-Époque-Hotels die Uferstraße auf der einen Seite, während der Blick auf der anderen über das glitzernde Wasser schweift. Die Hotels am östlichen Ende sind echte Sehenswürdigkeiten. Besonders gilt dies für die Zwillingskuppeln des 1912 eröffneten <u>Hotel Carlton</u>, die den Brüsten der Kurtisane »La Belle Otero« nachempfunden wurden. Sie verführte Männer wie den britischen König Edward VII. und die russischen Zaren Peter und Nikolaus. Sechs Liebhaber begin-

An der Prachtstraße La Croisette gilt sehen und gesehen werden.

gen nach Affären mit der berühmten *femme fatale* Selbstmord.
Ebenfalls an der Croisette stehen das Majestic Barriére, das
Noga-Hilton und das Martinez, ein weißer Art-déco-Traum.
Jedes dieser Häuser besitzt gepflegte Strandbäder mit Bars,
Restaurants und makellosen Reihen bequemer Strandliegen
mit Sonnenschirmen. Wer bereit ist, für diesen Luxus einen
hohen Tribut zu zollen, kann manche der Privatstrände auch
als Nicht-Hausgast nutzen.

Öffentliche Strände finden Sie am Westende der Croisette
und am Boulevard du Midi, der zweiten Promenade von
Cannes. Der Boulevard de la Croisette ist ein bevorzugtes Ziel
der Paparazzi, seit Brigitte Bardot sich hier 1953 in der Sonne
aalte. Wenn im Sommer die Touristen anreisen, quillt der
Strand vor Menschen förmlich über.

Das berühmte Filmfestival findet rund um das kantige
Palais des Festivals statt, der im Westen der Croisette den
Übergang zum Blumenmarkt und Sportboothafen markiert.
Auf der Allée des Stars vor dem Palais haben sich Filmstars
mit ihren Handabdrücken im Straßenpflaster verewigt.
Während des Festivals steigen die bekanntesten von ihnen
im Hôtel Carlton oder im Hôtel Martinez ab.

Die Altstadt Le Suquet

Der Boulevard de la Croisette endet am Palais des Festivals,
wo die Altstadt beginnt. Hier, auf einem kleinen Hügel

Seit 1946 findet das prestigeträchtige Festival de Cannes statt.

IN UND UM CANNES

Mont-Chevalier westlich der modernen Stadt, lag einst die römische Siedlung Canois Castrum. Heute heißt dieser Teil Le Suquet. Der Name – die provenzalische Bezeichnung für eine Fischsuppe – erinnert an die Ursprünge des Ortes als Fischerdorf. Le Suquet hat sich seinen traditionellen Charme bewahrt. In seinen Katen finden Sie heute gemütliche Restaurants, von der alten Festung mit Wachturm auf der Hügelspitze blicken Sie weit über Meer und Küste.

Das alte Leichenschauhaus der Stadt im Herzen des Fischerviertel verwandelte sich 2017 in den Suquet des Artistes, eine 800 m² große Werkstatt für vier Künstler aus Cannes (S. 127). Die Mönche von Lérins bauten die Burg mit der kleinen Kapelle im 11. und 12. Jh. Heute befindet sich hier das Musée de la Castre mit einer archäologischen und ethnografischen Sammlung, die Objekte aus aller Welt zeigt. Notre-Dame d'Espérance, die nüchterne Kirche im Herzen der Altstadt, wurde 1648 errichtet, nachdem die Kapelle zu klein geworden war.

Am Fuß des Hügels bilden im Vieux-Port, dem alten Hafen, die *pointus* genannten Fischerboote einen reizvollen Kontrast zu den Millionärsjachten. Spazieren Sie über die Uferpromenade, die hier La Pantiéro heißt, oder über die schattige Place Lord Brougham, wo die Einheimischen gern Boule spielen. Auf der von Palmen gesäumten Allée de la Liberté findet vormittags ein Blumenmarkt statt. Kleine Gassen führen von hier aus zur Markthalle, dem Marché Forville, mit regionalen Produkten.

✠ 224 B2

Tourist Information Cannes
✉ Palais des Festivals et des Congrès, 1, bd. de la Croisette
☎ 0492 99 84 22
🌐 www.cannes-destination.fr ● Juli/Aug. tägl. 9–20, Sept.–Juni 9–19 Uhr

Musée de la Castre
✉ Place de la Castre, Cannes

☎ 0493 38 55 26
● Juli/Aug. tägl. 10–19, April–Juni 10–18, Sept. Di–So 10–13 und 14–17 Uhr, Okt.–Juni Mo geschl.
🎟 6 €
🚌 2, 4, & AB, 7, 8, 10, 12, 20, 21, 35

Suquet des Artistes
✉ 7, rue Saint-Dizier, Cannes
☎ 04 97 06 44 90

❾ ★★ Îles de Lérins

Nur 15 Minuten Fährfahrt entführen in eine andere Welt: Es grenzt an ein Wunder, dass die Îles de Lérins bis heute so ursprünglich erhalten sind. Wo seit 16 Jahrhunderten die Gründer von Cannes zurückgezogen leben, können Sie auf den autofreien Inseln herrlich wandern, picknicken, baden und intakte mediterrane Natur genießen.

Zu beiden Inseln legen das ganze Jahr hindurch die Fähren vom Hafen in Cannes ab. Benannt wurden die felsigen Eilande nach zwei Heiligen. St-Honorat erbaute Ende des 4. Jhs. auf der kleineren Insel ein Männerkloster, seine Schwester Ste-Marguerite auf der größeren Insel ein Nonnenkloster. Beide Abteien waren zeitweise die wichtigsten kirchlichen Zentren Südfrankreichs, die Inseln nur bei Einheimischen als nahes Erholungsziel bekannt.

Das änderte sich schlagartig mit Christine Cazon, die die Île Ste-Marguerite zum Schauplatz ihres dritten Jean-Duval-Krimis gemacht hat: »Stürmische Côte d'Azur«.

Der Mann mit der eisernen Maske

Hauptattraktion der Insel ist das Fort Royal mit dem Musée de la Mer, das in alten Gefängniszellen untergebracht ist. Die Festung wurde von 1685 bis Anfang des 20. Jhs. als Gefängnis benutzt; berühmtester Insasse war der geheimnisvolle Mann mit der eisernen Maske. Besichtigen Sie seine Zelle und die Wandmalereien des Künstlers Jean Le Gac, der ebenfalls hier einsaß. Im Obergeschoss sind ligurische, griechische und römische Artefakte ausgestellt, die man auf der Insel ausgegraben hat, außerdem Objekte aus Wracks von Schiffen.

Kelternde Mönche

Auf der kleineren Insel St-Honorat leben seit Ende des 4. Jhs. Zisterziensermönche. Die Ruinen ihres L'Ancien Monastère Fortifié im Süden der Insel sollten Sie besichtigen – sie bieten wundervolle Ausblicke auf die Insel, das Mittelmeer und die Abbaye Notre-Dame de Lérins, in der heute rund 25 Mönche abgeschieden leben und arbeiten. Sie bauen Wein, Lavendel und Orangen an und stellen Honig und Likör her – die Klosterboutique ist ein kleiner, feiner Schlemmertempel.
Einen Einblick in ihre Lebenswelt erhalten Sie bei der Messe, die unter der Woche um 11.25 Uhr und sonntags um 9.50 Uhr stattfindet.

Ein Netz von Spazierwegen überzieht beide Inseln. Besonders schön ist der schattige Rundweg um die Île St-Honorat, der an sieben Kapellen vorbeiführt. Am interessantesten sind die Chapelle de la Trinité und die Chapelle Ste-Croix.

Kitesurfer vor Ste-Marguerite, der größten Insel der Îles de Lérins.

KLEINE PAUSE
Auf Ste-Marguerite gibt es **am Fährhafen** Restaurants und Cafés sowie **Picknickplätze** an schönen Stellen der Insel.

✣ 224 B/C2

Tourist Information
✉ S. 135 Uhr ⚓ www.trans-cote-azur.com, www.cannes-ilesdelerins.com

Île Ste-Marguerite
Musée de la Mer:
✉ Fort Royal de l'Île Ste-Marguerite
☎ 0493 43 18 17 🕐 April/Mai Di–So 10.30–13.15 und 14.15–17.45, Juni–Sept. 10–17.45, Okt.–März Di–So 10.30 bis 13.15, 14.15–16.45 Uhr
🎫 6 €, Nov.–März 1. So im Monat frei

Île St-Honorat
✉ Abbaye Notre-Dame de Lérins

☎ 0492 99 54 00
🌐 www.abbayedelerins.com
🕐 Kirche ganzjährig geöffnet

L'Ancien Monastère Fortifié
☎ 0492 99 54 00
🕐 tägl. 10.30–16 Uhr, Führungen Juli–Mitte Sept. Mo–Fr 10.30–12.30 und 14.30–16.45, So 14.30–16.45 Uhr
🎫 Führung 3 €, Mitte Sept.–Juni frei

Chapelle de la Trinité
🕐 Führungen Juli–Sept. Mo–Fr 10.30–12.30 und 14.30–16.45, So 14.30–16.45 Uhr
🎫 frei

⑩ ★★ Fondation Maeght

Grüne Männchen spritzen in ein Mosaikbecken, Giacometti lässt seine Katze im Park spazieren, Miró setzte eine Metalleule vor groben Feldstein: Im Privatmuseum der Kunsthändler Marguérite und Aimé Maeght spielt die Kunst der Moderne mit Kontrasten, inszeniert Überraschungen und berührt alle Sinne.

Matisse, Miró, Braque, Bonnard und Chagall zählten zu den Freunden der Kunsthändler, deren Privatsammlung den Grundstock der Fondation Maeght bildet. Die Fondation war nicht nur als Museum geplant, sondern sollte auch eine Art Kreativzentrum abgeben; deshalb wurde an Unterkünfte für Künstler gedacht. Das Gebäude fügt sich kunstvoll in die Umgebung ein.

Die Dauerausstellung umfasst Werke von nahezu allen großen Künstlern der vergangenen 60 Jahre, vor allem jedoch von Bonnard, Chagall, Giacometti, Léger, Kandinsky und Miró. Hinter dem Museum liegt Mirós »Labyrinth«, ein mehrstöckiger Irrgarten aus Mosaiken, Skulpturen, Brunnen, Bäumen und Keramiken des katalanischen Surrealisten. Ebenfalls auf dem Gelände stehen Figuren von Giacometti, und zwar auf dem nach dem Künstler benannten Cour Giacometti, während eine winzige Kapelle Braques Buntglasfenster »Weißer Vogel auf schwarzem Grund« (1962) birgt. Das Fenster erinnert an Maeghts Sohn, der bereits als Kind starb.

Panoramaweg zum Dorf

Dorf und Museum verbindet der Chemin Sainte-Claire, der am Bouleplatz beginnt. Der rund 30-minütige Fußweg führt vorbei an alten, ländlichen Kapellen und eröffnet herrliche Ausblicke auf Saint-Paul-de-Vence, das Hügelland ringsum und das Meer. Bewundern Sie unterwegs zwei Reproduktionen von Bildern Marc Chagalls, die für die Themenroute »La Côte d'Azur des Peintres« aufgestellt wurden.

KLEINE PAUSE
Zum Museum gehört ein **Café** (April–Nov.), in Saint-Paul-de-Vence (S. 155) gibt es weitere. Besonders berühmt:
La Colombe d'Or (1, place du Général de Gaulle, www.la-colombe-dor.com): Picasso und Braque, Grace Kelly und Cary Grant – wer prominent ist und war, genoss vom Balkon den herrlichen Blick und im rustikal-edlen Speisesaal die ausgezeichnete Küche.

Skulpturen von Miró umgeben das Museumsgebäude.

✚ 224 C4
✉ Montée des Trions
St-Paul-de-Vence
☎ 0493 32 81 63

🌐 www.fondation-maeght.com
🕐 Juli–Sept. tägl. 10–19, Okt.–Juni 10–18 Uhr
🎟 16 €

㉛ Corniche de l'Esterel

Am Rand eines wilden Bergmassivs aus blutrotem Porphyr verbindet die malerische Esterel-Küstenstraße Saint-Raphaël mit Théoule-sur-Mer. Diese Route gehört zu den schönsten Panoramastrecken der Riviera.

Die Corniche de l'Esterel, auch als Corniche d'Or (»Goldstraße«) oder schlicht als N 98 bekannt, wurde vor über einem Jahrhundert in die Felsen am Ufer geschlagen. Der Touring Club de France trug maßgeblich zur Erschließung bei. Die Route ist bei Radfahrern außerordentlich beliebt. Ob per Auto, Bike, Bus oder Zug – die kurvenreiche Strecke eröffnet großartige Blicke auf die rote Felsenlandschaft und das blaue Meer. Aussichtspunkte wie bei der Calanque de Petit Caneret geben den Blick frei auf einladende Strände, geschützte Jachthäfen, zerklüftete Felsen und einsame Buchten vor feuerroten Felsen, die sich am Mont Vinaigre 614 m hoch empor schwingen.

Feurig war auch ihre Geburt: Vor 250 Millionen Jahren sprudelten hier einst die Vulkane und hinterließen Unmengen an Basalt und Rhyolith, die im Laufe der Jahrmillionen erodierten und – auf Druck der afrikanischen Platte – zum Mittelmeer kippten. So entstand das zerfurchte Massiv, das heute Motorradfahrer zu halsbrecherischen Kurvenfahrten und Überholmanövern animiert – auch bei dichtem Verkehr! Im 18. Jh. soll sich hier der provenzalische Wegelagerer Gaspard de Besse verstecktgehalten haben. Er inspirierte Jean Aicard zu seinem Roman »Maurin des Maures«. 1970 wurde seine Geschichte mit Jean Gaven verfilmt.

Traumstraße durch ockerfarbene Felsen

Wenn Sie von Osten nach Westen fahren, beginnt Ihre Tour in Théoule-sur-Mer, einem kleinen Küstenort am Rand des Parc departemental de la Pointe de l'Aiguille. Dieser ausgedehnte Küstenpark umfasst eine Vielzahl von Landschaften und Wandermöglichkeiten. Mary und Henry Clews haben 17 Jahre lang das Schloss von La Napoule restauriert – heute können Sie dort die Skulpturen des US-amerikanischen Bildhauers bewundern, die auch den formellen Garten schmücken.

Le Trayas liegt am höchsten Punkt der Corniche. Gleich darüber beginnt ein anstrengender Pfad, der landeinwärts zum Pic du Cap Roux hinaufführt. Die Straße windet sich dagegen westwärts über Anthéor, Agay und Le Dramont nach Saint-Raphaël (S. 150). Der Hauptort des Massif de l'Esterel

Die ockerfarbenen Felsen des Pic du Cap Roux an der Corniche de l'Esterel

Die Esterel-Küstenstraße zählt zu den schönsten Panorama-Straßen der Region.

zieht sich malerisch um eine tiefe, hufeisenförmige Bucht, die als einer der besten Ankerplätze an diesem Küstenabschnitt gilt. Napoleon machte den Ort bekannt, als er hier 1799 auf dem Rückweg von seinem Ägyptenfeldzug landete. Im 19. Jh. entwickelte sich Saint-Raphaël zu einem schicken Küstenstädtchen. Während des Zweiten Weltkriegs wurden jedoch viele der schönen Belle-Époque-Hotels zerstört – der breite Sandstrand indes ist bis heute bei Familien sehr beliebt.

Die alte Römerstraße

Im Sommer herrscht auf der Corniche oft starker Verkehr. Alternativ können Sie dann auf der N 7 von Fréjus (S. 149) nach Cannes fahren. Die Straße folgt der römischen Via Aurelia durch ausgedehnte Korkwälder über den Mont Vinaigre, den mit 614 m höchsten Berg des Massivs. Ein kurzer Pfad führt zum Gipfel hinauf, von dem aus man über unberührte Wälder blickt, in denen über Jahrhunderte Banditen, aber auch Einsiedler und entflohene Galeerensträflinge aus Toulon Zuflucht suchten.

KLEINE PAUSE

Beginnen oder beenden Sie die Tour im **Jilali B** (S. 155), das in Théoule-sur-Mer direkt am Strand liegt.

 ✟ 224 E3–F4

Tourist Information Théoule-sur-Mer
✉ 1, Corniche d'Or
☎ 0493 49 28 28
⊕ www.theoule-sur-mer.org

Tourist Information Saint-Raphaël
✉ S. 150
Von Cannes nach Saint-Raphaël fahren stündlich Züge, die in Agay und Théoule-sur-Mer halten. Von

Saint-Raphaël aus fährt stündlich die Linie 8 von Agglo Cavem (www.agglo bus-cavem.com) nach Le Trayas. Dort besteht Anschluss nach Cannes.

Château de la Napoule
✉ 453, av. Henry Clews
☎ 0494 49 95 31
⊕ www.chateau-lanapoule.com
🕐 Feb.–Juni tägl. außer Di 14.30–17.30, Juli/Aug. bis 18.30 Uhr
🎫 Garten 3,50 €, mit Schloss 6 €

Was für Aussichten!

Über das kleine Fischerdorf La Napoule wacht ein alter Vulkan: San Peyre. Hinauf führt ein 3,4 km langer, sanft ansteigender Fußweg. Im Frühjahr laufen Sie hier durch einen Wald voll duftender, gelber Mimosen, im Sommer spenden würzig duftende Schirmpinien Schatten. Der Weg endet an einer Plattform in 131 m Höhe. So schön wie hier liegt Ihnen die Côte d'Azur nirgendwo zu Füßen! Oscar Wilde war ganz trunken von der Kulisse, die sich ihm hier oben bot: »Saphirblaues Meer, heißer roter Porphyr, heller Himmel und Blumen in Hülle und Fülle«, schwärmte er.

Nach Lust und Laune!

32 Le Cannet

Das Städtchen auf sieben Hügeln, das im Norden direkt an Cannes grenzt, hat sich der Maler Pierre Bonnard 1926 als Domizil erwählt. Die Stadt hat ein ehemaliges Hotel und Polizeikommissariat zum Museum für den Künstler umgebaut und einen Entdeckungspfad auf den Spuren des Malers am Canal de la Siagne eingerichtet.

Auf den Spuren des Parfüms in Grasse

✛ 224 B2

Tourist Information
✉ Maison du Tourisme, Place Bénidorm ☎ 0493 45 34 27
⊕ www.lecannet-tourisme.fr

Musée Bonnard
✉ 16, bd. Sadi Carnot
☎ 0493 94 06 06
⊕ www.museebonnard.fr
🕐 Di–So 10–20 Uhr 🎟 5 €

33 Grasse

Lavendelfelder sind typisch für die Provence. Ihre Blüten sind wichtige Ingredienzien von Parfümherstellern wie Molinard, Galimard und Fragonard, die in Grasse Führungen und Parfümworkshops anbieten. Rosen und Jasmin, ebenfalls wichtige Grundstoffe der Parfümherstellung, werden im Mai und August mit Festen bedacht.

Die Kulturgeschichte des Duftes blättert das Musée International de la Parfumerie auf, zu dem ein Duftgarten gehört.

✛ 224 A3

Tourist Information
✉ Palais des Congrès, 22, cours Honoré Cresp
☎ 0493 36 66 66 ⊕ www.grasse.fr
🕐 Juli–Sept. Mo–Sa 9–19, So 9–13 und 14–18, Okt.–Juni Mo–Sa 9–12.30 und 14–18 Uhr

Musée International de la Parfumerie
✉ 3, rue du Jeu de Ballon
☎ 0497 05 58 11
⊕ www.museesdegrasse.com
🕐 Sommer tägl. 10–19, sonst tägl. außer Di 11–18 Uhr 🎟 4 €

34 Mougins

Jacques Brel, Yves St-Laurent, Catherine Deneuve und andere Promiente lieben Mougins, ein typisch provenzalisches Hügeldorf, und eine der hübschesten Ortschaften der Côte d'Azur. Pablo Picasso verbrachte hier sogar seine letzten zwölf Lebensjahre. Im Musée de la Photographie hängen zahlreiche Porträts des Künstlers.

Mougins Hauptattraktion ist jedoch eine schier unerschöpfliche Anzahl immer neuer Restaurants. Aus der gesamten Umgebung kommen Leute, um im L'Amandier (S. 154), dem Le Mas Candille (S. 157) oder im superschicken La Paloma (S. 154) zu speisen.

✛ 224 B2/3

Tourist Information
✉ 39, place des Patriotes
☎ 0498 92 14 00
🌐 www.mougins-tourisme.fr

Musée de la Photographie André Villers
✉ 67, rue de L'Eglise, Porte Sarrazine
☎ 0493 75 85 67 🕐 Juli/Aug. tägl. 10–20, Sept.–Okt. und Dez.–Juni Mi–So nur nachmittags; Nov. geschl.
🎫 frei

35 Juan-les-Pins

An der Spitze der Halbinsel Cap d'Antibes verschmelzen Antibes und Juan-les-Pins miteinander. Der Ort ist wegen des Jazzfestivals bekannt, das hier seit 1960 in jedem

Die Altstadt von Juan-les-Pins wartet mit gemütlichen Bars und Bistros auf.

Juli stattfindet, zieht aber wegen des regen Nachtlebens ganzjährig vor allem junge Leute an.

Königin Viktorias Sohn, der Herzog von Albany, gründete um 1880 den Ferienort, doch blieb er bis in die 1920er Jahre eher unbedeutend. Damals schloss sich der Restaurantbesitzer Baudoin aus Nizza mit dem US-amerikanischen Eisenbahnmagnaten Frank Jay Gould zusammen, um den ersten Sommererholungsort an der Riviera zu gründen, denn Sommerferien waren damals noch etwas absolut Neues. Der Erfolg stellte sich ein, vor allem, nachdem sich Frauen am Strand von Juan-les-Pins erstmals in Badeanzügen sonnten.

✛ 224 C2

Tourist Information
✉ 51, bd. Guillaumont
☎ 0497 23 11 10 🌐 www.antibes-juanlespins.com 🕐 Juli/Aug. Mo–Fr 9–12 und 14–16, Sa 9–12, Sept.–Juni Mo–Fr 9–12.30 und 13.30–18 Uhr

36 Antibes

Antibes ist die größte Stadt der Region, aber weniger auffällig als Nizza oder das benachbarte Cannes. Dennoch liegen auch hier viele Luxusjachten vor Anker. Die Altstadt ist mit ihren Gebäuden im italienischen Stil der schönste Teil von Antibes. Um sie schließt sich eine noch teilweise erhaltene Stadtmauer, die Vauban, der Festungsbaumeister Ludwigs XIV., im 17. Jh. anlegte.

Sonnenanbeter schätzen Antibes als Badeort.

Hauptattraktion ist das Musée Picasso (S. 130).

Meistbesuchte Attraktion der Côte d'Azur ist der 26 ha große Themenpark Marineland. Orcas, Delfine und Seelöwen sind die Stars beliebter Shows nach US-Vorbild. Pinguine und Eisbären lassen sich in der Arktiswelt, Haie hautnah im Plexiglastunnel beobachten. Es gibt auch Wasserrutschen und einen Minigolfplatz.

37 Biot

Das hübsche Dorf liegt in einer typisch provenzalischen Landschaft inmitten von Zypressen, Olivenbäumen und Pinien. Steile Kopfsteinpflastergassen zweigen vom Hauptplatz mit Arkaden, sandsteinfarbenen Häusern, Cafés und Antiquitätenläden ab. Einige Straßen sind mit großen Tonkrügen dekoriert, in denen Geranien und tropische Pflanzen wachsen.

Über Jahrhunderte war Biot ein Töpferzentrum, doch ist der Ort auch für Gold- und Silberarbeiten, Keramiken, Olivenholzschnitzereien und Glaskunst bekannt. Arbeiten einheimischer Handwerker stellt das Musée d'Histoire Locale et de Céramique Biotoise vor. In der Verrerie de Biot (S. 156) können Sie Glasbläsern bei der Herstellung des berühmten *verre bullé* (Glas mit Bläschen) zusehen; sie entstehen durch Beigabe von Bicarbonat.

20 Minuten von der Altstadt entfernt liegt das Musée Fernand Léger mit einer leuchtenden Mosaikfassade und mächtigen Buntglasfenstern. Der kubistische Maler Léger hatte dort 1955 eine Villa gekauft, um fortan in Biot zu leben. Dieser Wunsch blieb unerfüllt: Er starb bereits 15 Tage später. Die Witwe gründete 1959 das Museum, das heute etwa 348 Werke des Künstlers birgt. Bei seiner Eröffnung war es das erste in Frankreich, das sich nur einem einzigen Künstler widmete.

Biot ist ein Zentrum der Glasbläser.

✝ 224 C3

Tourist Information
✉ 4, chemin Neuf
☎ 0493 65 78 00
⊕ www.biot-tourisme.com

Musée d'Histoire Locale et de Céramique Biotoise
✉ 6, rue Saint Sébastien
☎ 0493 65 54 54
⊕ http://musee-de-biot.fr
🕐 15. Juni–15. Sept. Di–So 10–18, sonst Mi–So 14–18 Uhr 🎫 4 €

Musée national Fernand Léger
✉ Chemin du Val de Pôme
☎ 0492 91 50 30
⊕ www.musee-fernandleger.fr
🕐 Mai–Okt. tägl. außer Di 10–18, Nov.–Mai tägl. außer Di 10–17 Uhr
🎫 7,50 €, 1. So im Monat frei

38 Cagnes-sur-Mer

Cagnes gliedert sich in drei Teile: den Hauptstrand und den alten Fischerhafen Cros-de-Cagnes mit alten, *pointus* genannten Booten und guten Fischrestaurants, Cagnes-Ville, ein Einkaufsviertel mit Frankreichs zweitgrößter Rennbahn direkt am Meer, und Haut-de-Cagnes. Das einladende Hügeldorf mit bunten Häusern und prachtvollen Bougainvilleen, Mimosen und Geranien liegt in einem mittelalterlichen Mauerring am Fuß einer Burg aus dem 14. Jh., die Admiral Rainier Grimaldi als Vorposten gegen Piratenangriffe erbauen ließ.

In der Burg zeigt das Château-Musée mehrere Dauerausstellungen, unter anderem eine über Olivenbäume und – im Museum für moderne Kunst des Mittelmeerraumes – Werke von Chagall, Matisse und Renoir (1841–1919), dem berühmtesten Künstler der Stadt.

Renoir verbrachte seine letzten zwölf Lebensjahre in der Umgebung von Cagnes, in der Domaine des Collettes, weil ihm in Paris seine Arthritis zu sehr zu schaffen machte. Seine Villa wurde zum Musée Renoir umgewandelt, und man kann seine Farbpalette, seinen Rollstuhl und weitere Erinnerungsstücke sowie einige seiner Arbeiten besichtigen.

✝ 224 C3

Tourist Information
✉ 6, bd. Maréchal Juin
☎ 0493 20 61 64
⊕ www.cagnes-tourisme.com

Château-Musée de Cagnes
✉ Place Grimaldi, Haut-de-Cagnes
☎ 0492 02 47 30
🕐 tägl. außer Di 10–12 und 14–17 Uhr (Mai–Sept. bis 18 Uhr); die letzten 2 Wochen im Nov. geschl. 🎫 4 €

Musée Renoir
✉ 19, chemin des Collettes
☎ 0493 20 61 07
🕐 Mai–Sept. tägl. außer Di 10–12 und 14–18, Okt., Dez.–April 10–12 und 14–17 Uhr; Di und Nov. geschl. 🎫 6 €

 ## Saint-Paul-de-Vence

Das große *village perché* eignet sich als Postkartenmotiv. Es liegt auf einem Hügel bei Cagnes und wurde von König Franz im 16. Jh. zur königlichen Stadt erklärt, wovon immer noch etwas zu spüren ist.

In den 1920er Jahren entdeckte allerdings eine Gruppe junger, mittelloser Künstler den Ort, unter ihnen Signac, Bonnard, Modigliani und Soutine. Sie wohnten in der bescheidenen Auberge de la Colombe d'Or und zahlten die Miete mit ihren Bildern ab. Bald schon gesellten sich andere Maler und junge Intellektuelle zu ihnen. Auf der Gästeliste des heute schicken Hôtel La Colombe d'Or stehen Namen wie Braque und Camus, Derain, Maeterlinck, Matisse, Kipling, Picasso und Utrillo. Die einst einfache Auberge besitzt heute eine der besten privaten Kunstsammlungen Frankreichs.

Saint-Paul-de-Vence: einst Künstlerdorf, heute Touristenhochburg, die erst abends etwas zur Ruhe kommt.

Im Zentrum von Vence

Noch immer ist der Ort eine Künstlerkolonie, vor allem aber eine Touristenhochburg, durch die sich Reisebusse zur Fondation Maeght (S. 138) und Menschenmassen zu den Läden und Galerien in den steilen Kopfsteinpflastergassen schieben. Abends, beim Schein der Laternen, entfaltet das Dörfchen aber seinen eigentlichen Reiz.

✚ 224 C4

Tourist Information
✉ 2, rue Grande ☎ 0493 32 86 95
⊕ www.saint-pauldevence.com

40 ## Vence

Die römische Festung Vintium bildet den Kern des Städtchens, das im Mittelalter Bischofssitz war. Die Kathedrale aus dem 10. Jh. ist die kleinste Frankreichs, im Innern aber birgt sie reiche Schätze wie römische Grabplatten und ein Mosaik von Chagall. Künstler und Schriftsteller, unter ihnen Gide, Valéry, Dufy und D. H. Lawrence, suchten die Stadt, die nur 10 km von der Küste entfernt liegt, gern auf.

1941 zog Henri Matisse nach Vence, erkrankte aber wenig später schwer. Dominikanerschwestern pflegten ihn gesund, und aus Dankbarkeit baute und verzierte er für sie bis 1951 die Chapelle du Rosaire. Das Innere ist schlicht gehalten, mit eindrucksvollen Schwarz-Weiß-Bildern des Kreuzweges Jesu auf weißer Fayence. Farbe bringen allein die gelben, blauen und grünen Elemente der riesigen Buntglasfenster in die Kirche. Bei Vollendung des Meisterwerks war Matisse über 80 Jahre alt, er bezeichnete die Kapelle als sein »letztes Ziel, den Höhepunkt einer intensiven, ernsthaften und schwierigen Anstrengung«. 1954 verstarb der Meister der Farben.

In Vence gibt es einen kostenlosen Pkw-Parkplatz beim Schwimmbad (*piscine*).

Tourist Information
✉ Place du Grand-Jardin
☎ 0493 58 06 38   ⊕ www.vence.fr
◐ Mo–Sa 9–18, Juli/Aug. auch So 10–18 Uhr

Chapelle du Rosaire
✉ 468, av. Henri Matisse
☎ 0493 58 03 26
◐ Mo, Mi, Sa 14–17.30, Di, Do 10 bis 11.30 und 14–17.30, in den Schulferien auch Fr 14–17.30 Uhr; Messe So 10 Uhr; Mitte Nov.–Ende Dez. geschl.
🎫 7 €

41 Vallauris

Die kleine Töpferstadt im Hinterland von Cannes hat Pablo Picasso 1946 mit seinen Keramikarbeiten wiederbelebt und 1952 in einer unscheinbaren Kapelle mit »La Guerre et la Paix« (»Krieg und Frieden«), einem seiner Hauptwerke, veredelt.

✝ 224 B2

Tourist Information
✉ Square du 8 Mai 1945
☎ 0493 63 82 58
⊕ www.vallauris-golfe-juan.com

Musée National und Musée Magnelli
✉ Place de la Libération
☎ 0493 64 71 83
⊕ www.musee-picasso-vallauris.fr
◐ tägl. außer Di 10–12 und 14–17, im Hochsommer bis 18 Uhr   🎫 5 €

42 Fréjus

In der Antike war Fréjus (52 900 Einw.) ein blühender Kriegshafen der Römer. Mehr als andere Orte an

Das Südportal der Kathedrale von Fréjus

der Côte d'Azur hinterließen sie hier ihr Erbe – mit Amphitheater, Aquädukt, Thermen, Hafenanlagen und dem antiken Leuchtturm »Laterne des Augustus«. Doch als im 5. Jh. der Bau des Domviertels um die Cathédrale Sainte-Léonce begann, versandete der Hafen bereits. Mit Port-Fréjus, einer Ferienanlage mit Bootshafen, hat das alte Fréjus 1989 wieder einen Zugang zum Meer erhalten.

Am Circuit des Métiers d'Art liegen rund 50 Läden, Ateliers und Werkstätten, in denen man den Künstlerinnen und Künstlern bei der Arbeit zusehen kann.

Der einstige Flughafen wandelte sich zum 40 ha großen Naturpark am Meer; im Oktober ist Fréjus mit Roc d'Azur (www.rocazur.com) seit 1983 Gastgeberin des größten Biker-Festival der Welt. Ungeheuer beliebt ist auch der Sonntagsmarkt von Fréjus-Plage auf den Boulevards d'Alger und de la Libération.

43 Saint-Raphaël

Trotz einer bewegten Geschichte und des touristischen Trumpfes, als Seebad und Winterkurort direkt an einem breiten, feinen Sandstrand am Meer zu liegen, stand Saint-Raphaël (35 300 Einw.) immer im Schatten von Fréjus, mit dem die östlichste Gemeinde im Département Var heute im Westen längst zusammengewachsen ist – auch administrativ. Wie sehr, zeigt der Blick vom 25 m hohen Turm der Festungskirche San Rafeu (12. Jh.). 129 Stufen führen zum Glockenturm, von wo aus das 360°-Panorama bis zu den Bergen des Esterel, zum Cap Roquebrune und bis nach Saint-Tropez reicht. Der Blick schweift ebenso über die Kuppeln der neobyzantinischen Basilika Notre- Dame de la Victoire, die seit Mitte des 19. Jhs. die Stadtsilhouette von Saint-Raphaël prägt.

An der Promenade von Saint-Raphaël

Wohin zum ...
Übernachten?

Preise für ein Doppelzimmer pro Nacht:
€   unter 100 Euro
€€   100–180 Euro
€€€   über 180 Euro

ANTIBES

Hôtel du Cap Eden Roc €€€

Brad Pitt, Sharon Stone, Hugh Grant, Jennifer Lopez: Das todschicke und sündhaft teure Hotel am Cap Antibes ist der Inbegriff von Luxus, seine Stammgäste sind Weltstars, Millionäre und Präsidenten. »Normalsterbliche« können die Bar besuchen.

✝ 224 C2
✉ Bd. J. F. Kennedy ☎ 0493 61 39 01
⊕ www.hotel-du-cap-eden-roc.com

La Jabotte €€

Klein, charmant und ruhig: Das Boutiquehotel nahe der Plage de al Salis ist ein Kleinod der Küste. Der Service ist hervorragend, und die zehn Zimmer sind farbenfroh und exquisit dekoriert. Sie liegen um einen Innenhof, einige haben eine eigene kleine Terrasse.

✝ 224 C2 ✉ 13, av. Max Maurey
☎ 0493 61 45 89 ⊕ www.jabotte.com

Le Relais du Postillon €€

Diese komfortable alte Herberge im Herzen von Antibes bietet 16 Zimmer in Laufweite zum Musée Picasso. In der Nähe gibt es einen öffentlichen Parkplatz.

✝ 224 C2
✉ 8, rue Championnet ☎ 0493 34 20 77
⊕ www.relaisdupostillon.com

BIOT

Les Arcades €–€€

Das Hotel aus dem 15. Jh. steht an einem Platz mit schattigen Arkaden. Das mit Kunstwerken dekorierte Restaurant serviert provenzalische Küche. Im Kellergewölbe gibt's eine exquisite Kunstsammlung mit Werken von Vasarely, César und Braque.

✝ 224 C3 ✉ 16, place des Arcades
☎ 0493 65 01 04
⊕ www.hotel-restaurant-les-arcades.com
🕐 im Nov. geschl.

CANNES

L'Alnéa €€

Kleines, aber feines Hotel im Stadtzentrum mit allem Komfort und herzlichem Empfang.

✝ 224 B2 ✉ 20, rue Jean de Riouff
☎ 0493 68 77 77 ⊕ www.hotel-alnea.com

Hôtel America €€

Die schönen und geräumigen Zimmer sind schallisoliert und klimatisiert, das Dekor verbindet US-Schick mit French Touch, der Service versprüht gute Laune und Herzlichkeit, und auch die Lage zwischen der Croisette und der Rue d'Antibes ist top: eins der besten Adressen von Cannes – auch dank des guten Preis-Leistungs-Verhältnisses.

✝ 224 B2 ✉ 16, rue Notre Dame
☎ 0493 06 75 75 ⊕ www.hotel-america.com

Carlton Intercontinental Hôtel €€€

338 Zimmer, darunter 36 Super-Luxussuiten, verstecken sich hinter der weißen Fassade des legendären Grandhotels. Wer auf 007 steht, sollte die Sean-Connery-Suite wählen und sich einen geschüttelten Wodka-Martini bestellen. Natürlich bietet das Hotel Restaurants, Bars, Fitnesscenter und Ballsäle, und vor der Tür warten die Luxusboutiquen auf solvente Kunden.

✝ 224 B2 ✉ 58, La Croisette
☎ 0493 06 40 06 ⊕ www.carlton-cannes.com

Chalet de l'Isère €€

Nur zehn Minuten sind es zu Fuß vom Palais des Festivals bis zu diesem zentral gelegenen Zwei-Sterne-Hotel. Die Zimmer sind schlicht, sauber und bequem, es gibt ein Restaurant. Das Frühstück wird im Garten eingenommen.

✝ 224 B2 ✉ 42, av. de Grasse
☎ 0493 38 50 80
⊕ www.hotelchaletisere.com

Hôtel Molière €€–€€€

Das zentral gelegene Drei-Sterne-Hotel verbirgt hinter seiner prächtigen Fassade 24 Zimmer in provenzalischen Farben, die meisten mit Balkon. Sein Garten ist eine wahre Oase – im Sommer können Sie dort frühstücken! Es liegt in der Nähe der Croisette und des Strandes.

⚓ 224 B2 ✉ 5–7, rue Molière
☎ 0493 38 16 16 ⊕ www.hotel-moliere.com

FRÉJUS

Clos des Roses €€
Urlaub beim Winzer – wunderschön in den Weinbergen zwischen Cannes und Saint-Tropez.

⚓ 223 E3 ✉ 1609, route des Malpasset
☎ 0494 53 32 31
⊕ www.closdesroses.com

GRASSE

Auberge du Vieux Château €€
Neben der Kirche im mittelalterlichen Dorf Cabris auf der Bergflanke, 5 km westlich von Grasse, lädt das nostalgisch-edle Hotel in vier kleinen, aber schön eingerichtete Zimmern samt Baldachin-Bett mit Panoramablick zu entspannter Nacht. Hervorragendes Restaurant.

⚓ 224 A3 ✉ Place Panorama, Cabris
☎ 0493 60 50 12
⊕ http://aubergeduvieuxchateau.com

La Bastide Saint-Antoine €€€
Das Luxushotel der Kette Relais & Châteaux liegt in einem Olivenhain und ist eine Unterkunft der besonderen Art mit elf geräumigen Zimmern und einem Restaurant mit Michelin-Stern, in dem Jacques Chibois seine Kreationen auf den Tisch bringt.

⚓ 224 A3 ✉ 48, av. Henri-Dunant
☎ 0493 70 94 94 ⊕ www.jacques-chibois.com

MOUGINS

Le Manoir de l'Étang €€€
Ein kleines Anwesen aus dem 19. Jh. in einem 5 ha großen Park, dazu Pool, Solarium und ein erstklassiges Restaurant sowie fünf Golfplätze nahebei. Im Sommer wird draußen am Pool das Essen serviert.

⚓ 224 B3
✉ 66, allée du Manoir, route d'Antibes
☎ 0492 28 36 00
⊕ www.manoir-de-letang.com
❶ Nov.–Mitte März geschl.

Le Mas Candille €€€
Herrliches Landhaus aus dem 18. Jh. in einem riesigen Park mit Wellnessbereich und Pool sowie einem Sterne-Restaurant.

⚓ 224 B3 ✉ 18, bd. Rebuffel
☎ 0492 28 43 43 ⊕ www.lemascandille.com
❶ Jan. geschl.

SAINT-PAUL-DE-VENCE

La Colombe d'Or €€€
In den 1920er Jahren bezahlten Georges Braque, Henri Matisse, Pablo Picasso und Ferdnand Léger ihre Drinks in dem bescheidenen Café mit ihren eigenen Bildern und legten damit den Grundstein für das heutige Luxushotel.

⚓ 224 C4 ✉ Place du Général de Gaulle
☎ 0493 32 80 02
⊕ www.la-colombe-dor.com
❶ 22. Okt.–20. Dez. und 10.–20. Jan. geschl.

Hostellerie Les Ramparts €€
Eines der preiswertesten Häuser mitten im Dorf bietet neun hübsche Zimmer und ein Restaurant.

⚓ 224 C4 ✉ 72, rue Grande ☎ 0493 24 10 47
⊕ www.hostellerielesremparts.com

Le Saint-Paul €€€
Das romantische Hotel der Gruppe Relais & Châteaux bietet ein ausgezeichnetes Restaurant sowie Zimmer in Vier-Sterne-Ambiente im Herzen des Ortes und tolle Blicke über das Tal und Dorf.

⚓ 224 C4 ✉ 86, rue Grande
☎ 0493 32 65 25
⊕ www.lesaintpaul.com

SAINT-RAPHAËL

Le 21 €€
Mitten in der Stadt und doch gerade mal 200 m vom Strand entfernt ist das Zwei-Sterne-Hotel mit seinen 28 Zimmern in

einem gründlich renovierten Gebäude aus
dem 19. Jh. an einem kleinen Platz.
✠ 223 E3 ✉ 21, place Maréchal Galliéni
☎ 0494 19 21 21 ⊕ www.le21-hotel.com
◑ Jan. geschl.

VENCE

Château Saint-Martin & Spa €€€
Sie wohnen in einer Templerburg aus dem
12. Jh. oder in sechs privaten Villen, blicken
über Lavendel und Obst auf das 12 km ent-
fernte Meer, erleben im La-Prairie-Spa
tiefste Entspannung, genießen zum Plät-
schern des Springbrunnens raffinierte Provenceküche – und lassen die Kalorien beim
Schwimmen, Reiten, Angeln und Tennis
spielend schmelzen.
✠ 224 C4 ✉ Av. des Templiers
☎ 0493 58 02 02
⊕ www.oetkercollection.com/destinations/
chateau-saint-martin ◑ 8. März–14. Nov.

Le Relais Cantemerle €€€
Eine Oase der Ruhe in den Hügeln von
Vence mit eleganten Zimmern, Pool und
gutem Restaurant.
✠ 224 C4 ✉ 258, chemin Cante-Merle
☎ 0493 58 08 18
⊕ www.relais-cantemerle.com

Wohin zum ...
Essen und Trinken?

Preise für ein Drei-Gänge-Menü ohne
Getränke:
€   unter 30 Euro
€€   30–70 Euro
€€€   über 70 Euro

ANTIBES

Le Figuier de Saint-Esprit €€€
Dieses sehr schöne kleine Restaurant an der
Stadtmauer unweit des Musée Picasso wurde um einen Feigenbaum errichtet. Zwei-
Sterne-Koch Christian Morisset, Träger eines auffälligen Schnurrbarts, serviert hier
innovative Highlights wie Cannelloni mit

Tintenfisch und Muscheln sowie Kaninchen-
rücken mit Zucchiniblüten.
✠ 224 C2 ✉ 14, rue St-Esprit, Antibes
☎ 0493 34 50 12 ⊕ www.christianmorisset.fr
◑ geschl. Mi mittags, Di mittags 15. Juni bis
31. Aug.; 23. Nov.–21. Dez.

BIOT

Le Jardin du Mas €€
»Néo-Provençale« nennt der junge Küchenchef Yann Levy seine Kreationen, die
traditionell und modern zugleich sind: tief
verwurzelt in der Region und kreativ. So wie
die Foie gras mit Glühwein oder die Cevi-
che, die mit Früchten der Provence mariniert wurde.
✠ 224 C3 ✉ 15, rue des Tinse
☎ 0497 04 88 32 ⊕ https://lejardindumas.
com/le-restaurant ◑ Mo geschl.

CANNES

Astoux et Brun €€
Das beliebte Bistro serviert seit 1953 große
Meeresfrüchteplatten, frische Austern,
Krabben und Krebs.
✠ 224 B2 ✉ 27, rue Félix Faure

Die Außenplätze der Cafés und Restaurants mit
Blick auf den Hafen sind in Cannes begehrt.

☎ 0493 39 06 22 ⊕ www.chezastoux.com
◑ tägl. 8–24 Uhr

Aux Bons Enfants €€
Eine Institution in der Fußgängerzone nur
ein paar Schritte von der Markthalle Forville
entfernt. Der Patron akzeptiert nur Bares –
und serviert dafür ehrliche provenzalische
Küche wie in alten Zeiten.
⚓ 224 B2 ✉ 80, rue Meynadier
☎ 0618 81 37 47
⊕ http://aux-bons-enfants-cannes.com
◑ So/Mo geschl.

Bistrot Gourmand €–€€
Seit 2007 eine verlässliche Adresse in der
Nähe des Marktes von Forville. Klassische
französische Küche mit frischen Zutaten zu
grundsoliden Preisen.
⚓ 224 B2 ✉ 10, rue du Dr. Pierre Gazagnaire
☎ 0428 31 68 96
⊕ www.bistrotgourmandcannes.fr
◑ Mo/So Abend geschl.

Caffè Roma €–€€
Die quirlige italienische Bar mit Restaurant
liegt gegenüber dem Palais des Festivals. In
der Gaststube und auf der sonnigen Terrasse bekommt man Käse-Spinat-Ravioli oder
Kalbfleisch mit Zitronensoße. Lassen Sie
etwas Platz für das hausgemachte Tiramisu.
⚓ 224 B2 ✉ 1, square Mérimée
☎ 0493 38 05 04 ⊕ www.cafferoma.fr
◑ tägl. 7–1 Uhr

La Palme d'Or €€€
Zwei Michelin-Sterne schweben über Cannes Spitzenrestaurant. Gesellen Sie sich zu
den Stars und kosten Sie die neuesten Kreationen des preisgekrönten Küchenchefs
Christian Sinicropi.
⚓ 224 B2 ✉ Hôtel Martinez, 73, La Croisette
☎ 0492 98 74 14
⊕ https://hotel-martinez.hyatt.com
◑ So/Mo 2. Jan.–28. Feb. geschl.

FRÉJUS

Le p'tit resto €–€€
Risotto mit Rotbarbe, Geflügel-Ballotine mit
Curry-Reise oder Rinderspieß mit grünen

Bohnen à la Bordelaise: Gesund, frisch und
französisch ist die Küche des kleinen Restaurants, das die Einheimischen lieben.
⚓ 223 E3 ✉ 400, av. Victor Hugo
☎ 0493 52 06 14
⊕ www.facebook.com/leptitrestofrejus
◑ Di–Sa 12–14 und 19–22 Uhr

GRASSE

La Bastide Saint-Antoine €€€
Jacques Chibois, einer der besten Küchenchefs der Riviera, serviert köstliche provenzalische Küche in einem alten Stadthaus aus
dem 18. Jh. inmitten von Olivenbäumen
gleich außerhalb von Grasse. Reservieren
Sie sehr frühzeitig in diesem Sterne-Restaurant. Das preiswertere Mittagsmenü ist
ebenfalls sehr gut.
⚓ 224 A3 ✉ 48, av. Henri-Dunant
☎ 0493 70 94 94
⊕ www.jacques-chibois.com
◑ tägl. 12–13.30 und 20–21.30 Uhr

Le Café des Musées €
Das kleine Café mit einer Mini-Terrasse
gleich neben dem Musée International de
la Parfumerie bietet mittags provenzalische
Spezialitäten, frische Salate und Gemüse-
Kuchen zum günstigen Preis.
⚓ 224 A3 ✉ 1, rue Jean Ossole
☎ 0492 60 99 00 ◑ tägl. 12–14.30 Uhr

MOUGINS

L'Amandier €€
In der alten Mühle auf dem höchsten Punkt
des Dorfes kocht Denis Fétisson nicht nur in
allerbester provenzalischer Tradition, sondern verrät auch bei Kochkursen, wie die
Gerichte gelingen. Gratis zum kreativ zu-
sammengestellten Menü gibt es den schönsten Blick auf die Landschaft bis hinunter
zum Meer.
⚓ 224 B3 ✉ 48, av. Jean-Charles Mallet
☎ 0493 90 00 91
⊕ www.amandier.fr
◑ Mi außerhalb der Hochsaison geschl.

La Paloma €€€
Nicolas Decherchi ist der Nachfolger von

Roger Vergé, der Ende der 1960er Jahre in
Mougins die neue französische Mittelmeerküche mit frischen Produkten, viel Gemüse
und ohne schwere Saucen erfunden hat.
✝ 224 B3
✉ 47, av. du Moulin de la Croix
☎ 0492 28 10 73
⊕ www.restaurant-paloma.com
◑ So/Mo geschl.

SAINT-PAUL-DE-VENCE

Café de la Place €–€€
Schlicht, schön und beliebt: das Bistro am
Ortseingang mit Blick auf die Boulespieler,
die den Platz bevölkern.
✝ 224 C4   ✉ Place Général de Gaulle
☎ 0493 32 80 03
◑ tägl. 7–24 Uhr (im Winter 20 Uhr)

Chez Andréas €
Eine fröhliche Café-Bar an der Stadtmauer,
ideal für eine leichte Mahlzeit provenzalischer Tapas oder ein Glas Wein bei Sonnenuntergang. Es gibt einen Sitzbereich im
Freien mit Blick über das Tal.
✝ 224 C4   ✉ Rempart Ouest
☎ 0493 32 98 32   ◑ tägl. 12–24 Uhr

Le Saint-Paul €€€€
Leckere Meeresfrüchte und Fischgerichte
sowie frische saisonale Produkte werden in
dem eleganten Speiseraum des Relais & Châ-
teaux-Hotels serviert, während man von der
Terrasse einen tollen Blick auf das Dorf hat.
✝ 224 C4   ✉ 86, rue Grande
☎ 0493 32 65 25   ⊕ www.lesaintpaul.com
◑ Di–Sa 12–14.30, 19–22, So nur 12–14.30 Uhr

THÉOULE-SUR-MER

Jilali B €€
Topfrische Fischküche im Rhythmus der
Jahreszeiten mit wunderschönen Ausblicken
auf den kleinen Hafen von Figueirette – im
Winter durch große Panoramascheiben, im
Sommer von der Terrasse.
✝ 224 B2   ✉ 16, av. du Trayas
☎ 0493 75 19 03
⊕ www.jilalib.com
◑ Mitte Nov.–Anfang Feb., Mo/Di geschl.

VALLAURIS

Café Llorca €€
Gegenüber vom Picasso-Museum betreibt
Sterne-Koch Alain Llorca ein schickes Bistro
mit mediterraner Küche, das für seine ehrliche Küche mit gutem Preis-Leistungs-
Verhältnis den Bib Gourmand erhalten hat.
✝ 224 B2   ✉ Place Paul Isnard
☎ 0493 33 11 33
⊕ www.cafellorcavallauris.com
◑ Jan. Mo geschl.

Wohin zum ... Einkaufen?

MODE UND DÜFTE

Cannes ist für seine schicken Boutiquen bekannt. Im Januar findet hier sogar ein **Ein-
kaufsfestival** mit Modenschauen im Palais
des Festivals statt. Haupteinkaufsstraßen mit
gehobenem Angebot sind die **Rue d'Antibes**
und der **Boulevard de la Croisette,** wo man
zwischen dem Majestic und dem Carlton
Marken wie Chanel, Gucci, Bulgari, Louis
Vuitton, Dior, Dolce & Gabbana und Cartier
findet. Bodenständiger und volksnäher sind
die Geschäfte der **Rue Meynadier.**
Tausend Bäume, Dutzende von Kunstwerken
von Daniel Buren, Ben, César oder Antony
Gormley, Kino, Restaurants, Spielcasino und
Marken-Boutiquen: Das **Einkaufszentrum
Polygone** (http://polygone-riviera.fr) in

Viele Kosmetika werden mit Lavendel beduftet.

Parfüm aus der Manufaktur Galimard

Cagnes-sur-Mer (119, av. des Alpes, tägl. 10–20 Uhr) setzt mit seinem Konzept unter freiem Himmel neue Maßstäbe für Einkaufszentren in Frankreich.
Die Region ist auch für ihr **Parfüm** bekannt. Besuchen Sie eine der großen Fabriken in Grasse, z. B. die Parfumerie Fragonard (20, bd. Fragonard, Tel. 0493 36 44 65), und decken Sie sich mit Düften aus der Provence ein. Profis brauchen mindestens zwei Jahre, um einen neuen Duft zu kreieren. Das **S Studio des Fragrances** (5, route de Pégomas, Grasse, www.galimard.com) von Galimard ermöglicht es Besuchern, in knapp zwei Stunden ein eigenes Parfüm zu schaffen.

LEBENSMITTEL

Frankreich ist eine Käsenation. Bei **Ceneri** (22, rue Meynadier, Cannes, www.fromage rie-ceneri.com) bestätigt sich dieses Klischee aufs Angenehmste. Der Laden bietet mehr als 300 Sorten, von riesigen Brie-Rädern bis hin zu winzigen *boutons de culotte* (Hosenknöpfen) aus Ziegenkäse.
In St-Paul-de-Vence können Sie in der **Petite Cave de Saint-Paul** (7, rue de l'Etoile, http://cavesaintpaul.com) in einem Keller aus dem 14. Jh. aus einer riesigen Sammlung provenzalischen Wein auswählen. Ebenfalls in St-Paul verkauft **A Casta** (57, rue Grande, Tel. 0493 32 50 67) Spezialitäten der Region (Trüffel-Öl, Absinth, Gewürze, Kräuter). **La Cure Gourmande** (23, rue Grande, Tel. 0493 32 16 96) ist eine Süßwarenkette mit Leckereien zum Selbstabfüllen.
Nougat ist die süße Spezialität des Südens. Füllen Sie Ihren persönlichen Vorrat in **St-Raphaël im Nougat Cochet** (98, bd. Félix Martin, Tel. 0964 08 38 49) auf.

KUNST & KUNSTHANDWERK

In St-Paul-de-Vence stolpert man von einer Galerie in die nächste; zu den ältesten Kunsthäusern zählt die **Galerie Art Seiller** von Pauline Seiller (28, rue Grande, www.artseiller.com), die immer wieder neue Künstler entdeckt und ausstellt.
Auf den Spuren seines Großvaters Maurice Mendjisky, der 1922 die Galerie eröffnet hat, wandelt **Cyril Mendjisky** (309, route de Vence, Saint-Paul de Vence, www.cyril-mendjis ky.com) mit seinem Atelier.
Biot ist für seine Ton- und Glaswaren berühmt. Das traditionelle Bläschen-Glas aus Biot erhalten Sie in der **Verrerie de Biot** (Chemin des Combes, www.verreriebiot.com).

MÄRKTE

In **Antibes** findet am Cours Masséna ein Markt für Obst, Gemüse und Blumen statt (Juni–Aug. tägl., Sept.–Mai Di–So). Donnerstags und samstags erobern Flohmarktstände die Place Jacques Audiberti. Auf der Place Barnaud (Di und Sa) und dem Parkplatz vor der Post (Do) gibt es Kleidermärkte.
In **Biot** wird der Obst- und Gemüsemarkt immer am Dienstag von 8–13 Uhr zwischen der Rue Saint-Sébastien und der Place des Arcades abgehalten.
Die Cité Marchande (7, rue Jean Raymond Giacosa, Di–So vormittags) in **Cagnes-sur-Mer** lädt mit einer verführerischen Auswahl an Obst und Gemüse, Fleisch, Milchprodukten und Blumen zum Bummeln ein. Einen zweiten Markt finden Sie Freitagvormittag am Boulevard Kennedy, einen Markt mit

Textilien und Trödel am Mittwochvormittag gegenüber dem Busbahnhof.

Der Marché de Forville (Rue du Marché de Forville, Di–So 7–13 Uhr) in **Cannes** bietet Obst, Gemüse, Blumen und Käse. Montags findet dort ein Antiquitätenmarkt statt. Täglich gibt es einen Blumenmarkt in den Allées de la Liberté und einen Trödelmarkt auf der Place de l'Etang (Fr 15–19 Uhr).

Grasse bietet einen allgemeinen Markt auf der Place aux Aires (Di bis So vormittags) und Trödel- bzw. Antiquitätenmärkte am Cours H Cresp (1. und 3. Fr im Monat).

Die Place du Grand Jardin in **Vence** ist der Marktplatz der Stadt. Obst und Gemüse, Kleider und Haushaltswaren findet man hier täglich, mittwochs ist Flohmarkt.

Mittwoch und Samstag ist 8.30–12.30 Uhr Markttag im alten Zentrum von **Fréjus** auf den Plätzen Camille Formigé, Paul Albert Février, de la Liberté, Calvini und den Straßen Fleury, Siéyès, Dr. Ciamin und Desaugiers. Sonntagmorgen trifft man sich beim Shopping 8.30–12.30 Uhr auf den Boulevards d'Alger und de la Libération sowie der Place de la République.

Wohin zum ... Ausgehen?

NACHTLEBEN

In Cannes ist **Le Baoli** (Port Canto, Bd. de la Croisette, https://baolicannes.com) mit Restaurant, Lounge-Bar und Club eine der angesagten Adressen.

Morrison's Irish Pub (10, rue Teisseire, Tel. 0492 98 16 17, tägl. 19–2 Uhr) ist ein typisch irischer Pub. Mittwochs und donnerstags erklingt Livemusik.

La Siesta (Route du Bord-de-la-Mer zw. Antibes und Biot, Tel. 0493 33 31 31, Mitte Juni bis Mitte Sept. tägl., sonst Fr/Sa 23–5 Uhr) gehört mit Tanzflächen im Freien, Brunnen, Pool, Restaurant und Casino zu den exotischsten Nachtclubs an der Côte d'Azur. Ab 10 Uhr morgens könnten Sie an den Automaten des **3.14 Casino** spielen (5, rue François Einesy, www.314casino.com), stilvoll an Spieltischen zocken im **Casino Croisette** (1, Jetée Albert Edouard, www.casinosbarriere.com), wo Bars und Restaurants Erholung vom Glücksspiel bieten. Weniger förmlich geht es im **Casino Terrazur** (421, av. de la Santoline, Zac Sudalparc, www.casinoterrazur.com) zu, wo kein Jackett verlangt wird. Regelmäßig gibt es Theater oder Kabarett.

KINO

Das **Cinema Les Arcades** (77, rue Félix-Fauré, Tel. 0493 39 10 00) zeigt auch Filme in Originalsprache.

THEATER UND MUSIK

Das Veranstaltungszentrum **Anthéa** (260, av. Jules Grec, www.anthea-antibes.fr) bietet Säle für Opern, Theater oder Konzerte mit bis zu 1200 Plätzen und will sich mit einem ehrgeizigen Programm etablieren.

Das **Theâtre Alexandre III** (19, bd. Alexandre, Cannes, Tel. 0493 94 33 44) zeigt klassische wie moderne Stücke.

Im Mai strömen Cineasten aus aller Welt zum Filmfestival ins **Palais des Festivals et des Congrès** (1, bd. La Croisette, www.cannes.fr), im März gastiert mit der **MIPIM** dort die weltgrößte Immobilienmesse. Zu anderen Zeiten dient das Gebäude für Ausstellungen, Theaterstücke, Ballettaufführungen und Konzerte.

WELLNESS UND BEAUTY

Thalazur Antibes (770, chemin Moyennes Bréguières, Antibes, www,thalazur.fr) bietet Thalassotherapie und hat Schwimmbecken, eine Sporthalle, einen Hamam, Sauna, Whirlpool und Kinderbetreuung.

Im Spa des **Mas Candille** (Bd. Clément-Rebuffel, Mougins, www.lemascandille.com, tägl. 10–19 Uhr) sorgen fernöstlichen Techniken und Anwendungen für 100 % Zen.

Cannes wartet mit **Les Thermes Marins,** einem 2700 m² großen Zentrum für Thalassotherapie im Radisson Blu 1835 Hotel & Thalasso am alten Hafen (47, rue Georges Clémenceau, www.radissonblu.com) auf. Herrlich: das Meersalz-Peeling!

Der berühmteste »Beobachtungsposten« von Saint-Tropez ist das Sénéquier.

In und um Saint-Tropez

Pittoresker Provence-
Charme in Pastell, umgeben
von Traumstränden: So stieg
ein Fischerdorf zum Som-
merziel der Weltstars auf.

Seiten 158–189

Erste Orientierung

Pastellfarbene Häuser am azurblauen Meer, Pétanque-Spieler unter den Platanen der Place des Lices, kleine Bistros, schicke Boutiquen und teuren Jachten: Saint-Tropez hat die mediterrane *joie de vivre,* die Lebensfreude, schick gestylt – und lässt sich Ambiente und Aufenthalt teuer bezahlen. Das sollte Sie dennoch nicht von einem Besuch abhalten! Denn sein Flair ist einfach unbezahlbar.

Auch an Wintertagen, wenn das einstige Fischerstädtchen in einen charmanten Dornröschenschlaf fällt, können Sie im Sénéquier bei Cocktail oder Kaffee die Jachten bewundern. Dann lässt es sich gut verstehen, warum Maler, Schriftsteller und andere Persönlichkeiten von »Saint-Trop« angelockt wurden.

So viel Trubel in Saint-Tropez herrscht, so wohltuend sind Ruhe und Schönheit des Hinterlandes. Die Saint-Tropez-Halbinsel hat den Charme der provenzalischen Küstenlandschaft mit ihren Wildblumen und Weinfeldern bewahrt. Auf dem mittleren Küstenabschnitt liegen die Hügeldörfer Ramatuelle und Gassin mit herrlichen Blicken auf den Golf von Saint-Tropez und die Îles d'Hyères. Landeinwärts dehnt sich ein wilder, unberührter Landstrich mit verschlafenen Dörfern aus, in denen es gemächlich zugeht und wo die Einheimischen im Schatten der Platanen eine Boule legen oder in den Cafés sitzen.

TOP 10
- ❹ ★★ Saint-Tropez
- ❽ ★★ Abbaye du Thoronet

Nicht verpassen!
- 44 Ramatuelle & Gassin
- 45 Îles d'Hyères

Nach Lust und Laune!
- 46 Port-Grimaud
- 47 Grimaud
- 48 Bormes-les-Mimosas
- 49 Collobrières
- 50 La Garde-Freinet
- 51 Les Arcs-sur-Argens
- 52 Village des Tortues

Lorgues
Le Muy
Les Arcs-sur-Argens 51
Roquebrune-sur-Argens
8 Abbaye du Thoronet
Cabasse
Vidauban
Le Luc
La Bastide-Rouge
St-Aygulf
Besse-sur-Issole
Les Plaines
Plan-de-la-Tour
Gonfaron
La Garde-Freinet 50
Ste-Maxime
e des Tortues 52
Massif des Maures
-t-Ville
Grimaud 47
Port-Grimaud 46
St-Tropez 4
Cogolin
49 Collobrières
44 Gassin
44 Ramatuelle
rrefeu-du-Var
La Môle
La-Croix-Valmer
Cavalaire-sur-Mer
Bormes-les-Mimosas 48
La-Londe-les-Maures
Le Lavandou
yères
0   5 km
0   3 mi
Cap Blanc
Île du Levant
45 Îles d'Hyères
Port Cros
Porquerolles
Île de Porquerolles
Île de Port-Cros

Mein Tag

beim Wandern auf dem Sentier Littoral

200 km lang führt der Sentier Littoral am Wasser entlang durch eine meist ursprüngliche, unberührte Landschaft. Besonders spektakulär präsentiert sich der alte Weg der Zöllner an der Halbinsel von Saint-Tropez. Wandern Sie hier von Bucht zu Bucht!

🕙 10 Uhr: Bonjour, Brigitte!

Wenn Sie nicht schon zu Fuß im Zentrum von ❹ ★★ Saint-Tropez (S. 166) starten, stellen Sie am besten Ihr Fahrzeug auf dem kostenlosen Parkplatz der Plage de Canebiers (auch Canoubiers) auf Höhe der Segelschule ab. Dort finden Sie die gelbe Markierung, mit der der Küstenweg durchgehend gekennzeichnet ist. Kaum losgegangen, kommen Sie zu einem bekannten Haus: »La Madrague«. Vor ihm steht ein kleiner Napf mit der Aufschrift »Toutou's Bar«. Es gehört Brigitte Bardot, und mit etwas Glück sehen Sie die engagierte Tierschützerin und ehemalige Schauspielerin dort.

Vorbei an eindrucksvoll großen Schirmpinien und der Batterie Saint-Pierre erreichen Sie auf dem schmalen Saumpfad die felsige Landspitze der Pointe de la Rabiou. Schatten gibt es im Sommer hier nicht – denken Sie an ausreichend Trinkwasser und Sonnenschutz, bevor Sie loswandern! Und packen Sie Badesachen ein, denn nach der Pointe de l'Ay wartet der schönste Naturstrand der Halbinsel auf Sie: die Plage de la Moutte.

🕚 11 Uhr: Baden – ganz natürlich

Da dieser schmale Strandstreifen mit Blick auf das Inselchen La Croisette nur zu Fuß zu erreichen

10 Uhr: Bonjour, Brigitte!
11 Uhr: Baden –
ganz natürlich
Pointe de
la Rabiou
Batterie
Saint-Pierre
Pointe de l'Ay
»La Madrague«
Plage de
la Moutte
La
Croisette
Cap de St-Tropez
Saint-Tropez
Plage de
Canebiers
10 Uhr
Start
Chemin des Salins
Étang des Salins
11 Uhr
Plage des Salins
Plage de Capon
1 km
0,5 mi
Pointe du Capon
La Garrigue
14 Uhr
Pomme de Pin
Plage Tropéziana
Bar du Soleil
Tabou Beach
Tahiti Beach
Cap du Pinet
Plage de Tahiti
17 Uhr
Eden Plage
Plage de Pampelonne
17 Uhr: Apéro mit
Promi-Faktor
19 Uhr
Pampelonne
19 Uhr: Schlemmen
mit Meerblick
Ende
14 Uhr: Hin zum Kultstrand

Sentier Littoral – die ehemaligen Zöllnerpfade dienen heute als Wanderwege entlang der Küste.

ist, pilgern gerne FKK-Anhänger hierher. Zwar ist die Freikörperkultur auch hier nicht gestattet, wird aber geduldet. Umrunden Sie nun das Cap de Saint-Tropez, hin zum nächsten Badestrand: der beliebten Plage des Salins. Zur Saison verbindet ein Shuttlebus den Strand mit Saint-Tropez.

12 Uhr: Vögel gucken beim Picknick

Hinter dem Strand versteckt sich mit dem Étang des Salins ein kleiner See, der zunehmend verlandet – ein schöner Ort, um Vögel zu beobachten. Die Plage des Sablins geht in die Plage de Capon über, die an der Pointe de Capon endet – auch sie wurde militärisch befestigt. Die nächste schöne Badebucht erwartet Sie bei La Garrigue.

14 Uhr: Hin zum Kultstrand

Das felsige Cap du Pinet markiert die Grenze zwischen Saint-Tropez und Ramatuelle. Den Abschluss Ihrer Küstenwanderung markiert der berühmteste Strand der Halbinsel: die 4,5 km lange Plage de Pampelonne.

17 Uhr: Apéro mit Promi-Faktor

Filmfans kennen ihn: 1956 wählte ihn Roger Vadims als Kulisse für seinen Kultstreifen »Und ewig lockt das Weib«. Sein Nordende heißt Plage de Tahiti. Hier schlürfen die In-People an der Strandbar des

Sonnenuntergang im Glas:
Aperol Spritz

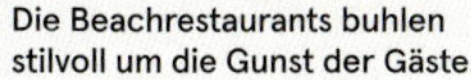

Die Beachrestaurants buhlen
stilvoll um die Gunst der Gäste.

Tahiti Beach kühle Cocktails. Das haben auch Sie sich jetzt verdient! Zurück zur Stadt bringt Sie die *navette*, die von der Bushaltestelle Pomme de Pin zur Place des Lices von Saint-Tropez fährt.

 19 Uhr: Schlemmen mit Meerblick

Sie wollen noch bleiben? Dann reservieren Sie sich – im Sommer unbedingt ein paar Tage vorab – einen Tisch für ein Sunset-Dinner direkt am Strand. Gleich fünf Restaurants stehen zur Auswahl: das Tahiti Beach und der legerere Ableger Bar du Soleil des gleichen Betreibers, Tabou Beach, Plage Tropéziana, oder, weiter südlich, noch das Eden Beach.

Lage: ✚ 225 E5 **Länge:** 15 km
Zeit: Planen Sie einen ganzen Tag ein – dann bleibt genügend Zeit für Badepausen! Wer stramm wandert, benötigt vier Stunden. Sonnenschutz und Trinkwasser mitnehmen!

Tahiti Beach €–€€€
✉ Quartier du Pinet, Plage de Tahiti, Ramatuelle
🌐 www.tahiti-beach.com 🕐 tägl. ab 12 Uhr

Tabou Beach €€–€€€
✉ Plage de Pampelonne, Ramatuelle
🌐 www.taboubeach.com 🕐 tägl. 10–21 Uhr

Plage Tropézina €–€€
✉ Route du Pinet, Ramatuelle
☎ 04 94 97 36 78

Eden Plage €€–€€€
✉ Chemin des Tamaris, Pampelonne, Ramatuelle
☎ 04 94 79 81 62
🌐 www.edenplage.com
🕐 April–Sept. tägl. 12–21 Uhr

Bar du Soleil €–€€
✉ Route de Tahiti, Ramatuelle
☎ 04 94 79 66 87

❹ ★★ Saint-Tropez

Schlendert man entlang der Jachten und Segler, die am Kai vertäut liegen, stellt es sich sofort ein: das Saint-Tropez-Gefühl. Genießen Sie Kaffee und Kuchen oder einen Cocktail auf der Terrasse des knallroten Café Sénéquier, spielen Sie Pétanque unter den Platanen der Place des Lices, schlecken Sie bei Barbarac ein Eis, entdecken Sie in alten Gassen die kleinen Geschäfte und setzen Sie sich auf die flachen Klippen vor den pastellfarbenen Häusern: Ist Saint-Tropez nicht herrlich? Auch der internationale Jet-Set-Treff liebt dieses Ambiente und machte das einstige Fischerdorf zum teuersten Ort der Côte d'Azur.

5500 Einwohner leben das ganze Jahr hindurch hier; im Sommer verzehnfacht sich ihre Zahl. Berühmteste Bürgerin ist die Schauspielerin Brigitte Bardot, die in den 1950er und 1960er Jahren den Ort mit seinen vielen Stränden weltberühmt – und zum In-Treff der Stars und Millionäre machte, die hier zurückgezogen auf großen Anwesen in den Hügeln ringsum oder auf ankernden Jachten in der Bucht ihren Sommer verbringen.

Das Leben in Saint-Tropez kann zweifellos extravagant, dekadent und exzessiv sein. Die Franzosen sprechen daher mit einem Augenzwinkern von Saint-Trop – *trop* heißt auf Französisch »zu viel«. Im Sommer kann es einem hier tatsächlich zu viel werden, doch wer auf Glanz und Glamour steht, mag in den Cafés am Kai Ausschau nach Berühmthei-

ten halten oder die Millionärsjachten in Augenschein nehmen, die vor der pastellfarbenen
Uferfront im Wasser schaukeln.
Man sollte sich aber auch Zeit
nehmen, um die andere Seite
von Saint-Tropez zu entdecken.
Schlendern Sie durch das Labyrinth der schmalen Gässchen
und friedlichen Plätze der *vieille
ville* (Altstadt), in der eine eher
dörfliche Atmosphäre herrscht
und freundliche Märkte und
Bistros zum Verweilen einladen.

Saint-Tropez
liegt geschützt
in einer tief
eingeschnitte-
nen Bucht.

Saint-Tropez ist nach Tropez oder Torpes benannt, einem
römischen Zenturio, der 68 v. Chr. unter Nero den Märtyrertod starb. Sein Kopf wurde in Pisa begraben, seinen Rumpf
legte man in ein Boot, setzte einen Hund und einen Hahn
dazu und ließ es aufs Meer treiben. Am Strand des heutigen
St-Tropez wurde das Boot mit dem unversehrten Leichnam
an Land gespült. Das wichtigste Fest des Ortes ist die Bravade
de Saint-Torpes (16.–18. Mai), die seit mehr als 400 Jahren zu
Ehren des Heiligen gefeiert wird. In der neobarocken Église
de Saint-Tropez (19. Jh.) mit einem markanten rosa-gelben
Glockenturm steht eine vergoldete Büste des Heiligen.

Achtung: Saint-Tropez ist für Autofahrer ein Graus. Im
Sommer sind enorm lange Staus auf der einzigen Zufahrts-
straße die Regel. Falschparker werden rigoros und umge-
hend abgeschleppt. Nutzen Sie unbedingt die vier ausgewie-
senen Parkplätze!

Vieux Port – Hafen in saphirblauer Bucht

Mit seinen Megajachten und Nostalgieseglern, den bunten
Pointu-Fischerbooten und den vielen Malern wirkt der Hafen mit der pastellfarbenen Häuserfront und den gemütlichen Cafés noch sehr malerisch. Der Kai umrahmt eine sa-
phirblaue Bucht. Sie wird an einem Ende von den Überresten
der alten Stadtbefestigung, der Tour Vieille, der Tour Suffren
und der Tour Portalet, außerdem von der Môle Jean-Réveille
begrenzt.

Bummeln Sie am Kai entlang bis zum Treppenaufgang hinauf zur <u>Mole</u>: Von dort können Sie herrliche Panoramaaufnahmen vom Hafen und über die gesamte Bucht machen. Hinter der Mole liegt das alte Fischerdorf <u>La Ponche</u> mit der <u>Tour Jarlier</u>, einem weiteren Überbleibsel der Stadtmauer.

Am anderen Ende des Kais finden Sie das <u>Musée de l'Annonciade</u> (S. 170). Von dort aus sind es nur ein paar Schritte zum <u>Musée de la Gendarmerie et du Cinéma</u> in der Polizeistation, die Komiker Louis de Funès weltberühmt gemacht hat (S. 170).

Vieille Ville – die Altstadt

Die <u>Altstadt</u> ist im Sommer für den Verkehr gesperrt. Bummeln Sie durch die schmalen Straßen mit kleinen alten Häusern und stöbern Sie in den meist schicken Boutiquen – viele sind, wie auch das Gros der Lokale, leider nur von Ostern bis Oktober geöffnet. Den Rand der Altstadt markiert die längliche <u>Place des Lices</u>. Nostalgische Laternen und Bänke und viele Platanen schmücken den Hauptplatz, der zur blauen Stunde geradezu magisch wirkt.

Hier schlägt das eigentliche Herz von Saint-Tropez. Schauen Sie den <u>Pétanque-Spielern</u> zu, wie sie die Boule legen, genießen Sie in Künstlertreffs wie <u>Le Café</u> (S. 186) ein kühles Glas Rosé und entdecken Sie dienstags und sonnabends beim großen <u>Wochenmarkt</u> die Erzeugnisse kleiner Produzenten der Region.

Strandjuwel

Die besten Strände von Saint-Tropez liegen an der <u>Baie de Pampelonne</u>, einer etwa 6 km langen Bucht mit zwei getrennten, herrlich weißen Sandstränden. Hier sonnte man sich in den 1960er Jahren erstmals »oben ohne«.

Seefahrt in der Zitadelle

Die <u>Ruinen der Befestigungsmauer</u> von Saint-Tropez aus dem 16. und 17. Jh. erheben sich östlich der Stadt auf einem Hügel mit herrlich blühenden Oleanderbüschen. Wandern Sie hinauf – auch die Aussicht lohnt! Sie blicken über die Tondächer der Altstadt auf die dunklen Hügel des Massif des Maures und die zerfurchten roten Porphyrfelsen des

In der Saison drängen sich die Touristen an den Stränden der Umgebung.

In Saint-Tropez legt man die Boule auf dem Place des Lices. Wer es aufregender mag, durchfeiert die Nacht, etwa im Club Le Quai Joseph.

Massif d'Esterel jenseits der blauen Bucht mit den weißen Tupfen der Segelboote.

Im Innern können Sie das Musée Naval besichtigen. Das Seefahrtmuseum, eine Außenstelle des Pariser Musée de la Marine im Palais de Chaillot, zeigt Schiffsmodelle und dokumentiert die Geschichte von Saint-Tropez. Eine Abteilung widmet sich der Landung der Alliierten im Jahre 1944, bei der die Stadt schwer beschädigt wurde.

Kunst in der Kapelle

Im ausgehenden 19. und frühen 20. Jh. war Saint-Tropez bei Avantgardekünstlern sehr beliebt. Das Musée de l'Annonciade, das in einer Kapelle aus dem 16. Jh. untergebracht ist, zeigt Werke jener Zeit, vor allem solche mit Motiven aus der Region. Die rund hundert Gemälde sind stilistisch Strömungen wie dem Pointillismus oder dem Fauvismus zuzuordnen. Schauen Sie sich unbedingt Paul Signacs »L'Orage« (1895), Camoins »La Place des Lices« (1939) und die Bilder von Dufy, Dérain und Vuillard an.

Ja, es ist teuer und mittelmäßig – aber kein Café am Kai ist so Kult wie das knallrote **Sénéquier.** Setzen Sie sich in die erste Reihe, bestellen Sie sich den Cocktail »Spritz Saint-Tropez« und gucken Sie dem Treiben zu. Dazu gibt es – gratis – noch einige salzige Gebäckstücke und Oliven. Kein Kellner wird Sie stören (Quai Jean Jaurès, www.senequier.com).

 ✠ 223 D2

Tourist Information St-Tropez
✉ Quai Jean-Jaurès
☎ 0892 68 48 28
⊕ http://sainttropeztourisme.com
🕐 Juli/Aug. tägl. 9.30–20, April–Juni, Sept. 9.30–12.30 und 14–19, Okt.–März 9.30–12.30 und 14–18 Uhr; So, Nov. und Jan. geschl.

La Citadelle
✉ Montée de la Citadelle
☎ 0494 97 59 43 🕐 April–Sept. tägl. 10–12.30 und 13.30–18.30, Okt.–März 10–12.30 und 13.30–17.30 Uhr ✦ 3 €

Musée de l'Annonciade
✉ Place Georges-Grammont
☎ 0494 17 84 10
🕐 Di–So 10–18, 14. Juli–1. Sept. tägl.; geschl. im Nov. ✦ 6 €

Musée de la Gendarmerie et du Cinéma
✉ Place Blanqui
☎ 0494 55 90 00
⊕ www.saint-tropez.fr/fr/culture/mgc
🕐 tägl. April–13. Juli, Sept./Okt. 10–18, 14. Juli–Aug. bis 20.30, Nov.–März 10–17 Uhr ✦ 4 €

❽ ★★ Abbaye du Thoronet

Warum?	Das Ideal eines Zisterzienserklosters: streng, schlicht, geometrisch – und mit einzigartiger Akustik
Was?	Lesen Sie im Roman »Singende Steine« von Fernand Pouillon über den Bau der Abtei
Wie lange?	30–45 Minuten
Wann?	Im Juli zum Festival mittelalterlicher Musik
Was noch?	Das Trüffelparadies im nahen Lorgues: Restaurant Bruno
Was nehme ich mit?	Eine CD mit Musik der Abtei – lauschen Sie den Improvisationen zu Texten der Liturgie

Le Thoronet ist die älteste von drei im 12. Jh. von Zisterziensern erbauten Abteien. Der geometrisch strenge, romanische Bau fügt sich in seiner nüchternen Schlichtheit perfekt in die friedlichen Wälder von Daboussière ein, die ihn umgeben.

Die Zisterzienser führten ein einfaches Leben bei körperlich harter Arbeit. Sie richteten sich mit ihrer religiösen Hingabe und ihrem kargen, spartanischen Lebensstil bewusst gegen die Korruption und Ausschweifungen der römischen Kirche des Mittelalters. Ihr Mutterhaus lag in Cîteaux im Burgund. Von dort breitete sich der Orden aus und gründete in der Provence die drei großen Abteien Le Thoronet, Silvacane und Sénanque. Die Mönche mieden das gesellschaftliche Leben und bauten ihre Klöster an einsamen Orten.

Der 1160 begonnene Bau war 1190 im Stil der provenzalischen Romanik fertiggestellt. Die Mönche lebten zwar bescheiden, gelangten aber durch großzügige Stiftungen rasch zu Reichtum. Karge Ernten, Überfälle im

Rund vierzig Kilometer landeinwärts liegt die Zisterzienserabtei Le Thoronet.

14. Jh. und Angriffe während der Religionskriege führten jedoch zum Niedergang der Abtei. Während der Französischen Revolution wurde das Gebäude säkularisiert und vom Staat verkauft. 1854 erwarb die Regierung den eindrucksvollen Bau zurück und restaurierte ihn.

Romanische Schlichtheit

Wer durch das Torhaus tritt, blickt genau auf die wohlproportionierte Kirche mit viereckigem Glockenturm und niedrigem roten Ziegeldach. Das streng romanische Innere der Kirche ist schlicht; im Chor symbolisieren die drei Fenster die heilige Dreifaltigkeit. Ebenfalls schlicht, aber überraschend groß ist der benachbarte Kreuzgang, der über drei Stockwerke gebaut wurde, um Unebenheiten im Boden auszugleichen. In der Mitte des Kreuzgangs birgt das Brunnenhaus einen Brunnen, in dem die Mönche sich vor dem Essen die Hände wuschen. Allmorgendlicher Treffpunkt der Mönche war der Kapitelsaal, der als einziger kein Tonnengewölbe besitzt, sondern ein Spitzbogengewölbe – hier zeigt sich der Einfluss der Gotik. Nördlich angrenzend führt eine Treppe hinauf zum Dormitorium. In der Vorratskammer sind noch die Ölpresse und Weinbottiche erhalten – Olivenöl und Wein waren die beiden wichtigsten Einnahmequellen der Mönche.

Das letzte erhaltene Brunnenhaus der Provence befindet sich in der Abtei Le Thoronet.

✛ 222 A4
✉ Le Thoronet
☎ 0494 60 43 96
🌐 www.le-thoronet.fr

🕑 April–Sept. Mo–Sa 10–18.30, So 10–12 und 14–18.30, Okt.–März Mo–Sa 10–13 und 14–17, So 10–12 und 14–17 Uhr 🎫 8 €

Die Kraft der Stimme

Nur wenig Licht erhellt das Innere. Schlicht, ohne jeglichen Schmuck ist die Kirche, kühl und streng. Stille. Dann treten die Mönche ein in ihren dunklen Kutten, erheben die Stimme. Klänge, fremdartig und doch vertraut, durchfluten den Raum, klingen wieder, berühren Herz und Seele. Gregorianische Gesänge aus dem Mittelalter, friedlich und eindringlich, beruhigend und bewegend. A Capella im Zisterzienserkloster Le Thoronet: Gänsehaut!

㊹ Ramatuelle & Gassin

Warum?	Gassin gehört zu den schönsten Dörfern Frankreichs, Ramatuelle hat seinen Mittelalter-Charme bewahrt
Was?	Schlendern, gucken, staunen
Wie lange?	Der perfekte Halbtagesausflug
Wann nicht?	In der Hauptsaison geht's sehr touristisch zu
Was noch?	Die Wälder des Massif des Maures lassen sich per Mountainbike auf einer 38 km großen Runde entdecken
Was nehme ich mit?	Pfirsichfarben und fast transparent sind die Rosé-Weine, die Torpez seit 1908 produziert

Eng schmiegen sich die Häuser in den schmalen Feldsteingassen aneinander. Oleanderbüsche blühen, hier und da funkelt silbern tief unten das Mittelmeer. Der würzige Duft der Schirmpinien flirtet mit den süßen Aromen farbiger Blüten: Gassin und Ramatuelle sind äußerst malerische Orte und gehören zu den schicksten wie beliebtesten Zielen für Zweitresidenzen.

Mittelalterliche Gasse in Ramatuelle

Das Hügeldorf Ramatuelle, rund 12 km südlich von Saint-Tropez, war ursprünglich eine Sarazenenfestung namens Rahmatu'llah (arab. »Gottesgeschenk«). Trotz der vielen Ferienhäuschen hat sich das von Weinbergen umgebene Ramatuelle seinen provenzalischen Charme bewahrt. Vor allem während des zweiwöchigen Festival de Ramatuelle im August lohnt es einen Besuch, wenn Jazzmusiker und Schauspieler den Ort mit Leben füllen. Zu anderen Zeiten des Jahres können Sie ganz entspannt die steilen Straßen des Ortes erkunden, in Kunsthandwerksläden und Galerien stöbern und gegenüber der Tourist Information die romanische Kirche besichtigen, die von einem Portal (17. Jh.) aus grünem Serpentin geschmückt wird. Das Dorf ist konzentrisch angelegt, den Ortskern erreichen Sie durch einen Bogen auf der linken Seite der Kirche.

Dorf mit Aussicht

Fahren Sie von Ramatuelle über die D 89 (Route Moulins de Paillas) nach Gassin. Zwischen den beiden Dörtern stehen die Über reste der Moulins de Paillas – nur eine der fünf Windmühlen wurde restauriert. Genießen Sie von hier den Blick über das Meer bis hin zu den Îles d'Hyères (S. 176) und das bergige Umland. Deutlich erkennt man auch die Zwillingsgipfel La Sauvette (779 m) und Notre-Dame-des-Anges (780 m), die höchsten Erhebungen des Massif des Maures. Das mittelalterliche Dorf Gassin bietet deshalb herrliche Panoramablicke, weil es während der Zeit der Sarazenenangriffe als Aussichtsposten errichtet wurde.

Von Gassin aus hat man einen herrlichen Blick über die Bucht von St-Tropez.

⊕ 223 D1

Tourist Information Ramatuelle
✉ Place de l'Ormeau, Ramatuelle
☎ 0498 12 64 00
⊕ www.ramatuelle-tourisme.com
◑ Juli/Aug. tägl. 9–13 und 15–19.30, mittlere Saison Mo–Sa 9–13 und 15–19, Nebensaison Mo–Fr 9–12.30 und 14–18 Uhr

Tourist Information Gassin
✉ 20, place Léon Martel, Gassin
☎ 0498 11 56 51
⊕ https://gassin.eu
◑ Anfang April–Anfang Okt. Mo–Sa 9–13.30 und 14.30–18, So 9–13.30, sonst Mo–Fr 8.30–12.30 und 14–17 Uhr

Leihräder
⊕ www.esprit-cycles.com
www.rolling-bikes.com

㊺ Îles d'Hyères

Warum?	Perfekte Adresse für eine Auszeit inmitten der Natur
Was?	Wandern, Rad fahren, am Strand spazieren oder sonnen, baden und die Seele baumeln lassen
Wie lange?	Mindestens ein Tag, am besten ein Wochenende lang
Wann?	Von April bis in den November
Was noch?	Tauch- und Schnorcheltouren oder Delfin-Törns mit dem Nostalgiesegler »Le Brigantin« (www.brigantin.fr)
Resümee	Inselträume, die entspannen

Steile Felsen, sanfte Buchten, einsame Sandstrände und unberührter Wald: Wie aus der Zeit gefallen wirken die drei Inseln, geologisch gesehen drei im Meer versunkene Bergspitzen des Maurenmassivs. Beschaulich verläuft hier das Leben, im Einklang mit der Natur und ohne Hektik. Das bemerkten auch die ersten Gäste, die vor mehr als 100 Jahren im Städtchen Hyères überwinterten und die Inseln als Tourismusziel entdeckten.

Île de Porquerolles

Die mit 18 km² größte der Îles d'Hyères, die zum Großteil unter Naturschutz steht, hat zwei Gesichter. Ihre Nordküste säumen feine Sandstrände mit türkisblauem Wasser, an der Südküste verstecken sich in der Steilküste intime, kleine Badebuchten. Im Innern durchzieht ein dichtes Wegenetz die Wälder: perfekt für Spaziergänge und Radtouren! Vier Routen von 6 bis 15 km Länge sind markiert. Dass auch Oliven-, Feigen- und Pfirsichbäume auf der Insel gedeihen, verrät der Botanische Garten.

Der Hauptort Porquerolles liegt an der Nordseite der Insel. Hotels und Restaurants säumen die Place d'Armes mit ihrem Bouleplatz. Das Fort Sainte-Agathe (16. Jh.) im Inselsüden wird für Ausstellungen genutzt.

Île de Port-Cros

Die mittlere Insel ist die wildeste: Das 10 km² große Eiland ist bereits seit 1963 ein Nationalpark. 30 km markierte Wanderwege führen durch die unberührte Waldlandschaft mit artenreicher Flora. Die Pfade erstrecken sich bis ins Wasser: Schnorchler können einem *sentier marin* durch die bunte Unterwasserwelt folgen. Die kostenlosen Schnorchelführungen beginnen an der Plage La Palud, dem schönsten Inselstrand. Oder beobachten Sie die Fische vom Glasbodenboot Aquascope bei einem halbstündigen Ausflug!

Beliebtes Ausflugsziel: die Île de Port-Cros

Île du Levant

Die nur 8 km² große Felseninsel ist die östlichste der drei Inseln. Große Teile sind militärisches Sperrgebiet und damit nicht öffentlich zugänglich. Den Rest nimmt die Nudistenkolonie Heliopolis ein. Bereits 1931 gründeten Pariser Ärzte hier Europas erstes FKK-Dorf. Badehose und Bikini sind auf der gesamten Insel verpönt. Einzig im Hafenbereich ist das Tragen eines Sarongs oder Strings üblich, in Restaurants wird sich nur unten herum etwas bedeckt.

KLEINE PAUSE

Am Dorfplatz von Porquerolles lässt der Patron des **Hôtel-Restaurant L'Oustaou** (Place d'Armes, www.oustaou.com) seine Provence-Küche mit kulinarischen Einflüssen aus Japan und dem Orient flirten: köstlich!

Île de Porquerolles
⊹ 221 D1
🛥 tägl. ab Giens, Tour Fondue, Juli/Aug. in kürzeren Abständen
☎ 0494 58 21 81 ⊕ www.tlv-tvm.com
💶 19,50 €

Île de Port-Cros und Île du Levant
⊹ 221 E/F1
🛥 tägl. ab Port d'Hyères, im Winter seltener ☎ 0494 57 44 07

⊕ www.tlv-tvm.com
⊕ www.portcrosparcnational.fr
💶 28,10 €

Tourist Information Hyères
⊹ 220 C2 ✉ Rotonde du Park Hotel, 16, av. de Belgique, Hyères
☎ 0494 01 84 50
⊕ www.hyeres-tourisme.com 🕐 Juli/Aug. Mo–Sa 9–19, So 9–13, Sept.–Juni 9–18 (Nov.–März bis 17), Sa 9–16 Uhr

Nach Lust und Laune!

46 **Port-Grimaud**

Port-Grimaud ist ein modernes Klein-Venedig aus pastellfarbenen Villen auf kleinen Inselchen, die Kanäle voneinander trennen und schattige Plätze und Brücken miteinander verbinden. Der Architekt François Spoerry entwarf das Dorf in den 1960er Jahren. Die Preise für die 2500 Häuser an den Kanälen, jedes mit eigenem Bootsanleger, sind

Port-Grimaud erinnert an Venedig.

wahnwitzig hoch, und doch verbringen viele der Bewohner hier lediglich die Sommerferien.

Autofahrer müssen ihre Pkw auf einem gebührenpflichtigen Parkplatz außerhalb der Stadt abstellen. Entdecken Sie den Hafen mit dem Wassertaxi (*coche d'eau*) – alle zehn Minuten legen diese Boote am Hauptplatz (Place du Marché) zu Rundfahrten ab. Im Zentrum steht auf einer eigenen kleinen Insel die neoromanische Kirche Saint-François d'Assise, für die der ungarische Wahlfranzose Victor Vasarely die Buntglasfenster gestaltet.

✠ 221 F4

Tourist Information
✉ Annexe Port Grimaud, Chemin Communal
☎ 0494 55 43 83
🌐 www.grimaud-provence.com
🕐 Juli/Aug. Mo–Sa 9.30–12.30 und 14.30–19, April–Juni, Sept. Mo–Sa 9–12.30 und 14.30–18, März, Okt. 9–12.30 und 14–17.30 Uhr

47 **Grimaud**

Der mittelalterliche Ort ist eines der meistfotografierten *villages perchés* und lohnt unbedingt einen Besuch. Hoch über dem Ort ragen die Ruinen einer Burg aus dem 11. Jh. empor. Sie gehörte den Grimaldi, nach denen der Ort benannt ist. Von der Burg aus blickt man über Port-Grimaud und hinunter zum Golf von Saint-Tropez. Zwischen blumengeschmückten Straßen und schattigen Plätzen steht in der malerischen Rue des Templiers die romanische Église Saint-Michel. Entdecken Sie auch eine restaurierte Mühle (12. Jh.) und ein Hospiz der Tempelritter.

✠ 221 F4

Tourist Information
✉ 1, bd. des Aliziers ☎ 0494 55 43 83
🌐 www.grimaud-provence.com
🕐 Juli/Aug. Mo–Sa 9.30–12.30 und 14.30–19, April–Juni, Sept. Mo–Sa 9–12.30 und 14.30–18, März, Okt. 9–12.30 und 14–17.30 Uhr

Auf einem Hügel im Massif des Maures gleich hinter der Küste liegt das mittelalterliche Dorf Bormes-les-Mimosas mit pastellfarbenen Häusern, Durchgängen und hübschen Gassen, die sich bis hinauf zu den Ruinen einer Burg ziehen.

Wenn im Februar die Mimosen blühen, feiert das Dorf dies mit einem *corso fleuri,* einem Umzug mit Wagen, die mit Tausenden winziger gelber Mimosenblüten geschmückt sind. Das Dorf ist aber ganzjährig sehenswert, auch im Sommer, wenn statt der Mimosen Bougainvilleen und Geranien leuchten.

Folgen Sie dem *circuit touristique,* der bei den Maisons des Associations am Boulevard de la République beginnt. Falls Sie keine Hinweisschilder entdecken (sie werden häufig gestohlen), besorgen Sie sich am besten in der Tourist Information einen Stadtplan. Der *circuit* führt über die steilen mittelalterlichen Treppen und durch die malerischen Gassen des Ortes. Besonders hübsch sind die Venelle des Amoureux (Liebesgasse), die Draille des Bredouilles (Pechwinkel) und die äußerst steile Rue Roumpi-Cuou (Halsbrecherstraße).

An der Strecke liegen die wichtigsten Sehenswürdigkeiten, z. B. eine Kapelle aus dem 16. Jh., die dem Schutzheiligen des Ortes, Saint-François de Paule, geweiht ist. Er soll Bormes 1481 vor der Pest gerettet haben.

Mimosenfest in Bormes-les-Mimosas

Das Musée d'Art et d'Histoire zeigt Wechselausstellungen und dokumentiert die Geschichte des Ortes. Zur Gemeinde gehört auch das Fort von Brégançon direkt am Meer. Die Halbinsel, schon vor Christi Geburt ein strategischer Ort und im Mittelalter eine mächtige Burg, ist 1968 von General de Gaulle zur Sommerresidenz der französischen Staatspräsidenten erkoren worden. 2014 hat François Hollande den Feriensitz erstmals für die Öffentlichkeit freigegeben. Die zweistündige Führung bringt kurzweilige Eindrücke in das Ferienleben der Staatschefs, auch wenn das Schlafzimmer tabu bleibt, und tolle Blicke auf Meer und Küstenlandschaft.

✛ 221 E2

Tourist Information
✉ 1, place Gambetta
☎ 0494 01 38 38
🌐 www.bormeslesmimosas.com
🕐 Sommer tägl. 9–12.30, 14.30–18.30,
Winter Mo–Sa 9–12.30, 14–18 Uhr

Musée d'Art et d'Historie
✉ 103, rue Carnot ☎ 0494 71 56 60
🕐 Okt.–April Di–Fr 10–12 und
14–17.30, Sa 10–12, Mai/Juni, Sept. Di
bis Sa 10–12.30, 14–18, So 10–12.30,
Juli/Aug. 10–12.30, 15–19 Uhr
🎟 frei

Fort de Brégançon
✉ Tickets für Führungen gibt es in
der Tourist Information oder online
🌐 www.fort-bregancon.fr
🕐 Mitte Juni–Ende Sept. tägl. 9.15 bis
16.15 Uhr 🎟 10 €

49 Collobrières

Im Herzen des Massif des Maures
liegt in einem Kastanienwald dieses
traditionelle kleine Dorf, das vor allem für seine glasierten Maronen
(*marrons glacés*) bekannt ist. Collobrières veranstaltet alljährlich Ende
Oktober ein Fest zu Ehren der Ess-
kastanien, die auch Stars des Wo-
chenmarkts (So, im Sommer auch
Do) sind. Wirtschaftlich wichtig ist
ebenfalls der Kork von Korkeichen
aus den umliegenden Wäldern, der
in Collobrières verarbeitet wird.
Zum Dorf gehören eine Brücke aus
dem 12. Jh. und eine von Arkaden ge-
säumte Straße, die Place Rouget de
l'Isle.

Die D 214 leitet Sie zur Chartreuse de la Verne. Die ehemalige
Kartäusereinsiedelei steht einsam
im dichten Wald. Sie wurde 1170 gegründet, mehrfach zerstört und
wieder aufgebaut. Der Komplex
umfasst Kreuzgänge, Kapellen und
Mönchszellen aus dem roten Schie-
fer der Region. Ursprünglich lebten
hier Kartäusermönche. Seit den
1990er Jahren wohnen Schwestern
des Bethlehem-Ordens in der
Kartause.

Abgeschieden im Maurenmassiv liegt die beeindruckende Chartreuse de la Verne.

Tourist Information
✉ Bd. Charles Caminat
☎ 0494 48 08 00
🌐 www.collobrieres-tourisme.com
🕐 Sept.–Juni Di–Sa 10–12.30 und
14–18, Di nur bis 17.30 Uhr, Juli/Aug.
auch Mo

Chartreuse de la Verne
🕐 Juni tägl. außer Di 11–18, Juli/
Aug. tägl. 11–18, Sept–Mai tägl. außer
Di 11–17 Uhr; an kirchl. Feiertagen
geschl. 🎫 6 €

Achtung: Aus Schutz vor sommerli-
chen Waldbränden gilt von Mitte Juni
bis Mitte September eine Zufahrts-
kontrolle auf der D 214. Vor jedem
Besuch bitte online die Präfektur
konsultieren oder das Office de
Tourisme anrufen:
☎ 0494 48 08 00 🌐 www.var.gouv.fr.

50 La Garde-Freinet

Eingebettet zwischen Korkeichen-,
Eukalyptus- und Kastanienhainen
liegt dieser Ort, der sich im 19. Jh.
als Frankreichs größter Korkprodu-
zent einen Namen machte. La Garde
gehörte wegen seiner Lage in 360 m
Höhe im 10. Jh. zu den letzten Sara-
zenenfestungen in der Provence.
Heute ist das Städtchen die »Hauptstadt« des Massif des Maures. Al-
leen, Brunnen und Höfe fügen sich
zu einer schmucken Altstadt zusammen. Ein 20-minütiger Spaziergang
zum Fort Freinet im Westen verheißt wunderbare Ausblicke über
die Le-Luc-Ebene bis hin zu den
Ausläufern der Seealpen.

Ein runder Genuss: die Kekse
Patiences-Fraixinoises.

Tourist Information
✉ Place de la République
☎ 0494 08 99 78
🌐 http://la-garde-freinet-tourisme.fr
🕐 Juli/Aug. Mo–Sa 9–12.30 und 15 bis
19, So 9–12.30, April–Juni, Sept. Mo bis
Fr 9–12.30 und 14–17.30, Sa 9–12.30,
Okt. Mo–Fr 9–12.30 und 14–17 Uhr

51 Les Arcs-sur-Argens

Im Argens-Tal, südlich von Draguignan, gibt es ein weiteres hüb-
sches Dorf mit einer gepflegten Altstadt namens Le Parage, die sich
über den Ruinen einer Burg aus
dem 13. Jh. erhebt.

Genießen Sie hier den wunderbaren Blick auf das Massif des Maures und die umliegenden Weinfel-
der, auf denen Côtes de Provence
angebaut wird. In der Maison des
Vins Côtes de Provence (www.mai
son-des-vins.fr) an der N 7 südlich
des Dorfes können Sie alles über die
Weine der Region erfahren, sie ver-
kosten und auch kaufen. In der Église Saint-Jean-Baptiste zeigt eine
großen Krippe Le Parage zu früheren Zeiten. Den Flügelaltar schuf
Jean de Troyes im 15. Jh.

Nur wenige Kilometer außer-
halb ist Aurélie Bertin vom Château
Sainte-Roseline Herrin über 108 ha
Rebland – wahrhaft keine kleine
Domäne! Seit Jahrhunderten ist das
Weingut von starken Frauen ge-
prägt. Alles begann im 10. Jh., als
der Eremit Roubaud dort in einer
Klause lebte. Mit den Jahren ent-

stand daraus ein Kloster, in das Roseline, Tochter des Marquis de Villeneuve, eintrat und bis zu ihrem Tod 1329 leitete. Heilig gesprochen, übernahm das Kloster den Namen der Mutter Oberin.

Anfang des 14. Jh. regte der Bischof von Fréjus, der spätere Papst Johannes XXII. an, auf diesem Gebiet Wein anzupflanzen. Die hl. Roseline überdauert seitdem die Zeit unverwest in einem Glassarg in der Kapelle, die kein Geringerer als Marc Chagall mit Mosaiken vom Mahl der Engel ausgeschmückt hat. In der Kapelle kann man ferner ein Fenster von Jean Bazaine und Raoul Ubac, Skulpturen von Giacometti und einen Altaraufsatz bewundern, der die hl. Roseline in einer Krippenszene mit ihren Eltern zeigt.

Im Schildkrötendorf von Gonfaron leben Griechische Landschildkröten.

 222 C4

Tourist Information
Rue de la Motte
☎ 0494 73 37 30
⊕ www.tourisme-dracenie.com
Mo–Fr 9–12 und 14–17 Uhr

Château Ste-Roseline
1854, route de Sainte-Roseline, Les Arcs-sur-Argens
☎ 0494 99 50 30
⊕ www.sainte-roseline.com

52 Village des Tortues

Das Schildkrötendorf von Gonfaron ist 2017 mit 1200 Reptilien umgezogen auf ein größeres Terrain am Nordrand des Var nach Carnoules, um den bedrohten Griechischen

Landschildkröten mehr Platz zu gewähren. Die seltene Schildkrötenart findet man in Frankreich nur auf Korsika und im Massif des Maures.

Beobachten Sie im Schutzzentrum die Tiere in ihrer natürlichen Umgebung und besichtigen Sie die Klinik für verletzte Schildkröten, die Aufzuchtstation und das Labor, in dem Nester und Eier untersucht werden.

Ein Pfad mit Tafeln informiert über diese bedrohten Reptilien. Kommen Sie zur Eiablage im Frühjahr – dann sind die Schildkröten am aktivsten. Sie schlüpfen zwischen Mai und Juni und überwintern von November bis März.

 221 D4 1065, route du Luc, D97, Carnoules ☎ 0489 29 14 10
⊕ www.villagedestortues.fr
Mitte März–Mitte Okt. tägl. 9–19, Mitte Okt.–Mitte März 9.30–17 Uhr
15 €

Wohin zum ... Übernachten?

Preise für ein Doppelzimmer pro Nacht:
€   unter 100 Euro
€€   100–180 Euro
€€€   über 180 Euro

LES ARCS-SUR-ARGENS

Logis du Guetteur €€–€€€
Von den komfortablen Zimmern dieser schön restaurierten Burg aus dem 11. Jh. blicken Sie über das Dorf und auf die Berge. Genießen Sie das Essen im Winter In der gemütlichen Gaststube, im Sommer auf der Terrasse am Pool.
✛ 222 C4 ✉ Place du Château
☎ 0494 99 51 10
⊕ www.logisduguetteur.com
◷ Feb. geschl.

BORMES-LES-MIMOSAS

Le Bellevue €–€€
Der einfache Familienbetrieb überrascht mit tollen Ausblicken über die roten Dächer hinunter zum Meer und ist ein guter Standort in dieser eher teuren Gegend. Freuen Sie sich im freundlich geführten Restaurant auf frischen Fisch und provenzalische Gerichte.
✛ 221 E2 ✉ 14, place Gambetta
☎ 0494 71 15 15
⊕ www.bellevuebormes.com
◷ Mitte Nov.–Mitte Jan. geschl.

COGOLIN

Bliss Hôtel €€–€€€
Komfortables Hotel mit modernem Design und EU-Öko-Label mitten in Cogolin.
✛ 221 F4 ✉ Place de la République
☎ 0494 54 15 17
⊕ www.bliss-hotel.com

Coq Hotel €–€€
Grundsolide, schallisolierte und klimatisierte Zimmer mit einem Hauch Nostalgie birgt dieses provenzalische Stadthotel mit schön begrünter Terrasse.
✛ 221 F4 ✉ Place de la République
☎ 0494 54 13 71 ⊕ www.coqhotel.com

GASSIN

Le Mas de Chastelas €€€
Hier filmte Claude Berri am Pool Catherine Deneuve und Gérard Depardieu für »Die Männer, die ich liebte«, setzte sich der Sänger Serge Gainsbourg für seine Muse Jane Birkin an den Flügel – mitten im besten Côtes-de-Provence-Gebiet auf einem der schönsten *mas* (Gehöfte) der Region. Im 18. Jh. wurde es außerhalb von Saint-Tropez erbaut. Heute birgt das efeuumrankte Haus mit den typischen Fensterläden im Innern 14 Zimmer und neun Suiten im Stil der Provence. Im Gourmetlokal »La Table de Mas« beweist Mathieu Hericotte, dass provenzalische Hausmannskost auch Haute Cuisine kann. Auch die Weinauswahl ist erlesen. Hier ist der Luxus ehrlich und authentisch!
✛ 223 D1
✉ 2, chemin du Chastelas
☎ 0494 56 71 71
⊕ https://chastelas.com
◷ Okt.–Ende April geschl.

GRIMAUD

Le Font Mourier €€
3 km außerhalb von Port-Grimaud erwarten Sie ruhige, geräumige Zimmer, ein großes Sonnendeck mit Pool und das Zirpen der Zikaden: Schön, so mittendrin – und doch weg vom Trubel – zu sein.
✛ 222 C4 ✉ Allée des Pins, Cogolin
☎ 0494 56 60 61
⊕ www.hotelfontmourier.com

RAMATUELLE

Kon Tiki €€
Der beliebte Campingplatz liegt am Rand des Pampelonne-Strandes. Wer nicht mit Wohnmobil, Wohnwagen oder Zelt anreist, kann direkt am Strand polynesische Hütten für bis zu sechs Personen mieten. Zur Anlage gehören u. a. ein Lebensmittelladen, Restaurants, eine Bar, ein Tennisplatz und ein Kid's Club.

Abseits der Hotspots ist Saint-Tropez vor allem ein bezauberndes Städtchen.

✠ 223 D1 ✉ Route des Plages
☎ 0494 55 96 96
🌐 www.riviera-villages.com/KON-TIKI
🕐 Nov.–März geschl.

La Ferme d'Augustin €€€

Das Drei-Sterne-Hotel in Strandnähe bietet gemütliche Zimmer in rustikaler Atmosphäre, Terrassen mit Gartenblick, einen beheizten Pool mit Massagedüsen und drinnen schönes Deckengebälk und einen Kamin in der Lounge.

✠ 223 D1 ✉ Route de Tahiti
☎ 0494 55 97 00
🌐 www.fermeaugustin.com
🕐 Mitte Okt.–Mitte März geschl.

SAINT-TROPEZ

Benkiraï Saint-Tropez €€€

Die Handarbeiten des französischen Designers Patrick Jouin haben dieses ultramoderne Hotel zu einem Riesenerfolg gemacht. Fast alle Zimmer haben Balkon oder Terrasse mit Blick auf den Swimmingpool und die Bar. Stilvolles, elegantes Metall und Leder und flammendes marokkanisches Rot in Kontrast zu kühlem Blau.

✠ 223 D2 ✉ 70, chemin du Pinet

☎ 0494 97 04 37
🌐 www.hotelbenkirai.com
🕐 geöffnet April–Mitte Okt.

Le Colombier €€

Ein kleines Familienhotel in einer Sackgasse der Altstadt mit nett eingerichteten Zimmern.

✠ 223 D2 ✉ 17, impasse des Conquettes
☎ 0494 97 05 31
🌐 http://lecolombierhotel.free.fr
🕐 Nov.–März geschl.

Hôtel Lou Cagnard €–€€

Das komfortable, aber eher preisgünstige Hotel ist eine ausgezeichnete Wahl. Die Zimmer sind luftig, sauber und schlicht, Frühstück gibt's an Sonntagen im Garten, und ein Privatparkplatz steht auch zur Verfügung.

✠ 223 D2 ✉ 30, av. Paul Roussel
☎ 0494 97 04 24
🌐 www.hotel-lou-cagnard.com
🕐 1. Nov.–27. Dez. geschl.

White 1921 €€€

Das elegante Stadthaus inszeniert an der Place des Lices in acht Zimmern edlen Minimalismus in Weiß von Jean-Michel Wilmotte. Täglich ab 20 Uhr serviert die Bar im

mediterranen Garten zum Duft des Jasmins
kreative Cocktails und erlesene Weine.

⌖ 223 D2 ✉ 15, place des Lices
☎ 0494 45 50 50
⊕ www.white1921.com/st-tropez

Wohin zum ...
Essen und Trinken?

Preise für ein Drei-Gänge-Menü ohne
Getränke:

€   unter 30 Euro
€€   30–70 Euro
€€€   über 70 Euro

BORMES-LES-MIMOSAS

Lou Portaou €€
Im Herzen des Dorfes serviert das älteste
Restaurant marktfrische Provenceküche unter dem Gewölbe der alten Stadtmauer, die
eine geschützte Terrasse bilden.
⌖ 221 E2
✉ Ruelle des Sarrazins
☎ 0494 64 86 37
⊕ https://louportaou.com
⊘ So Abend, Mo geschl.

La Rastègue €€
Diese Sterne-Küche liegt unterhalb des
mittelalterlichen Dorfes. Das Besondere:
Jérôme Masson lässt sich vom Restaurant
aus durch eine Glasscheibe bei der Arbeit
zuschauen, wenn er aus frischen Produkten
seine köstlichen Menüs zaubert.
⌖ 221 E2
✉ 48, bd. du Levant
☎ 0494 15 19 41
⊕ www.larastegue.com
⊘ Jan. geschl., Mo geschl., außerhalb der
Saison nur Di–Sa abends und So Mittag geöffnet

COLLOBRIÈRES

Auberge Restaurant des Maures €–€€
In diesem einladenden rustikalen Familien-
restaurant, das auch 15 Gästezimmer ver-
mietet, können Sie auf der charmanten
Terrasse mit Blick über den Réal Collobrier
zu Abend essen. Auf der Speisekarte stehen
das ganze Jahr über unter anderem Wild-
schwein, aber auch Fischgerichte. Zum Dessert ist die Maroneneiscreme ganz besonders lecker.
⌖ 222 B1
✉ 19, bd. Lazare Carnot
☎ 0494 48 07 10
⊕ www.hoteldesmaures.fr
⊘ Hotel Mitte Nov.–März geschl.

LES ARCS-SUR-ARGENS

Café de la Tour €
Ein typisches Dorfbistro mit einer einfachen,
aber schmackhaften Küche aus frischen
Produkten zur Mittagszeit.
⌖ 222 C4 ✉ 35, bd. Gambetta
☎ 0494 73 30 56
⊘ Mi. und abends geschl.

Le Relais des Moines €€€
Sébastien Sanjou ist der neue Stern am
Himmel in Les Arcs. In einer alten Schäferei
aus dem 16. Jh. mit einer herrlichen Som-
merterrasse auf dem Weg zum Weingut
Sainte-Roseline zaubert der Koch leckere
Menüs mit frischen Zutaten aus der Region.
⌖ 222 C4
✉ Route de Sainte-Roseline
☎ 0494 47 40 93
⊕ www.lerelaisdesmoines.com
⊘ Nov., Mo, Sept.–Juni Di geschl.

GRIMAUD

Les Santons €€€
Das beliebte und mit Michelin-Sternen dekorierte Restaurant ist seit 1962 eines der
besten der Region. Reservieren Sie daher im
Sommer und an Wochenenden frühzeitig.
Marktfrische Produkte werden hier zu französischen und mediterranen Klassikern verarbeitet. Eine Institution, die zwar teuer ist,
aber zur Lebensart der Azurküste einfach
dazu gehört. Machen Sie es wie die Franzosen: tagsüber sparen und fasten, abends
schlemmen.
⌖ 222 C2 ✉ N558 (743, route National)
☎ 0494 43 21 02

RAMATUELLE

Chez Camille €€–€€€

Dieser Familienbetrieb ist seit 1913 berühmt für Hummer, gegrillten Fisch und echte, authentische Bouillabaisse. Da Sie in einer Fischerhütte direkt am Strand speisen, ist der Fisch unglaublich frisch. Am Wochenende und in der Hochsaison herrscht großer Andrang, weshalb reserviert werden muss.
223 D1
Quartier de Bonne Terrasse (Cap Camart am Ende des Strandes von Pampelonne)
0498 12 68 98
www.chezcamille.fr
19. April–Mitte Okt.; geschl. Mo und Di

SAINT-TROPEZ

Le Bistro Pastis €€

In dem typischen Bistro im Pariser Stil mitten in der Altstadt werden neben französischen Klassikern auch wechselnde Tagesgerichte mit Zutaten aus der Region serviert.
223 D2 18, rue Henri Seillon
0494 49 36 96 www.bistropastis.fr
tägl. 7.30–24 Uhr

Le Café €€

Das frühere Café des Arts mit der gemütlichen Bar und dem schicken Restaurant war eine Bastion der Intellektuellen und Künstler. 1971 richteten Mick Jagger von den Rolling Stones und Bianca Perez Morena de Macias hier ihren Hochzeitsempfang aus. Die französische Bar präsentiert sich im alten Stil mit braunen Ledersofas, Holzdekor und Boulepokalen. Beim Kaffee oder Imbiss auf der Terrasse können Sie den Boulespielern zuschauen. Im Sommer gibt es ab und an Live-Konzerte!
223 D2 5, place des Lices
0494 97 44 69 www.lecafe.fr
Küche tägl. 12–14.30 und 19.30–23 Uhr, Café 8–24 Uhr

Le Girelier €€

Direkt am Hafen ist das Fischrestaurant eine traditionelle Adresse in Saint-Tropez. Den frische Fisch bereitet Aimé Stoesser gerne *à la plancha* zu, auf dem Grill.
223 D2
Quai Jean Jaurès

Beste Lage: Von den Straßencafés am Hafen von Saint-Tropez hat man das Geschehen im Blick.

☎ 0494 97 03 87 ⊕ www.legirelier.fr
🕐 Nov.–Mitte März geschl.

La Ponche €€€
Das legendäre Luxushotel im Fischerviertel mit Blick auf die Bucht hat ein Restaurant, das unbeirrt auf provenzalische Traditionen setzt.
✤ 223 D2 ✉ 3, rue des Remparts
☎ 0494 97 09 29 ⊕ www.laponche.com
🕐 Nov.–Ende März geschl.

Sénéquier €€–€€€
Die knallroten Markisen und Stühle am Kai kann man nicht übersehen. Das Sénéquier ist sehr bekannt und vor allem zum Frühstücken beliebt. Der Kaffee ist zwar teuer, aber schöner kann man einen sonnigen Tag in Saint-Tropez kaum beginnen. Oder bei einem Cocktail den Abend einläuten.
✤ 223 D2
✉ Quai Jean-Jaurès
☎ 0494 97 00 90 ⊕ www.senequier.com
🕐 tägl. Sommer 8–2, Winter 8–20 Uhr

Villa Belrose €€€
Das Hotel-Restaurant der Althoff-Gruppe liegt auf einem Hügel von Gassin mit Traumblick auf die Bucht von Saint-Tropez. Typisch mediterrane Sterne-Küche, die ihre provenzalischen Wurzeln nicht verleugnet.
✤ 223 D2 ✉ Bd. des Crètes
☎ 0494 55 97 97
⊕ www.villa-belrose.com
🕐 Mitte Okt.–Mitte April geschl.

Wohin zum ...
Einkaufen?

LEBENSMITTEL

Was wäre Saint-Tropez ohne einen Einkauf bei La Tarte Tropézienne (36, rue Clemenceau, Tel. 0494 97 71 42, www.latartetropczi enne.fr)? Namensgeber war eine Kuchenspezialität mit feiner Vanillecreme und Puderzucker, die Brigitte Bardot 1956 bei den Dreharbeiten zu »Und immer lockt das Weib« hier vernaschte.

Die Konditorei La Tarte Tropezienne ist berühmt für die süßen Brioches.

Zwischen den Weinbergen von Gassin liegt La Maison des Confitures (Chemin Bourrian, Gassin, Tel. 0494 43 41 58, http://maisondesconfitures.fr), in der Sie mehr als 450 verschiedene Konfitüren, Gelees, Marmeladen, handgemacht und ohne Zusatzstoffe, in zum Teil ausgefallenen Geschmacksrichtungen erhalten. Wie wäre es mit Thymian, Karotte, Paprika, Lavendel, Feige oder süßer Zwiebel?
Im Petit Village in Gassin (Carrefour de la Foux, Tel. 0494 56 32 04, www.vignerons-saint-tropez.com), der führenden Erzeugergemeinschaft, erhalten Sie seit 1964 die Weine der besten Maîtres Vignerons (Winzermeistern) aus dem Anbaugebiet Côtes-de-Provence.
Auch in der Maison des Vins Côtes-de-Provence (S. 181) in Les Arcs-sur-Argens (RN 7, Tel. 0494 99 50 20, www.maison-des-vins.fr) können Sie (Sommer Mo–Sa 10–19, So bis 18, Winter Mo–Sa 10–18, So bis 17 Uhr) eine Auswahl aus 800 verschiedenen Weinen der AOC Côtes-de-Provence treffen, die von der Montagne Sainte-Victoire bis nach Roquebrune-sur-Argens reicht.

Der **Marché aux Poissons** (Place aux Herbes, tägl. 7–13 Uhr) ist ein kleiner Fischmarkt, der St-Tropez in einem ganz anderen Licht präsentiert. Meeräschen, Skorpionfische und Meerjunker füllen die Auslagen. Der **Marché Provençal** (Place des Lices, St-Tropez, Di und Sa 8–13 Uhr) bietet typische Produkte der Provence, dazu allerlei Trödel und regionales Kunsthandwerk. Auf dem **Marché Collobrièrois** (Place de la Libération, Collobrières, Do und So 8–13 Uhr) können Sie Kastanienprodukte von glasierten Maronen über Kastanienmarmelade bis hin zu Körben aus Kastanienzweigen kaufen, außerdem Korkprodukte und regionale Spezialitäten wie Oliven und Honig. Auf allen Märkten gilt: Nur Bares ist Wahres – Kartenzahlung wird nicht akzeptiert.

PROVENZALISCHE PRODUKTE

Im Jahr 1927 erfand Rondini für Männer, Frauen und Kinder eine lässige wie luftige Sommer-Sandale im Gladiatorenstil aus Leder. Sie ist – in vielen Formen und Modellen – bis heute das modische Statement von Stars und Trendsettern. Gefertigt wird sie noch immer von **Rondini's** (16, rue Georges Clemenceau, Tel. 0494 97 19 55, www.rondini.fr, ab 145 €), wo es inzwischen auch Tropeziennes für den Winter gibt: geschlossene Putschen mit weichem Schafsfell.

Pépinières Cavatore (22, chemin des Orchidées, Tel. 0494 00 40 23, www.mimosa-cavatore.com) in Bormes-les-Mimosas hat sich auf die Zucht von Mimosen spezialisiert. Im Februar stehen sie in voller Blüte. Der Besuch lohnt sich auch, wenn Sie nichts kaufen möchten.

Der Familienbetrieb **Pipes Courrieu** (58–60, ave. Georges Clemenceau, Cogolin, Tel. 0494 54 63 82, www.courrieu-pipes.com, Mo–Sa 9 bis 12 und 14–18 Uhr) stellt seit 1802 Pfeifen in traditioneller Technik her. Sie bestehen aus Holz aus dem Massif des Maures und tragen als Emblem einen silbernen Hahn, Wahrzeichen des Ortes.

Wohin zum ... Ausgehen?

NACHTLEBEN

An exklusiven Nachtclubs herrscht in Saint-Tropez kein Mangel. Zu den besten gehören seit 50 Jahren die **Caves du Roy** im Hôtel Byblos (Av. Paul Signac/Av. Foch, Tel. 0494 56 68 00, www.lescavesduroy.com,

An Nachtclubs herrscht in Saint-Tropez kein Mangel.

Juli/Aug. tägl. 23–5 Uhr, Sept.–Okt. nur Fr/
Sa). Wer Einlass in diese Enklave der High
Society begehrt, sollte früh am Abend kommen und sehr schick gekleidet aussehen.
Der Eintritt ist frei, dafür sind die Getränke-
preise schwindelerregend.
La Bodega de Papagayo (Résidences du
Nouveau Port, Rue Gambetta, Tel. 0494 97
95 95, www.facebook.com/papagayo.saint.
tropez) ist ein Restaurant mit Nachtclub am
alten Hafen. Der Blick von der Terrasse ist
großartig, und häufig finden sich bekannte
Persönlichkeiten ein. In der Hauptsaison
treten fast jeden Abend Bands auf, die Musik
spricht vor allem jüngere Gäste an.
Für The VIP Room (Résidences du Nouveau
Port, Tel. 06 38 83 83 83, www.facebook.
com/VipRoomStTropez, Mai–Sept. tägl. 21
bis 5, Mitte Okt.–April 21–3 Uhr) muss man
ein VIP sein oder zumindest so aussehen.
Hierher kommt man zum Tanzen, oft bis zum
nächsten Morgen.
Im 1. Stock des schicken Hôtel Sube kann
man in der Bar Anglais (Hôtel Sube, 15, quai
Suffren, Tel. 0494 97 30 04, http://hotel-
sube-saint-tropez.fr, Mai–Okt. tägl. 19.30–1
oder 3 Uhr) aus der umfangreichen Bierkar-
te wählen oder auf dem winzigen Balkon mit
schönem Blick auf den Hafen einen Cocktail
schlürfen und dabei den Urlaubstag ausklin-
gen lassen.
Wer keine großen Clubs mag, ist in der Bar
du Port (9, quai Suffren, Tel. 0494 97 00 54,
www.barduport.com, tägl. geöffnet) gut auf-
gehoben. Tagsüber ein Restaurant mit vielen
Spiegeln und weißer Deko, erobert abends
Musik das Haus.

FESTIVALS

In und um Saint-Tropez ist der Veranstaltungskalender nicht nur während der Saison
prall gefüllt; viele Feste und Festivals kennt
auch der Frühling. Genaue Daten und Aus-
künfte sind bei den örtlichen Tourist Informationen erhältlich.

Im Februar fährt man nach Bormes-les-Mimosas zum Mimosenfest mit Umzug (Corso
fleuri), um die Blüte zu feiern, die dem Dorf
den Namen gab.

Schöner lässt sich der Abend nicht einläuten.

Im April begleitet die Fête de la Transhu-
mance in Collobrières den Almauftrieb der
Schafe.
Mitte Mai feiert Saint-Tropez mit der Brava-
de seinen Namenspatron Saint-Torpes (oder
Tropez).
Die Bravade des Espagnols folgt am 15. Juni.
Am Nationalfeiertag 14. Juli feiert ganz
Frankreich der Erstürmung der Bastille im
Jahre 1789 mit Feuerwerk und Volksbällen,
bals populaires.
Im August sprudelt in Collobrières beim
Brunnenfest (Grande Fête des Fontaines)
Roséwein aus den Brunnen der Stadt. Ra-
matuelle ist Gastgeber für ein Festival mit
Theater und Musik.
Von Ende September bis Anfang Oktober
liefern sich in Saint-Tropez Jachten und Se-
gelboote vor der Küste ein schmuckes Ren-
nen. 1981 ist »La Nioulargue« aus einer Bier-
laune von zwei Seglern heraus entstanden,
seit 1997 ist die fast zehn Tage dauernde
Regatta unter dem Namen Les Voiles de
Saint-Tropez ein Muss für See-Leute.
Zur Kastanienernte im Oktober geht es
nach Collobrières zum Kastanienfest. Stra-
ßenkünstler sorgen für Unterhaltung, und
die Kastanienprodukte in unglaublicher
Vielfalt für Staunen und Verzückung.

Herrlicher Panoramablick
von Cap Martin.

Spaziergänge & Touren

Küstenwanderung und
Schluchtentour, Künstler-
dörfer und Hauptstadt der
Düfte: Entdecken Sie die
Vielfalt der Côte d'Azur.

Seiten 190–199

Cap Martin

Was?	Spaziergang
Wann?	Das ganze Jahr über; besonders schön am Morgen
Was noch?	Bei Sturm und rauer See kann der Weg rutschig sein
Länge	10 km
Dauer	4 Stunden (reine Gehzeit, plus Badepause und Besichtigung)
Start/Ziel	Roquebrune–Cap Martin ✛ 225 E4

Die irische Designerin Eileen Gray und der schweizerisch-französische Architekt Le Corbusier: Nun ja, dass sie sich nicht mochten, wäre untertrieben. Doch trotz aller Feindschaft vereinte sie eine Liebe: das Cap Martin. Entdecken Sie beim Wandern auf dem alten Zöllnerweg ihre spektakulären Anwesen inmitten von Mimosen und Rhododendren, springen Sie in einer versteckten Bucht ins Meer und genießen Sie zu herrlichen Aussichten bis nach Italien und Monaco topfrische Fischküche. Der Verein Cap Moderne (https://capmoderne.com) betreut die Architektur-Denkmäler auf der Halbinsel.

1–2

Stellen Sie Ihr Auto entweder an der Strandpromenade oder auf dem Parkplatz an der Avenue Winston Churchill ab. Nehmen Sie den kleinen Weg direkt am Meer an der Büste von Charles-Edouard Jeanneret, der als Le Corbusier Architekturgeschichte geschrieben hat. Sie umrunden auf der Promenade Le Corbusier das Kap und haben die ersten Ausblicke auf Monaco.

2–3

Wandern Sie auf dem schmalen Weg zwischen Gärten und Meer weiter.

Die karolingische Burg hoch über Roquebrune-Cap Martin

Schon bald entdecken Sie die private Aussichtsplattform aus Backstein auf Marmorpfeilern der Villa Cypris. Von hier aus beobachtete Cyprienne Hériot ihre Tochter Virginie, 1928 Segel-Olympiasiegerin in Amsterdam, beim Navigieren. Nur noch ein paar Schritte weiter, und Sie stehen vor dem Eingang zum Cap Moderne mit Eileen Grays Villa und tollem Meeresblick.

3–4

Über viele Treppen und Stege geht es hinunter zum Strand, an dem Le Corbusier 1965 ertrank. Die Plage de Buse ist trotzdem ein Geheimtipp für Badefreunde.

4–5

Nach Badepause und Kaffee in der Strandbar kehren Sie auf dem Küstenweg wieder zurück nach Cap Martin, wo Sie im Cocody Sun (11, promenade du Cap, Tel. 0492 10 22 21) direkt am Meer leckere Fischküche mit *friture mixte* genießen können.

KLEINE PAUSE

Die **Strandbar an der Plage de Buse** ist ideal für einen kleinen Imbiss oder einen Kaffee.

Von Vence nach Grasse

Was?	Autotour
Wann?	Ganzjährig bei schönem Wetter
Länge	44 km
Dauer	Etwa ein halber Tag mit Besichtigungen
Start	Vence ✛ 224 C4
Ziel	Grasse ✛ 224 A3

1–2

Verlassen Sie Vence über die D 2210 Richtung Grasse und Tourrettes-sur-Loup. Nach 3 km liegt direkt an der Straße das Château Notre-Dame-des-Fleurs. Das schöne Schloss aus dem 19. Jh. ist seit 1993 Sitz einer Kunststiftung, die eine Dauerausstellung mit Werken von Matisse, Dufy und Chagall zeigt.

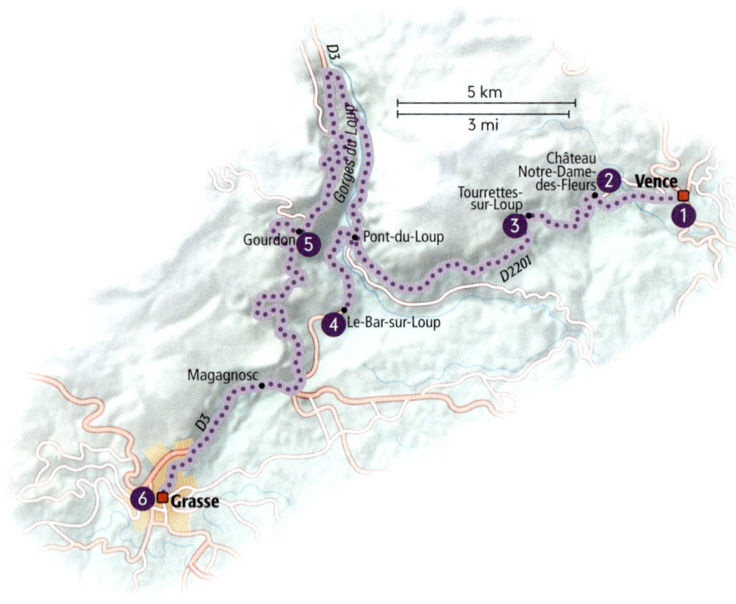

2–3

Fahren Sie weiter auf der
D 2210 nach Tourrettes-
sur-Loup. Das mittelalterliche Dorf liegt so male-
risch auf einem Felssporn,
dass es schon früh Künst-
ler und Kunsthandwerker
anlockte. Noch berühmter
ist es für seine Veilchen-
zucht und -verarbeitung
(S. 216)!

3–4

8 km weiter folgt Pont-du-Loup. Hier empfiehlt sich ein kurzer Abstecher nach Le Bar-sur-Loup. Das Dorf zieht sich an
einem Berghang empor und liegt inmitten süß duftender
Jasmin-, Rosen- und Veilchengärten.

4–5

Kehren Sie nach Pont-du-Loup zurück, und folgen Sie den
Schildern zu den Gorges du Loup (D 6). Eine kurvenreiche
Straße windet sich durch die Schlucht (*gorge*), durch schmale
Felsspalten und schroffe Kalksteinfelsen, vorbei an Quellen,
schäumenden Stromschnellen und Wasserfällen. Nach 7 km
geht es an der Bramafan-Brücke nach links ab auf die D 3
nach Gourdon. Das *village perché* ist ein echtes Adlernest, das
500 m über dem Fluss Loup auf einem Steilfelsen thront.
Bummeln Sie durch seine alten Gassen, besuchen Sie die Parfümerien und genießen Sie – wie viele andere – den atemberaubenden Blick über die gesamte Côte d'Azur.

5–6

Mit sanftem Gefälle bringt Sie die D 3 via Châteauneuf Pré-
du-Lac bis nach Grasse. Die erste Abfahrt am Kreisel führt
auf die D 2085, und damit ins Zentrum.

KLEINE PAUSE

In der **Taverne Provençale** in Gourdon (Place de l'Église
Tel. 0493 09 68 22, www.lataverneprovencale.com).

Das Hinterland der Côte d'Azur

Was?	Autotour
Wann?	Im Herbst: wunderschön zur Laubfärbung!
Länge	150 km
Dauer	Nehmen Sie sich einen Tag Zeit – auf den kurvenreichen Straßen kommen Sie nur langsam voran!
Start/Ziel	Menton ✛ 225 E4

Die Rundfahrt durch das Hinterland des Fürstentums Monaco führt durch einige der hübschesten und lebendigsten Dörfer und Städte der Côte d'Azur und – im Kontrast dazu – die einsame, wilde Natur des Parc National du Mercantour.

1–2

Die Tour beginnt in <u>Menton</u> (S. 83), einer hübschen, italienisch wirkenden Stadt auf der französischen Seite der Grenze. Wenn Sie genug Zeit haben, lohnt das <u>Museum</u> an der Küste einen kurzen Besuch, das sich dem Werk des Dichters, Schriftstellers und Regisseurs Jean Cocteau (1889–1963) widmet. Im Stadtzentrum müssen Sie der Straße Richtung Autoroute (Nice/Italie) und Sospel folgen.

Das hübsche Dörfchen La Bollène-Vésubie

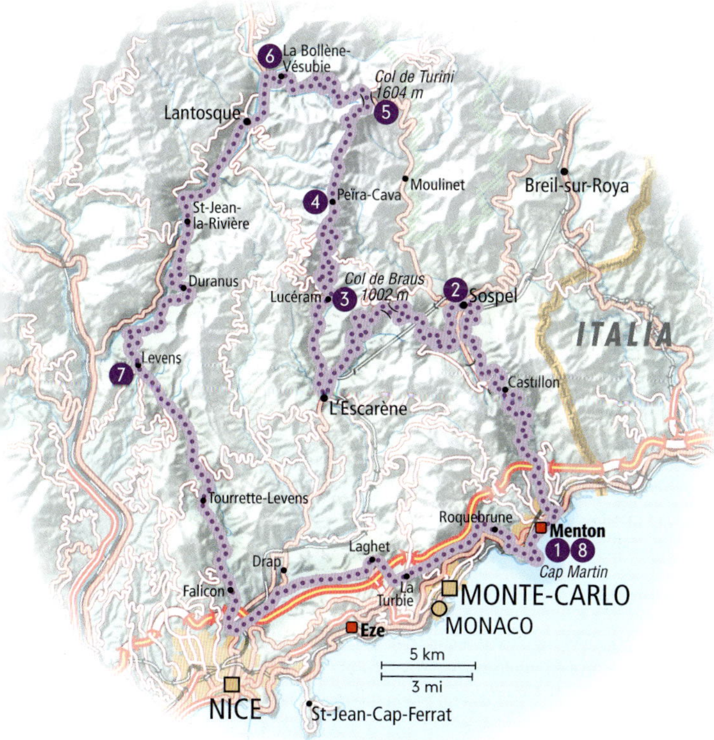

Auf der kurvenreichen D 2566 geht es unter der A 8 hindurch und durch Castillon-Neuf nach Sospel. In Sospel überqueren Sie die Schienen und biegen links Richtung Moulinet und Col de Turini ab. Die Brücke von Sospel mit dem Mittelturm stammt aus dem 20. Jh.

2–3

An einer Kurve zweigt links die D 2204 ab. Diese Straße windet sich hinauf zum Col St-Jean. Halten Sie hier kurz und blicken Sie noch einmal hinab auf Sospel! Überqueren Sie den Col de Braus (1002 m) und fahren Sie auf einer äußerst kurvenreichen Straße hinunter nach L'Escarène. Biegen Sie gleich hinter der Eisenbahnbrücke rechts Richtung Lucéram und Peïra-Cava ab. Folgen Sie dieser Straße bis zum mittelalterlichen *village perché* Lucéram.

3–4

Lucéram ist im Winter (Dez./Jan.) Gastgeber für eine bekannte Krippenausstellung. Sie zeigt von der Nussschale bis zum großen Kapellenformat im ganzen Dorf die Weihnachtsgeschichte in hundertfacher Ausführung. Von Lucéram mit seinem kostbaren Kirchenschatz in der Église Ste-Marguerite geht es Richtung Turini.

Bevor Sie den fantastischen Aussichtspunkt Peïra-Cava erreichen, liegen zahlreiche Haarnadelkurven vor Ihnen. Für die Kurverei belohnen oben herrliche Ausblicke auf den Parc National du Mercantour im Osten.

4–5

Fahren Sie von Peïra-Cava nordwärts zum nächsten Aussichtspunkt, dem Col de Turini. Lust auf eine Pause? Am Pass in 1604 m Höhe wartet auf Sie das Hotel Les Trois Vallées Suffien.

5–6

Biegen Sie links auf die D 70 ab und folgen Sie den Schildern nach La Bollène-Vésubie und Nizza. Fahren Sie langsam, halten Sie nach etwa 10 km hinter dem Tunnel de la Chapelle St-Honorat Ausschau nach einer kleinen Kapelle auf der rechten Seite. Vom Parkplatz ist der Ausblick überwältigend.

6–7

Setzen Sie Ihren Weg durch La Bollène-Vésubie (Foto S. 196) fort, und biegen Sie an einer T-Kreuzung links auf die D 2565 Richtung Nizza und St-Martin-Vésubie ab – Vésubie heißt der Fluss, der hier verläuft. Die Straße führt zur Talsohle. Folgen Sie der Beschilderung nach Lantosque und Nizza. Weiter geht es südwärts durch St-Jean-de-la-Rivière.

Etwa 1 km hinter St-Jean biegt links die D19 Richtung Nizza über Levens ab. Diese Straße wird schmaler, je weiter sie aus dem Tal aufsteigt. Kurz vor Duranus liegt hinter einem Tunnel auf einem Steilfelsen ein weiterer Aussichtspunkt, der Saut des Français. Bleiben Sie auf der Straße, die durch Levens führt. Das hübsche Städtchen schmücken am Hauptplatz zwei Kapellen aus dem 18. Jh. Sie erinnern an eine schon lange verschwundene Burg.

Verlassen Sie Levens auf der D 19, und folgen Sie – vorbei an Tourette-Levens – den Schildern nach Nizza. Gleich hinter St-André führt die Straße unter der A 8 hindurch. Biegen Sie hier an der Ampel links nach Sospel ab. Überqueren Sie einen Fluss, und fahren Sie an einer Reihe von Ampeln vorbei und erneut unter der A 8 hindurch. Biegen Sie rechts auf die Route de Turin ab, überqueren Sie den Fluss und eine weitere Kreuzung, und biegen Sie dann bei der Ampel links nach La Trinité und Drap ab. Am Kreisel geht es Richtung La Turbie und Laghet auf der D 2204a durch ein kurvenreiches Tal nach Laghet. Dort macht eine Haarnadelkurve eine scharfe Rechtsbiegung.

Impression aus dem Nationalpark Mercantour

Erneut führt der Weg unter der A 8 hindurch. Fahren Sie an der nächsten Kreuzung nach links und folgen Sie auf dem Autobahnzubringer den Schildern nach Menton. Biegen Sie an der nächsten Kreuzung links nach La Turbie und Monaco ab, und bleiben Sie auf dieser Straße, bis Sie das alte römische Dorf La Turbie (S. 81) erreichen. Hier steht der monumentale Trophée des Alpes. Augustus ließ um 6 v. Chr. diesen Triumphbogen erbauen.

Jenseits von La Turbie geht es hinter einem Hotel links Richtung Roquebrune und Menton, dann bei der Ampel am Fuß des Hügels rechts nach Nizza und Beausoleil. Biegen Sie bei der nächsten Ampel links nach Cap Martin ab. Hinter dem Ortskern macht die Straße eine scharfe Linkskurve, Sie fahren hier aber geradeaus Richtung Mayerling und Cap Martin bis hinunter zum Meer und dort über die Küstenstraße zurück nach Menton.

KLEINE PAUSE

Das Hotel-Restaurant **Les Trois Vallées** (Tel. 0493 04 23 23) steht am höchsten Punkt der Tour, dem Col de Turini. Das **Bel Acqua** im Hôtel des Étrangers von Sospel gilt als bestes Restaurant der Region (7, bd. de Verdun, www.sospel.net).

Einfahrt in den alten Hafen von Cannes

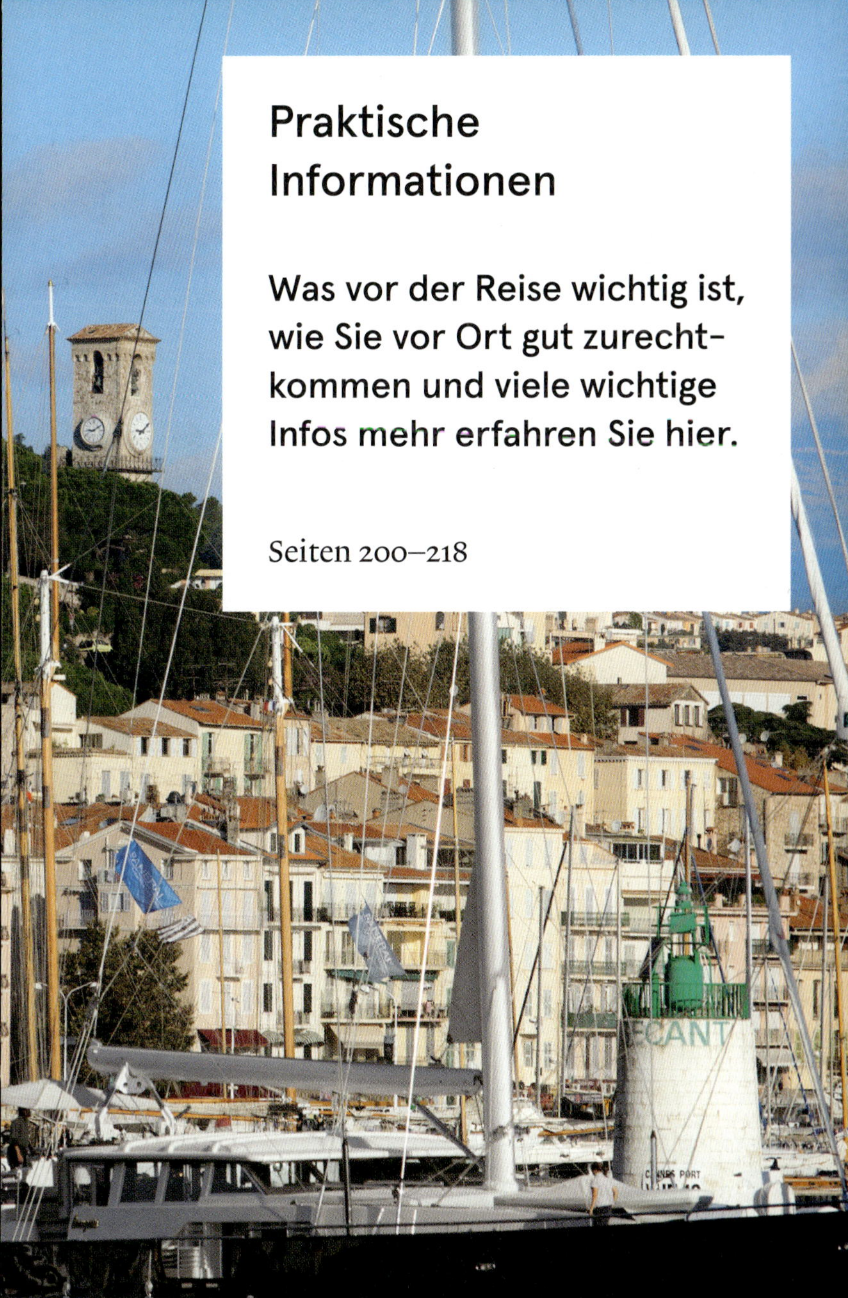

Praktische
Informationen

Was vor der Reise wichtig ist,
wie Sie vor Ort gut zurecht-
kommen und viele wichtige
Infos mehr erfahren Sie hier.

Seiten 200–218

Auskunft

**ATOUT France–
Französische Zentrale für Tourismus**
⊕ www.france.fr

In Deutschland:
✉ Postfach 100128, D-60001 Frankfurt/M.
⊕ https://de.france.fr, info.de@france.fr

In Österreich:
⊕ http://at.france.fr, info.at@france.fr

In der Schweiz:
⊕ http://ch.france.fr, info.ch@france.fr

In Frankreich:
PACA Tourisme
✉ 62–64 La Canebière, 13001 Marseille
☎ 0491 56 47 00
⊕ www.tourismepaca.fr

In den Départements Alpes-Maritimes:
Côte d'Azur Tourisme
⊹ 225 D3 ✉ 455, promenade des Anglais
06203 Nice cedex 3
☎ 0493 37 78 78
⊕ www.cotedazur-tourisme.com

Var Tourisme
⊹ 220 B2 ✉ 1, bd. de Strasbourg – BP 5147
83093 Toulon Cedex
☎ 0494 18 59 60 ⊕ www.visitvar.fr

Tourist Information Cannes
⊹ 224 B2
✉ 1, bd. de la Croisette, 06400 Cannes
☎ 0492 99 84 22
⊕ www.cannes-reiseziel.de
www.cannes-destination.fr

Tourist Information Monaco
⊹ 225 E4 ✉ 2 a, bd. des Moulins, Monte-
Carlo, MC 98030 Monaco Cedex
☎ +377 92 16 61 16 ⊕ www.visitmonaco.com

Tourist Information Nizza
⊹ 226 C3
✉ 5, promenade des Anglais, 06000 Nice

☎ 0492 14 46 14
⊕ www.nicetourism.com

Tourist Information Saint-Tropez
⊹ 223 D2 ✉ 8, Quai Jean Jaurès, 83990
Saint-Tropez ☎ 08 92 68 48 28
⊕ http://sainttropeztourisme.com

Flughafen Nizza
⊕ www.nice.aeroport.fr

Internet
www.provenceinwortundbild.de
Eine Fundgrube für Provenceliebhaber von
Karl-Heinz Stabel, der auch viele schöne
Reiseziele im Var und in den Alpes-Mari-
times vorstellt.
www.meinfrankreich.com
Aktuelles und Hintergrundinfos, Reise- und
Gastrotipps sowie Rezepte gibt es alle vier
Tage neu im Blog der Frankreich-Expertin
Hilke Maunder.

Botschaften und Konsulate

Deutsche Botschaft
✉ 24, rue Marbeau, 75116 Paris
☎ 0153 83 45 00
⊕ www.allemagne.diplo.de

Deutsches Generalkonsulat
✉ 10, place de la Joliette, 13002 Marseille
☎ 0491 16 75 20
⊕ www.marseille.diplo.de

Deutsches Honorarkonsulat
⊹ 226 B3 ✉ 81, rue de France, 06000 Nizza
☎ 0493 83 55 25 ⊕ nizza@hk-diplo.de

Österreichische Botschaft
✉ 6, rue Fabert, 75007 Paris
☎ 0140 63 30 63
⊕ www.bmeia.gv.at/oeb-paris

Österreichisches Honorarkonsulat
✉ 10, rue Stanislas Torrents, 13006 Marseille
☎ 0642 14 85 58
⊕ consul@oehk-marseille.org

Österreichisches Honorarkonsulat
⊹ 226 D3 ✉ 5, rue de la Préfecture, 06300

Nizza ☎ 0493 87 01 31
⊕ consulat.autriche@wanadoo.fr

Österreichisches Honorargeneralkonsulat
✉ Monte-Carlo Palace, 7, bd. des Moulins,
98000 Monte-Carlo
☎ 93 30 23 00
⊕ cons-autriche@monaco.mc

Schweizer Botschaft
✉ 142, rue de Grenelle, 75007 Paris
☎ 0149 55 67 00
⊕ www.eda.admin.ch/paris

Schweizer Generalkonsulat
✉ 7, rue d'Arcole, 13006 Marseille
☎ 0496 10 14 10
⊕ www.eda.admin.ch/marseille

Schweizer Honorarkonsulat
✉ 50, corniche Fleurie, 06200 Nizza
☎ 0637 16 21 85 ⊕ nice@honrep.ch

24-Stunden-Helpline der EDA
☎ +41 800 24 73 65

Elektrizität
In Frankreich gelten 220 V, 50 Hz. In Steck-
dosen passen die gängigen Flachstecker mit
zwei Kontakten.

Ermäßigungen
Studenten/Jugendliche: Besitzer eines internationalen Studentenausweises erhalten
Ermäßigungen für Museen, Sehenswürdigkeiten, Flüge, Fähren sowie Mahlzeiten in
manchen Mensen. Gleiches gilt für die internationale Jugendkarte (IYTC oder GO 25).
Senioren: Personen über 60 erhalten in
Museen, im öffentlichen Nahverkehr und für
verschiedene Kulturveranstaltungen bis zu
50 % Ermäßigung. Für Bahnreisen mit der
SNCF brauchen Sie aber eine Carte Senior
(60 €/Jahr), die sich erst nach mehreren
Reisen amortisiert.

Feiertage
1. Januar: Neujahr
27. Januar: Ste-Dévote (nur Monaco)
März/April: Ostersonntag und -montag
1. Mai: Tag der Arbeit

8. Mai: Waffenstillstand 1945 (nur Frankreich)
Mai: Christi Himmelfahrt
Mai/Juni: Pfingstsonntag und -montag
Juni: Fronleichnam (nur Monaco)
14. Juli: Nationalfeiertag (nur Frankreich)
15. Aug.: Mariä Himmelfahrt
1. Nov.: Allerheiligen
11. Nov.: Waffenstillstand 1918 (nur Frankr.)
19. Nov.: Nationalfeiertag (nur Monaco)
25. Dez.: Weihnachten

Geld
Währung: Frankreich gehört zur Euro-Zone.
Da »cent« auch »hundert« bedeutet, ver-
wenden Franzosen statt »cents« lieber das
Wort »centime(s)« aus der ehemaligen
Franc-Währung. Währungskurs für Schweizer: 1 € = ca. 1,14 CHF; 1 CHF = ca. 0,88 €
(Stand: Herbst 2018).
Geldautomaten: Mit Bank-/Kreditkarten
kann man überall an Geldautomaten *(distri-
buter automatique de billets, point d'ar-
gent)* problemlos Geld abheben. Die Gebühr
ist hoch (mindestens 6 € pro Transaktion mit
Bankkarte, mit Kreditkarte noch mehr).
Bank- und Kreditkarten: In Frankreich bezahlt man häufig mit Bank- oder Kreditkarte,
sei es im Supermarkt, an Tankstellen, im Hotel oder im Restaurant. Autobahngebühren
können nur noch selten in bar beglichen
werden, fast immer wird eine Kreditkarte
verlangt. EC-Kartenzahlung ist nicht mög-
lich. Stressfreier und schneller unterwegs ist
man mit der elektronischen Mautbox liber-t
von Bip&Go und Tolltickets (www.tolltickets.
com) unterwegs. Die Plakette gilt auf allen
französischen Autobahnen, auf dem Viaduc
de Millau sowie in mehr als 300 Parkhäusern
und Tiefgaragen in Frankreich.
Sperrnummern: Unter der einheitlichen
Sperrnotruf-Nummer +49 116 116 kann man
in Deutschland Bank- und Kreditkarten, On-
line-Banking-Zugänge, Handykarten und die
elektronische Identitätsfunktion des Perso-
nalausweises bei Verlust sperren lassen.

Für Österreich gilt die Telefonnummer:
☎ +43 1 204 88 00
Die Schweiz hat keine einheitliche Notfall-
nummer; die wichtigsten sind:
☎ +41 44 659 69 00 (Swisscard)

☎ +41 44 828 31 35 (UBS Card Center)
☎ +41 58 9 58 83 83 (VISECA)
☎ +41 44 8 28 32 81 (PostFinance)

Gesundheit

Krankenversicherung: EU-Bürger erhalten
bei Vorlage der Europäischen Krankenversi-
chertenkarte im medizinischen Notfall die
Leistungen, die ihre gesetzliche Krankenkasse daheim übernehmen würde. Achtung:
Ärzte im Ausland rechnen mitunter Leistungen ab, die von der Krankenkasse nicht
übernommen werden. Eine Auslandskrankenversicherung kann u. U. diese Versor-
gungslücke schließen.

Zahnarzt: Genau wie bei der allgemein-
medizinischen Versorgung (s. o.) erhalten
EU-Bürger Behandlungen zu reduzierten
Sätzen. Etwa 70 % der Standardkosten wer-
den zurückerstattet, auch hier ist daher eine
Auslandskrankenversicherung sinnvoll.

Wetter: Im Juli und August ist es zumeist
sonnig und sehr heiß. Verwenden Sie Sonnenschutz mit hohem Lichtschutzfaktor,
schützen Sie ihre Augen mit einer Sonnen-
brille, bedecken Sie ihren Kopf und trinken
Sie ausreichend.

Medikamente: Die Mitarbeiter der mit einem grünen Kreuz gekennzeichneten Apo-
theken sind gut ausgebildet und können bei
einfachen Problemen weiterhelfen. Viele
Medikamente gibt es aber nur auf Rezept
(*ordonnance*).

Trinkwasser: Leitungswasser ist unbedenk-
lich. Trinken Sie niemals Wasser aus Hähnen
mit der Aufschrift *eau non potable* (kein
Trinkwasser)!

In Kontakt bleiben

Post: Post und Telefon gehören zur PTT
(Poste et Télécommunications). In kleineren
Orten öffnen Postämter kürzer und schließen oft von 12 bis 14.30 Uhr. Briefkästen sind
gelb und haben häufig zwei Schlitze – für die
Region und *autres destinations*, den Rest
der Welt. Bei Postämtern findet man häufig
auch Geldautomaten.

Telefon und Internet: Rufnummern in
Frankreich haben zehn Stellen, in Monaco
acht Stellen. Mobilfunknummern beginnen
mit 06, Festnetznummern im Süden mit 04.

Ihr Handy (*portables*) wählt sich automatisch in das Partnernetz des Providers ein.
Orange, Bouygues, SFR und Free sorgen für
ein gutes Mobilnetz in Frankreich; Roa-
ming-Gebühren gibt es nicht mehr innerhalb der EU. Auch das Internet kann mobil
zu den gleichen Konditionen wie daheim genutzt werden.

WLAN: Hotels und Gästezimmer (*chambres
d'hôtes*) bieten kostenloses »wifi« – so wird
das WLAN in Frankreich genannt. Öffentliche Hotspots sind in Frankreich sehr verbreitet: Bahnhöfe, Flughäfen, Einkaufszentren, Städte und Dörfer, selbst in Parks findet
man kostenloses, schnelles Internet per
WLAN.

Internationale Vorwahlen

Deutschland: ☎ +49
Österreich: ☎ +43
Schweiz: ☎ +41
Monaco: ☎ +377

Notrufe

EU-Notruf ☎ 112
Notruf Polizei: ☎ 17
Notruf Ambulanz (SAMU): ☎ 15
Notruf Feuerwehr: ☎ 18
Die staatliche Notfall-App SAIP (Système
d'Alerte et d'Information) warnt vor Umwelt-
und Naturkatastrophen oder Terroran-
schlägen.

Öffnungszeiten

Geschäfte: Große Geschäfte sind in der Regel Mo-Sa 9/9.30–19 Uhr geöffnet, im Sommer mitunter bis 20/21 Uhr. Kleinere Geschäfte machen 12–14.30/15/16 Uhr
Mittagspause.

Banken: Banken sind sonntags, oft auch
samstags oder montags geschlossen.

Museen: Museen bleiben im Sommer länger
geöffnet. Viele schließen einen Tag in der
Woche, städtische Museen meist montags,
nationale dienstags.

Reisedokumente

Personalpapiere: Auch EU-Bürger müssen
sich in Frankreich ausweisen können. Für
Deutsche, Österreicher und Schweizer ge-
nügt der Personalausweis. Kinder brauchen

 PRAKTISCHE INFORMATIONEN

einen eigenen Ausweis; ob Kinderreisepass, Reisepass oder Personalausweis, hängt vom Alter ab.

Fahrzeugpapiere: Mitzuführen sind Führerschein, die Zulassungsbescheinigung I (alter Kfz-Schein) und die internationale grüne Versicherungskarte. Kraftfahrzeuge müssen das ovale Nationalitätskennzeichen tragen, sofern sie kein EU-Kennzeichen haben.

Reisezeit

Der **Frühling** an der Côte d'Azur beginnt im Februar, wenn die Mimosen blühen – der duftende gelbe Rausch der Natur ist Anlass für viele Mimosenfeste. Im März folgt die Mandelblüte. Im April wird schon gerne draußen gegessen und getrunken. Die **Sommer** sind heiß und trocken, in der Küstenregion ist es dann sehr voll. Die **Herbstmonate** September und Oktober können noch sehr sonnig und mild sein, gelegentlich gibt es Gewitter. Im November wird es kühler, in den Hochlagen fällt im Dezember Schnee.

Sicherheit

Die Polizeiaufgaben sind in Frankreich aufgeteilt auf drei Einheiten. Die **Gendamerie Nationale** (hellblaues Hemd, weißer Gürtel, dunkle Hosen) übernimmt polizeiliche Aufgaben im ländlichen Raum, die **Police Nationale** (dunkelblaue Kluft, großer Schriftzug »Police« auf dem Rücken) in der Stadt. Die beiden nationalen Einheiten unterstützt die **Police municipale.** Für Notfälle sind **Sicherheitskräfte (CRS)** zuständig, die auch an Stränden Wache halten. Monaco hat eine eigene Polizei.

Die Côte d'Azur gehört zu den **Hochburgen der Kleinkriminalität.** Vor Langfingern, Raub oder Überfall schützen Vorsichtsmaßnahmen, die überall auf der Welt gültig sind. Tragen Sie Ihre Wertsachen niemals hinten im Rucksack. Taschen mit Schulterriemen sollten vor dem Bauch getragen werden. Handys gehören nicht in die hintere Hosentaschen. Seien Sie nachts in Bus und Bahn achtsam; halten Sie nicht an einsamen Rastplätzen, übernachten Sie nicht im Auto!

Beim **Parken** zeigen Sie offen das leere Handschuhfach; auch in der Fahrerkabine sollten keine Gegenstände zu sehen sein.

Lassen Sie sich nicht von **vorgetäuschten Unfällen** oder Pannen ablenken!

Zeit

In Frankreich herrscht Mitteleuropäische Zeit und wird, wie in der gesamten EU, von Ende März bis Ende Oktober auf Sommerzeit umgestellt. 2018 votierte das EU-Parlament für die Abschaffung der Sommerzeit. Ob und wann dies geschieht, wird jetzt geprüft.

Zollbestimmungen

Innerhalb der Europäischen Union können Reisende im Alter von mind. 17 Jahren für Privatzwecke Waren weitgehend zollfrei von und nach Frankreich einführen. Es gelten lediglich gewisse Höchstmengen: z. B. max. 800 Zigaretten, 10 l Spirituosen und 90 l Wein. Souvenirs sind bis 300 € zollfrei.

Für die Schweiz gilt: Der Gesamtwert der eingeführten Waren, Alkohol und Tabak inbegriffen, darf 300 Franken nicht überschreiten. Die Obergrenze bei Alkohol bis 18% Vol. beträgt 5 l, über 18 % Vol. 1 l, Das Limit bei Zigaretten beträgt 250 Stück, bei Fleisch 1 kg. Info: www.ch.ch.

Es ist verboten, Folgendes nach Frankreich einzuführen: Jugendgefährdende, verfassungswidrige Schriften und Medien, Feuerwerkskörper, Drogen und Betäubungsmittel (Ausnahme: vom Arzt verschriebenes Medikament), nicht in Zuchtbüchern eingetragene Kampfhunde wie Staffordshire Bull Terrier, American Staffordhsire Terrier, Mastiff, Boerbulls, Tosas und Molosser.

ANREISE

… mit dem Flugzeug

Nice-Côte d'Azur (www.nice.aeroport.fr) ist der größte Flughafen der Region. Air Dolomiti, Air France, easyJet, Eurowings, Lufthansa und SWISS fliegen direkt dorthin. Marseille-Provence (www.marseille-airport.com), fünftgrößter Flughafen Frankreichs, wird aus D-A-CH mit Zwischenstopp über die Drehkreuze Amsterdam, Brüssel, Paris oder Lyon angeflogen. Von Frankfurt/M. nach Nizza beträgt die Flugdauer 1,5 Stunden. Im Sommer gibt es von Genf, Sion und

Nizza zudem Linienverbindungen mit Air-Glaciers zum kleinen La Môle-Flughafen bei Saint- Tropez (www.sainttropez.aeroport.fr).

… mit der Bahn
Die nationale Eisenbahngesellschaft SNCF verkehrt mit Hochgeschwindigkeitszügen (TGV) zwischen Gare de Lyon in Paris und Nizza. Die Fahrt dauert ca. 6 Stunden. Eine weitere TGV-Route aus Deutschland nach Südfrankreich verläuft über Frankfurt/M. und Karlsruhe über Marseille nach Nizza (www.sncf.com; Tickets: https://de.oui.sncf).

… mit dem Bus
Flixbus (www.flixbus.de) fährt von München aus in 11–22 Stunden je nach Reisetag nach Nizza, Eurolines (www.eurolines.de) von Wien aus in rund 19 Stunden. Fernbus-Portal: www.busbud.com.

… mit dem Auto
Ein durchgehendes, mautpflichtiges Autobahnsystem verbindet die Côte d'Azur mit den wichtigsten Grenzübergängen nach Deutschland, Österreich und in die Schweiz.

ANKUNFT IN NIZZA

… mit dem Flugzeug
Der Aéroport Nice-Côte d'Azur (Tel. 08 20 42 33 33, www.nice.aeroport.fr), 6 km westlich von Nizza an der Küste gelegen, ist der größte Flughafen in der östlichen Provence. Von und nach Hamburg, Stuttgart, München und Düsseldorf, Frankfurt/M., Berlin, Zürich und Wien gibt es direkte Charter- oder Linienflüge. Hinzu kommen Verbindungen via Paris. Terminal 1 fertigt die meisten internationalen Flüge ab, etwa für Lufthansa; Flüge mit easyJet oder Air France gehen über Terminal 2.

Vom Flughafen ins Zentrum von Nizza gelangt man am schnellsten mit dem **Bus.** Lignes d'Azur (www.lignesdazur.com) betreibt zwei Linien vom Flughafen in die Stadt. Bus 98 fährt den Busbahnhof *(gare routière)* im Zentrum von Nizza über die Promenade des Anglais an. Die Abfahrtstellen befinden sich an Terminal 1, Stand 1, bzw. Terminal 2, Stand 5. Express Bus 99 fährt ab Terminal 1, Stand 1, oder Terminal 2, Stand 4, zum Bahnhof von Nizza (Gare SNCF). Der Weg zum Zentrum dauert 20 Minuten. Das Aéro-Ticket kostet für eine einfache Fahrt 6 €, ist am Automaten sowie im Büro gegenüber der Haltestelle vor Terminal 2 erhältlich und muss vor Fahrtantritt entwertet werden. Weitere Infos unter www.nice.aero port.fr oder www.lignesdazur.com.

Der **TER-Bahnhof** (Trains Express Régionaux, Regio-Expresszüge) Nice St-Augustin liegt 1,2 km nördlich von Terminal 1. Von hier fahren Züge zum Hbf. von Nizza. Vor beiden Terminals warten **Taxis.** Die Fahrt ins Zentrum kostet 35–50 €; an Sonn- und Feiertagen sowie nachts von 19 und 7 Uhr sind Zuschläge zu zahlen. Bezahlt wird bar oder mit EC-Karte; keine Kreditkarten!

Die **Mietwagenagenturen** in den Ankunftshallen haben bis 22 Uhr geöffnet. Spätabends können Sie Fahrzeuge noch in der Mietwagenzone im Terminal 2 hinter Parkplatz P 5 leihen. Vom Flughafen fährt man 15 bis 30 Minuten auf der N 7 bis ins Zentrum. Zwischen beiden Terminals verkehrt im 7- bis 10-Minuten-Takt ein kostenloser Shuttlebus.

… mit der Bahn
Die staatliche Eisenbahngesellschaft Société Nationale des Chemins de Fer (SNCF, Tel. 08 92 35 35 35, www.sncf.com, Tickets/Infos auf dt.: https://de.oui.sncf) bedient sämtliche Eisenbahnlinien.Von Paris fährt man in 5 Stunden und 45 Minuten mit dem Hochgeschwindigkeitszug **TGV** (Train à Grande Vitesse) über Lyon oder Marseille nach Nizza. Im Sommer fahren die Züge fünfmal pro Tag, im Winter zweimal.

CORAIL-Züge verkehren auf längeren Strecken (Grandes Lignes), **TER-Züge** auf regionalen Strecken (Lignes Régionales). Der Bahnhof von Nizza wird täglich von sieben Zügen aus dem Ausland und 20 Zügen aus französischen Großstädten angefahren. Eine Besonderheit ist der **Pinienzapfenzug** (Train de Pignes), der als letzte Zugverbindung der ehemaligen Compagnie des chemins de fer du Sud de la France seit 1911 Nizza mit Digne-les-Bains verbindet. Zwischen Nizza und französischen Großstädten fahren **Intercités de Nuit** mit Liegewagen *(couchettes)* – für alleinreisende Frauen gibt es separate Abteile. Bitte frühzeitig über die SNCF buchen.

... mit dem Auto

Nizza ist über das ausgedehnte Autobahnnetz mit vielen europäischen Großstädten verbunden. Die mautpflichtige A 8 (La Provençale) führt nach Aix-en-Provence im Westen und zur italienischen Grenze im Osten. Von Paris nach Nizza fährt man mit dem Auto rund neun Stunden. Von der Autobahn zweigen fünf Abfahrten ins Stadtzentrum von Nizza ab. Sie heißen Promenade des Anglais (Ausfahrt 50), St-Augustin (51), St-Isidore (52), Nice-Nord (54) und Nice-Est (55).

... mit dem Bus

Der Busbahnhof (Gare Routière) von Nizza in der Avenue des Diables Bleus wird von Quibus, Eurolines, Flixbus und Isilines angefahren. Dort können Sie auch auf die Stadtbusse umsteigen.

ANKUNFT IN MONACO

... mit dem Flugzeug

Anlaufpunkt für Flugreisende nach Monaco ist der Internationale Flughafen Nice-Côte d'Azur. Man kann die 17 km nach Monaco mit dem Auto, dem Bus oder in sieben Minuten mit dem **Hubschrauber** zurücklegen. Helikopter starten täglich alle 20 Minuten, der einfache Flug kostet ab 130 € pro Person (www.heliairmonaco.com).

Busse von Rapides Côte d'Azur (Linie 110, Tel. 08 20 42 33 33, www.rca.tm.fr) fahren stündlich von beiden Flughafenterminals ab. Die Fahrt bis ins Zentrum von Monte-Carlo dauert 45 Minuten (einfache Fahrt 22 €, Hin- und Rückfahrt 33 €).

Taxis benötigen rund 35 Minuten, die Fahrt kostet je nach Fahrzeug 75–90 €; von 19 bis 7 Uhr sowie am Wochenende und an Feiertagen werden Zuschläge erhoben.

... mit der Bahn

Von den meisten europäischen Großstädten aus erreicht man Monaco über die TGV-Strecke ab Paris (5 Stunden, 45 Minuten)

oder mit den langsameren TERs, die Monaco mit Städten in der Region verbinden.

Internationale Zugverbindungen führen von Paris nach Ventimiglia (Train Bleu) oder von Marseille nach Mailand (Ligure). Der Metrazur fährt alle Orte an der Côte d'Azur bis zur italienischen Grenze an, im Sommer jedoch enger getaktet als im Winter.

... mit dem Auto

Monaco ist mit Frankreich und Europa über ein verzweigtes Netz von Autobahnen verbunden. Die drei Corniches (S. 78) sind Panoramastraßen zwischen Nizza und Monaco. Über die mautpflichtige A 8 gelangt man im Sommer schneller ans Ziel.

... mit dem Schiff

Monaco besitzt zwei Jachthäfen: **Port Hercule** mit 700 Liegeplätzen im Stadtteil La Condamine und **Port Fontvieille** mit 275 Liegeplätzen. Ebenfalls von Monaco Ports betrieben eröffnete 2018 die **Marina Cala des Forte** acht Seemeilen außerhalb von Monaco bei Ventimiglia mit 171 Liegeplätzen für bis zu 60 m lange Schiffe (www.ports-monaco.com).

Kreuzfahrtschiffe machen am Quai Rainier III fest oder liegen in der Bucht auf Reede – dann werden die Gäste mit Tenderbooten an Land gebracht (www.monacocruise.com).

ANKUNFT IN CANNES

... mit dem Flugzeug

Mehrere Buslinien pendeln zwischen Cannes und dem 27 km entfernten Flughafen Nice-Côte d'Azur. **Bus Nr. 200** von Lignes d'Azur fährt alle 30 Min. ab Terminal 2, Stand 3 (Tageskarte 4 €) – allerdings hält er unterwegs 57 Mal! Schneller geht es mit der **Expressbus-Linie 210** von Rapides Côte d'Azur (Tel. 082 04 32 33 33, www.rca.tm.fr); sie verkehrt tägl. 8–20 Uhr von beiden Terminals (einfach 22 €, hin/zurück 30 €). Die **Taxifahrt** vom Flughafen nach Cannes kostet ab 80 €. Mit dem **Hubschrauber-Shuttle** geht es in zehn Minuten vom Flughafen nach Cannes (einfacher Flug ab 160 € pro P.). Die Helikopter starten alle 30 Minuten, vom

Landeplatz fährt ein kostenloser Shuttlebus ins Zentrum (www.azurhelico.com).
Der kleinere **Aéroport Cannes-Mandelieu** (www.cannes.aeroport.fr), 8 km außerhalb von Cannes, fertigt Privat-/Charterflüge ab.

… mit der Bahn
Der Bahnhof von Cannes (Gare SNCF) im Stadtzentrum wird von TGVs, TERs und CORAIL-Zügen angefahren (www.sncf.com, Tickets/Infos auf dt.: https://de.oui.sncf).

… mit dem Auto
Man erreicht Cannes über die mautpflichtige Autobahn A 8, Abfahrt Cannes Est (42).

ANKUNFT IN SAINT-TROPEZ

… mit dem Flugzeug
Die am nächsten gelegenen Flughäfen sind Toulon-Hyères (52 km), Nice-Côte d'Azur (65 km) und St-Tropez/La Mole (20 km). In La Mole landen in der Sommersaison die Linienflieger von Air-Glaciers aus Genf, Nizza und Suion. Ein **Taxi** vom Flughafen Nizza nach St-Tropez kostet rund 250 €.

Die **Buslinien 7601 und 3003** des Départements Var bringen Sie mit einmal Umsteigen in gut drei Stunden zum 106 km entfernten Flughafen von Nizza.

… mit der Bahn
Saint-Tropez besitzt keinen Bahnhof.

… mit dem Bus
Busse fahren von der Stadt zu den Bahnhöfen in St-Raphaël/Fréjus, Arcs-Draguignan und Toulon. Busse der Gruppe Beltrame (www.groupe- beltrame.com) verbinden die Kommunen im Var (www.varlib.fr) sowie Saint-Tropez mit Fréjus und St-Raphaël, den Drehkreuzen ins Umland (www.agglobus-cavem.com).

… mit dem Auto
Von Marseille–Aix über die mautpflichtige Autobahn A 8 bis zur Ausfahrt am Autobahnkreuz Le Cannet-des-Maures, dann 38 km über die D 558. Von Nizza über die Autobahn A 8 bis zum Autobahnkreuz Le Muy, dann 40 km auf der D 25.

UNTERWEGS AN DER CÔTE D'AZUR

Sie können die Côte d'Azur im Hubschrauber überfliegen, wenn Ihnen danach ist, aber Bus und Bahn bringen Sie günstiger an Ihr Ziel. Kleinere Orte abseits der bekannten Routen erreicht man am besten im eigenen oder geliehenen Fahrzeug.

… in der Luft
Vor allem zwischen dem Flughafen von Nizza und Monaco erfreuen sich **Hubschrauberflüge** großer Beliebtheit. Mehrere Gesellschaften pendeln zwischen diesen und weiteren Orten an der Küste, darunter Héli Air Monaco (www.heliairmonaco.com) und Azur Hélicoptère (www.azurhelico.com). In Terminal 1 gibt es in der Ankunftshalle einen gemeinsamen Informationsschalter.

… mit der Bahn
Hochgeschwindigkeitszüge **(TGV)** verbinden Paris mit vielen Städten entlang der Côte d'Azur, darunter Toulon, Hyères, Les Arcs, Draguignan, St-Raphaël, Antibes, Cannes, Nizza, Monaco und Menton.

Regionale **TERs** verbinden pünktlich und zuverlässig die Orte der Côte d'Azur bis zur italienischen Grenze (https://de.oui.sncf). Die **Mitnahme von Fahrrädern** ist in den Regionalzügen außerhalb der Stoßzeiten (Mo–Fr 7–9 und 16.30–18.30 Uhr) erlaubt.

Fahrscheine gibt es am Automaten und nur in größeren Orten noch am Schalter. Die Fahrkarten müssen vor Fahrtantritt in den orangefarbenen Boxen am Gleis entwertet werden. Gibt es keinen Entwerter, übernimmt der Schaffner die Aufgabe.

… mit dem Bus
Mehrere Busunternehmen verbinden die Städte an der Côte d'Azur miteinander, doch kann es schwierig werden, kleine Orte zu erreichen. An Sonn- und Feiertagen ist der Fahrplan eingeschränkt.

Fahrpläne hängen an den Bushaltestellen und in den Büros der Busunternehmen. Busbahnhöfe *(gares routières)* befinden sich meistens im Stadtzentrum unweit des Bahnhofs (Gare SNCF).

Fahrscheine erhält man häufig im Bus oder auch an Kiosken in der Stadt. Fahrscheine müssen im Bus entwertet werden. Auf allen Linien der Alpes-Maritimes kostet die einfache Fahrt mit dem Ticket Azur stets 1,50 €. In Nizza und Umland sowie zum Flughafen fahren Busse von Lignes d'Azur (Tel. 08 10 06 10 06, www.lignesdazur.com). Die Endhaltestelle befindet sich am Boulevard Jean Jaurès, gleich beim Busbahnhof *(gare routière)* für Überlandfahrten.

Fahrscheine für Busse von Lignes d'Azur (www.lignesdazur.com) gibt es im Bus, an Automaten bei den Haltestellen und in den Bar-Tabacs. Einzelfahrscheine kosten 1,50 €, Sammelkarten 10 € (10 Fahrten). Tagestickets kosten 5 €, für sieben Tage 15 €. Für das Aéroticket zum Flughafen sind 6 € zu entrichten.

Praktischer ist das papierlose **NFC Nice Ticket** online auf dem Handy. Der **French Riviera Pass** koppelt die freie Fahrt im Nahverkehr für 24 (30 €), 48 (46 €) oder 72 Stunden (68 €) mit kostenlosem Eintritt in Museen und andere Attraktionen. Die Compagnie des Autobus de Monaco (www.cam.mc) betreibt Busse in **Monaco,** die das Fürstentum auf sieben Routen durchkreuzen. Die Strecken 1 und 2 verbinden Monaco-Ville mit Monte-Carlo. Tickets erhalten Sie im Bus als Einzelfahrschein (2 €), 6er-Set (11 €) oder als Tagesticket (5,50 €).

In **Cannes** fahren Busse von Palm Bus (www.palmbus.fr) durch die Stadt und in die umliegenden Ortschaften (6–20.30 Uhr). Informationen gibt es an der Bushaltestelle auf der Place Cornut Gentille (Tel. 08 25 82 55 99). Sillages bietet Fahrten von Cannes **nach Norden** in die Hügel rund um Grasse an (Tel. 08 00 09 50 00/04 93 64 88 84, www.sillages.eu). Bei Palm Bus kostet der Einzelfahrschein 1,50 €, das Zehner-Carnets 12 €, die Tageskarte 4 €, die Wochenkarte 13,50 €. Einzelfahrscheine erhält man im Bus, alle anderen am Busbahnhof.

In **Saint-Tropez** gibt es kein städtisches Busnetz. Busse von SoTravels (Tel. 08 25 00 06 50, www.sotravels.fr) fahren vom Busbahnhof aus am **Golfe de Saint-Tropez** entlang. Sie verbinden die Stadt mit Orten in der Region und den Bahnhöfen in Toulon und Saint-Raphaël. Fahrscheine im Bus. Agglobus (www.agglobus-cavem.com) und Varlib (www.varlib.fr) erschließen Stadt und Umland von St-Raphaël und bedienen die Corniche de l'Esterel zwischen St-Raphaël und La Trayas.

… mit der Tram
Eine über 9 km lange Straßenbahnlinie *(tramway)* in **Nizza**, die die Autobahnausfahrten Nice-Nord und Nice-Est mit der Place Masséna im Zentrum verbindet, wurde 2013 bis zur Klinik Pasteur im Norden erweitert. Die 11,3 km lange Ost-West-Verbindung vom Hafen zum Flughafen mit 20 Stationen, davon zwei unterirdischen, wird seit 2018 sukzessive eingeweiht.
Eine dritte, 7 km lange Linie vom Flughafen ins Éco-Vallée mit elf Stationen ist seit 2017 im Bau; die Einweihung ist für Ende 2019 geplant. Einzelfahrscheine kosten 1,50 €, Sammelkarten 10 € (10 Fahrten). Tagestickets kosten 5 € und für sieben Tage 15 €. Praktischer ist das papierlose NFC Nice Ticket auf dem Handy (http://tramway.nice.fr).

… mit dem Taxi
Bei Taxifahrten wird eine Grundgebühr verlangt, dazu kommen ein Kilometerpreis und eventuell Zuschläge für Gepäck, Nacht- (19–7 Uhr), Feiertags- oder Sonntagsfahrten. In jedem Taxi gibt es einen Taxameter *(compteur)*. Taxistände in Ortschaften sind mit einem blauen Taxischild markiert. Wird telefonisch ein Taxi bestellt, läuft der Taxameter ab dem Moment, in dem es zum Abholen aufbricht. Bezahlt wird bar oder mit EC-Karte; Kreditkarten werden nur sehr selten angenommen. 10 % Trinkgeld sind üblich.

… mit dem Auto
Im Sommer strömen die Touristen an die Côte d'Azur, es kommt daher an der Küste oft zu Staus. Von Paris zweigt fächerförmig ein dichtes Netz von **Autobahnen** ab *(autoroutes)*, auf Karten und Straßenschildern mit »A« markiert). Dort wird fast immer eine **Maut** erhoben, die mit Kreditkarten wie Mastercard oder Visa an den Zahlstellen der Autobahn *(péage)* beglichen wird.

Hinzu kommt ein engmaschiges Netz anderer Straßen, das neben den gut ausgebauten **Nationalstraßen** *(routes nationales – »N«)* auch kleinere **Landstraßen** *(routes départementales – »D«* und noch kleinere Sträßchen – *»E«)* umfasst. Auf ihnen gilt seit Juli 2018 Tempo 80.

Wer mit dem **eigenen Wagen** nach Frankreich fährt, muss einen gültigen Ausweis, Führerschein und Kfz-Schein mit sich führen. Falls der Fahrer nicht der Halter ist, benötigt er außerdem von diesem eine Vollmacht. Mindestens sollte man eine Teilkaskoversicherung abgeschlossen haben, besser ist eine Vollkaskoversicherung. Achten Sie darauf, dass die Versicherung Schäden deckt, die bei Überführungen entstehen, und dass ausreichender Pannenschutz besteht (Infos unter www.adac.de oder einem anderen Pannendienst). Ohne EU-Kennzeichen muss das Fahrzeug das Nationalitätenkennzeichen am Heck tragen, der Fahrer zusätzlich die grüne Versicherungskarte mit sich führen. Diese Pflicht entfällt mit EU-Kennzeichen.

… mit dem Mietwagen

Wer einen Mietwagen leihen und fahren will, muss mindestens 21 Jahre alt sein und den Führerschein seit mindestens einem Jahr besitzen. Einige Mietwagenagenturen haben die Altergrenze auf 25 Jahre heraufgesetzt. Die obere Altersgrenze liegt bei ca. 70 Jahren. Führerschein, Ausweis und Kreditkarte sind vorzulegen. Große Autoverleiher wie Avis, Sixt oder Hertz haben Schalter an den Flughäfen, Bahnhöfen und in allen größeren Städten in Frankreich. Bei den meisten ist eine Abgabe an einem anderen Ort kein Problem, Einwegmieten kosten jedoch einen Aufpreis.

Die meisten Mietverträge umfassen unbegrenzte Kilometer, Vollkaskoversicherung, Diebstahlschutz und einen 24-Stunden-Pannendienst. Bei größeren Entfernungen werden mitunter Kilometerpreise berechnet. Achten Sie unbedingt auf ausreichenden Versicherungsschutz im Fall von Unfällen. Billiganbieter verlangen oft übertrieben hohe Summen für Schäden am Fahrzeug.

Auf Frankreichs Straßen

Autofahrer müssen mindestens 18 Jahre alt sein, Mietwagenfahrer 21 Jahre. Auf schmalen Straßen möglichst weit rechts halten *(serrez à droite)*. Die **Geschwindigkeitsbegrenzungen** liegen bei 50 km/h in geschlossenen Ortschaften, seit 1. Juli 2018 80 km/h auf Landstraßen, 110 km/h auf zweispurigen Schnellstraßen und mautfreien Autobahnabschnitten (bei Regen 100 km/h) und 130 km/h auf mautpflichtigen Autobahnen (110 km/h bei Regen). Überschreiten Fahrer aus der EU die Geschwindigkeitsbegrenzung um mehr als 25 km/h, müssen sie damit rechnen, dass die Polizei den Führerschein einzieht. Gängig ist die Tempoüberprüfung nicht nur punktuell, sondern auch über größere Distanzen.

Bei **Kreiseln** geben die Schilder »Cédez le passage« oder »Vous n'avez pas la priorité« an, dass der Kreisverkehr Vorfahrt hat. Wer an mehr als einer Ausfahrt des Kreisel vorbei muss, fährt innen! An Kreuzungen biegen entgegenkommende Fahrzeuge hintereinander ab.

Die **Promillegrenze** liegt bei 0,5 ‰. **Tankstellen** bieten bleifreies Benzin (95 und 98 Oktan), Super Plus *(supercarburant)* und Diesel *(gasoil* oder *gazole)* an. Viele Tankstellen sind sonntags und abends ab 18 Uhr geschlossen. Auszüge aus der französischen Straßenverkehrsordnung unter https:// de.ambafrance.org.

In Frankreich ist in immer mehr Städten und Regionen die **Umweltvignette** Crit'Air Pflicht (www.certificat-air.gouv.fr).

… mit dem Fahrrad

An der Côte d'Azur verläuft ein Teilstück der **EuroVelo 8** (http://de.eurovelo8.com). Die 5388 km lange Radroute führt durch elf Anrainerstaaten am Mittelmeer. Von Théoule-sur-Mer bis Menton erstreckt sich auf 74 km die »La Littorale«, die auch die Croisette von Cannes berührt. Die Strecke ist im Ausbau inbegriffen, fertiggestellt sind 15 km von Nizza bis Villeneuve-Loubet und ein 2,4 km langer Abschnitt von Cannes bis Golfe Juan. Nizza ist als »Ville Vélotouristique« (Stadt des Fahrradtourismus) besonders gut auf Radtouristen eingestellt.

Wer nicht mit dem eigenen Drahtesel seine 125 km Radwege erkunden möchte, kann in Nizza, Cagnes-sur-Mer und Saint-Laurent-du-Var an 175 Station eines der 1750 **Stadträder von Vélobleu** mit Kreditkarte entleihen. Berechnet werden Grundgebühr (1 Tag € 1,50, 1 Woche 5 €) und Zeit: 1. Stunde 1 €, ab 2. Stunde 2 €, die ersten 30 Minuten der ersten Stunde sind frei (www.velobleu.org).

SIGHTSEEING

Nizza

Mit einem Audioguide auf Deutsch entdecken Sie bei GPS-Touren in offenen **Nice-Car-Zweisitzern** auf eigene Faust und doch geführt (ab 50 €, www.nice-car.fr). In offenen Doppeldeckern lädt **Nice Open Tour** zur Besichtigung von Nizza und Villefranche-sur-Mer (www.nice.opentour.com).

Zahlreich sind die Angebote, Stadt und Hinterland mit dem Fahrrad zu entdecken – auf Wunsch auch mit dem **e-Bike** (www.nice-azur-visit.com). Happymoov zeigt Nizza im **Vélotaxi** ganz individuell (2 Pers. 20 Min. 20 €, 30 Min. 30 €, 60 Min. 60 €, 90 Min. 90 €; https://www.happymoov.com/transport).

Was für kulinarische Köstlichkeiten Nizza bereithält, verrät »The French Way« bei einer 3,5-stündigen **Food Tour** durch die Altstadt (70 €, www.thefrenchway.fr).

Als spannende Schatzsuche inszeniert **Chasse aux Trésors** die Stadtbesichtigung (30 €, www.chasse-tresor.fr).

Vom Cap de Nice über die Promenade des Anglais bis zur Bucht von Villefranche und bis nach Saint-Tropez oder Monaco präsentieren **Schiffsausflüge** mit Trans Côte Azur die traumhaft schöne Szenerie der Küste (www.trans-cote-azur.com).

Monaco

Ein oder zwei Tage sind die Fahrscheine von Le Grand Tour gültig, bei der man im roten Doppeldecker bei einer **Hop-On-Hop-Off-Tour Monaco** entdecken kann (22/25 €, www.monacolegrandtour.com).

Cannes

Die weiße Minibahn **Le Petit Train de Cannes** startet tägl. ab 10 Uhr am Palais des Festivals zu einer einstündigen Stadtrundfahrt (10 €, www.cannes-petit-train.com).

Im leicht hügeligen Cannes ist das **Segway** eine sehr entspannte Alternative zum Stadtrundgang zur Fuß, 30 Minuten, eine Stunde und sogar zwei Stunden lang (www.mobilboard.com).

Riviera Lines startet zu Schiffsausflügen entlang der Corniche d'Or mit dem Esterel-Gebirge und setzt zu den Lérins-Inseln über (www.riviera-lines.com).

Saint-Tropez

Im Hafen von Saint-Tropez legen »La Pouncho« (www.lapouncho.com), »Brigantin II« (www.lebrigantin.com) und die »Bateaux Verts« (www.bateauxverts.com) von März bis November zu **Bootsausflügen** ab.

Von April bis Oktober beginnen tägl. um 10 Uhr vor dem Bureau d'Accueil am Quai Jean Jaurès **Stadtrundgänge** des Office de Tourisme (6 €). Dort können Sie sich auch iPads für einen geführten Rundgang **auf eigene Faust** ausleihen (Sprachen: Französisch, Englisch, Italienisch; 3 €)!

ÜBERNACHTEN

Die Côte d'Azur wartet mit einer großen Bandbreite von Unterkünften auf. Hier finden man einige der luxuriösesten Hotels Frankreichs, aber auch weniger exklusive Herbergen. Neben Hotels gibt es auch *chambres d'hôtes* (private Gästezimmer), *gîtes* (Ferienwohnungen und -häuser), *auberges* (Gasthöfe) und Campingplätze.

Hotels

Französische Hotels werden regelmäßig inspiziert und nach **fünf Kategorien** klassifiziert: (1*–5*, plus Palace). Die Zimmerpreise (inklusive Steuern) müssen außen am Hotel und in den Zimmern ausgewiesen sein. In der Regel gilt der Preis pro Zimmer, nicht pro Person. Frühstück wird meistens extra berechnet. Familien erhalten oft gegen einen geringen Aufpreis ein Zustellbett *(lit supplémentaire)*.

Internationale Hotel- und Motelketten kann man meistens ohne Bedenken wählen, doch findet man zu vergleichbaren Preisen auch individuellere Angebote. Für Reisende, die neugierig auf französische Hotellerie sind, bieten sich die Unterkünfte des Verbandes **Logis de France** an, der eigene Qualitätskriterien für Hunderte von Häusern in ganz Frankreich entwickelt hat. Viele Hotels haben ein eigenes Restaurant, das auf gute Regionalküche setzt. Die Logis tragen Kamin- und Topfsymbole anstelle von Sternen. Man findet die Häuser unter www.logishotel.com.

Auf der anderen Seite der Preisskala stehen die **Luxushotels.** Traditionelle Belle-Époque-Häuser wie das Carlton Intercontinental von Cannes oder das Négresco in Nizza strahlen Prestige und Eleganz vergangener Zeiten aus.

Wer es moderner mag, fühlt sich in **Designhotels** wie dem Spity-Hotel in Nizza (www.spityhotel.com) wohl. In den meisten Luxushotels gibt es Wellnesscenter mit Kosmetikstudios. Kleiner, aber genauso teuer sind **Boutiquehotels** mit wenigen, von Topdesignern gestalteten Zimmern.

Pensionen

Chambres d'hôtes sind das französische Gegenstück zu Bed & Breakfast und bieten Unterkünfte in Privathäusern vom Bauernhof bis zum Schloss. Der größte Dachverband der mit Kornähren *(épis)* klassifizierten Privatzimmer in allen Kategorien ist **Gîtes de France** (www.gites-de-france.fr), elegante Privatunterkünfte findet man unter **Chambre d'Hôtes de Charme** (www.chambresdho tesdecharme.com). Zudem gibt es landesweite Organisationen wie **Fleurs de Soleil** (www.fleursdesoleil.fr) oder **Clévacances** (www.clevacances.com).

Das Frühstück in privaten Gästezimmern fällt mit verschiedenen Brotsorten und selbst gemachter Marmelade oft reichlicher aus als in Hotels. Einige Gästezimmer bieten die *table d'hôte* an, ein Arrangement, bei dem die Gäste zusammen mit der Familie ein oft reichliches Abendessen inklusive aller Getränke zum Festpreis einnehmen.

Selbstversorger

Gîtes sind Cottages, Villen und Apartments für Selbstversorger in ganz Frankreich, häu-fig sogar mit Swimmingpool. Sie eignen sich besonders gut für Familien, denn sie sind schlicht und preiswert (Bettwäsche mitbringen oder leihen) und haben rustikalen Charme.

Viele der schönsten *gîtes* sind im Verband **Gîtes de France** zusammengeschlossen, der sie regelmäßig inspiziert und klassifiziert. Infos unter www.gites-de-fran ce.fr und bei den Fremdenverkehrsämtern.

Jugendherbergen und preiswerte Unterkünfte

Preiswerte Unterkunft findet man in einer Reihe von Jugendherbergen *(auberges de jeunesse)* an der Côte d'Azur. Die meisten berechnen Gästen, die nicht Mitglied im Jugendherbergsverband ihrer Heimat (www.jugendherberge.de) sind, einen kleinen Aufschlag. Eine Liste der Jugendherbergen der Region erhält man über den französischen Jugendherbergsverband, die **Fédération Unie des Auberges de Jeunesse** (Tel. 01 48 04 70 40, www.fuaj.org).

Auf Buchungsplattformen wie Booking.com finden Sie ebenfalls preiswerte Hostels. Sehen Sie sich das Zimmer vor allem in Billigunterkünften erst an, bevor Sie es buchen und im Voraus zahlen.

Camping

Die Campingplätze werden genau wie Hotels inspiziert und mit Sternen klassifiziert. Es gibt ganz einfache Plätze (Strom, Duschen, Waschräume), aber auch sehr luxuriöse mit Swimmingpool, Sportangeboten für Familien, Restaurants und Bar sowie Kinderbetreuung. Viele Campingplätze verfügen über vorinstallierte Zelte und Container mit einer Küchenzeile und festen Betten.

Auf Campingplätzen wird es vor allem im Juli und August oft sehr voll. Deshalb sollte man für die Hauptsaison (April–Okt.) sehr frühzeitig buchen. Informationen erteilt der französische **Campingplatzverband** (www.campingfrance.com).

Es ist verboten, auf dem Strand zu schlafen oder am Straßenrand im Wohnwagen oder Wohnmobil zu übernachten. **Wildes Campen** *(camping sauvage)* ist ebenfalls häufig verboten, vor allem in Gegenden mit

Waldbrandgefahr. Im Zweifelsfall sollten Sie in der nächsten Kommune nachfragen.

Saisonale Preisschwankungen
An der Côte d'Azur werden zwischen April und Oktober, vor allem aber im Juli und August, deutlich erhöhte Preise verlangt.

ESSEN UND TRINKEN

Die französische Küche ist ein immaterielles Welterbe und die Franzosen legen viel Wert auf Essen und gute Küche. Probieren Sie regionale Spezialitäten, und versuchen Sie, auf Französisch zu bestellen – Sie werden garantiert freundlicher bedient.

Essen
Essen, das bedeutet für Franzosen keine schnöde Nahrungsaufnahme, sondern ist ein geselliges Ereignis, das gerne **zelebriert** wird. Während zum *déjeuner* mittags auch legere Kleidung geduldet ist, ziehen sich die Franzosen für das Dîner am Abend schick an, reservieren vorab einen Tisch und nehmen sich Zeit. Sie essen langsam, machen Pausen, unterhalten sich, essen dann weiter... mindestens zwei Stunden lang.

Gourmettempel schmücken **Michelin-Sterne** oder Kochmützen von **Gault et Millau**; Lokale mit gutem Preis-Leistungs-Verhältnis und lokaler Küche kennzeichnet der **Bib Gourmand.**

Wer entdecken will, wählt ein *menu découverte* oder *dégustation* mit ausgewählten Gerichten und Weinen zum Festpreis. Typische lokale Küche und traditionelle französische Hausmannskost servieren **Brasserien** und **Bistro(t)s,** die oft länger geöffnet sind als Restaurants.

Der Speise-Zusatz »**provençal/e**« bezeichnet Gerichte mit Olivenöl, Knoblauch, Tomaten, Zwiebeln und Kräutern. Bei »**Niçois/e**« kommen noch Oliven, Kapern, Anchovis und Estragon hinzu.

Mittags zu speisen ist günstiger als abends; Menüs sind preiswerter als à la carte. Ein **Plat du jour** (Tagesgericht) oder ein **Menu du jour** (Tagesmenü) ist mittags die beste Option: authentisch und günstig, Wein und Kaffee oft inklusive.

Mittags ist das Gros der Restaurants von 12 bis 14.30, abends von 19 bis 22 Uhr geöffnet. Klassische **Ruhetage** sind Sonntagabend und Montag; viele Lokale schließen November und Ostern.

Die **Rechnung** (*l'addition*) schließt die Bedienung mit ein (*service compris* oder *s.c.*). Dennoch sind einige Münzen in einer Bar und etwa fünf Prozent des Rechnungspreises in Restaurants als **Trinkgeld** üblich. Seit 2008 darf in allen Restaurants nicht mehr geraucht werden.

Getränke
Die **Cafés** bieten bereits um 7 Uhr – und bis spät nachts – Kaffee, Tee, kleine Gerichte und – auch das gehört für ältere Franzosen bereits morgens dazu – ein Gläschen Wein. Eine *carafe d'eau* (Leitungswasser) kommt zum Essen kostenlos auf den Tisch. **Mineralwasser** (*eau*) gibt es mit Kohlensäure (*gazeuse/pétillante*) und still (*non gazeuse*).

Mit **Bier** (*bière*) ist meist helles Lagerbier (*blonde*) gemeint. Als einzige **Weinbauregion** Frankreichs hat sich die Provence auf Roséweine spezialisiert. Aus Grenache, Carignan und Cinsault werden pfirsichfarbene, oft sehr transparente Tropfen gekeltert. Berühmt: der Bellet aus Nizza. Aber auch Rot- und Weißwein werden angeboten; preiswert als Tafelwein (*vin de table*) in der Karaffe (*pichet*). Die Alkoholgesetze sind strenger als in Deutschland; Minderjährige dürfen ab 16 Jahren im Beisein von Erwachsenen ein Glas Bier oder Wein trinken. Sind sie allein unterwegs, gilt: kein Alkohol!

Das sollten Sie kosten!
Fisch und Meeresfrüchte prägen die Küche der Côte d'Azur, die viele regionale Spezialitäten kennt. Besonders beliebt ist der *loup* (Seebarsch), gerne über einem Feuer aus Fenchelzweigen gegart (*fenouil*) oder flambiert mit Pastis. Auch *estocaficada* (Stockfisch-Eintopf) gibt es in fast allen Restaurants an der Küste. In Tang gewickelter Seeigel (*oursins*) ist eine seltene wie teuere Delikatesse – Franzosen lieben den feinen Geschmack der sternförmig angeordneten Gonaden im Innern, die sie mit Zitrone beträufeln und auslöffeln. *Moules frîtes* (Mu-

scheln mit Pommes frites) sind eine leckere
wie preiswerte Mahlzeit.

Aïoli ist eine Knoblauch-Mayonnaise
– und der Name für ein typisch provenzalisches Gericht mit gedünsteten Kartoffeln,
Gemüse, Fischfilet, Seeschnecken und
Knoblauchdip. Herzhaft, besonders in der
kühlen Jahreszeit, ist das *Daube de boeuf*
(in Rotwein geschmortes Rindfleisch,
gewürzt mit Zimt und Zitronenschale).

Gedünstete Tomaten, Zwiebeln,
Zucchini, Auberginen und Paprika kommen
ins **Ratatouille,** das bekannteste vegetari-
schen Traditionsgericht der Küste. Gewürzt
werden viele Gerichte mit den **Herbes de
Provence,** einer aromatischen Mischung von
Bohnenkraut, Majoran, Thymian, Rosmarin
und Lavendelblüten, mitunter ergänzt mit
Lorbeer, Basilikum oder Kerbel.

Typisch für Nizzas Küche sind *farcis,*
gefüllte Zucchini, Tomaten und Artischo-
ckenherzen. Zur berühmten **Salade Niçoise**
gehören Thunfisch, Ei, schwarze Oliven,
Blattsalat, grüne Bohnen, Tomaten und
Sardellen.

Die **Pizza der Küste** heißt *pissaladière*
und wird mit Crème fraiche, Oliven und
Zwiebeln gebacken. Ein Gaumenschmaus
von Nizza ist auch die *socca.* Der **Pfannkuchen aus Kichererbsenmehl** wird dort
ofenfrisch auf dem Markt gebacken!

Aus den schwarzen oder grünen Oliven
wird die schmackhafte *tapenade,* **Olivenpaste** mit Kapern und Sardellen, zum
Aperitif auf Röstbrot serviert. Kosten Sie die
chèvres, **Ziegenkäse,** wie den in Kastanien-
blätter gewickelten Banon oder den Brousse
du Rove. Und beim Naschwerk? Da sind
kandierte Früchte – Quitten, Aprikosen,
Melonen, Birnen und Feigen – eine Spezialität, ebenso Quittenpaste *(pâte de coing).*

EINKAUFEN

Die Orte entlang der Côte d'Azur bieten
Einkaufsmöglichkeiten aller Art, von den
superschicken Boutiquen in Monaco bis zu
quirligen Wochenmärkten in kleinen Dörfern. Die Preise sind überall hoch, ganz
gleich, ob bei Haute Couture oder Pralinen
in einer Pâtisserie, aber wer kann an

diesem wundervollen Küstenstreifen schon
der Versuchung widerstehen?

Wohin zum Einkaufen?
Märkte *(marchés)* zeigen Frankreich von seiner typischsten Seite und bieten eine wunderbare Gelegenheit, um die Atmosphäre
und die regionalen Produkte Südfrankreichs
kennenzulernen. In größeren Städten ist
täglich Markt, in kleineren mindestens einmal pro Woche. Meistens öffnet er um 7 und
schließt um 12 Uhr.

Am Cours Saleya in Nizza und am Strand
von Fréjus findet an Sommerabenden ein
marché nocturne **(Nachtmarkt)** statt. Die
meisten Märkte sind Erzeugermärkte, sodass
die Verkäufer alles über ihre Produkte
wissen. Es gibt auch spezielle Märkte für
Bücher, Antiquitäten, Blumen, Glas und
Tonwaren.

Lebensmittelgeschäfte sind in der Regel
Dienstag bis Sonntag 7/8 bis 18.30/19.30 Uhr
geöffnet, eventuell mit einer Mittagspause
von 12 bis 14 Uhr. Einige öffnen am Montag-
nachmittag, Bäcker meistens auch am Sonntagmorgen. Mit Ausnahme der Supermärkte
sind viele Lebensmittelgeschäfte auf eine
bestimmte Produktsorte spezialisiert.

In jedem größeren Ort gibt es eine
Bäckerei *(boulangerie),* eine **Konditorei**
(pâtisserie), einen **Käseladen** *(fromagerie),*
eine **Schlachterei** *(boucherie/charcuterie),*
einen **Delikatessenladen** *(traîteur)* und
einen **Fischladen** *(poissonnerie).*

Supermärkte *(supermarchés* und
hypermarchés) sind Montag bis Samstag von
9 bis 21 oder 22 Uhr geöffnet; bekannte
Ketten sind Auchan, Carrefour, Auchan,
Casino, Champion, E. Leclerc, Intermarché.

Trendbewussst und teuer sind die
Boutiquen von Monaco, Nizza, Cannes und
Saint-Tropez mit ihren internationalen
Luxuslabels. Mit den Galeries Lafayette ist in
Nizza auch eine gehobene Kaufhauskette
vertreten; Konkurrent Printemps ist in der
Mall Polygone Riviera zu finden.

Das kauf ich mir!
Die Provence ist für schöne und hochwerti-
ge Erzeugnisse berühmt: für frische Kräuter,
Olivenöl, Lavendel, Honig, Knoblauch, Trüffel

und Wein, die man auf jedem Markt entlang der Côte d'Azur bekommt.

In Collobrières sollten Sie glasierte **Maronen** (*marrons glacés*) kaufen, in Moustiers-Sainte-Marie **Fayence-Keramik,** in St-Paul-de-Vence **Skulpturen und Kunst** und in Monaco elegante **Mode.**

Das Städtchen Grasse ist für sein **Parfüm** bekannt, das aus Blumen der umliegenden Hügel destilliert wird. Von hier stammen die besten Düfte Frankreichs, und auch ohne Markennamen wie Chanel oder Dior sind die Parfüms hochwertig (und wesentlich preiswerter). In Biot gibt es **Glasbläser und Töpfer,** denen man zum Teil bei der Arbeit zuschauen kann.

Wein ist immer ein gutes Mitbringsel. Die großen Supermärkte haben eine breite Auswahl französischer Weine auf Lager.

In **Monaco** ist Shopping ein exklusives Erlebnis. Die Place du Casino und die Avenue Monte-Carlo, Avenue des Beaux Arts, Allées Lumières vereinen dort als »Carrée d'Or« luxuriöse Modelabels wie Hermès, Céline, Christian Dior, Saint Laurent Rive Gauche, Louis Vuitton, Gucci, Chanel, Ichthys und Prada sowie edle Juwele wie Cartier, Chopard, Van Cleef Arpels, Bulgari, Piaget und Repossi.

AUSGEHEN

Ganz gleich, ob Sie sich für Spielcasinos, schicke Nachtclubs oder Film- und Jazz-festivals interessieren, an der Côte d'Azur ist das Angebot so vielfältig, dass keine Langeweile aufkommt.

Musik

Jazzfans strömen im Juli in die Region, wenn an der Côte d'Azur zwei der wichtigsten europäischen Jazzfestivals stattfinden. Die Veranstaltungen überschneiden sich, sodass man sich die Sahnestückchen von beiden herauspicken kann. Das **Jazzfestival von Nizza** (www.nicejazzfestival.fr) macht seit 70 Jahren fünf Tage lang das Théâtre de Verdure im Jardin Albert I zur Bühne weltberühmter Jazzer. Zum **Jazz à Juan** (www.jazzajuan.com) kommen einige der größten Vertreter aus Jazz und Swing in den Pinienhain von Antibes–Juan-Les-Pins. Mit **Jammin' Juan** (https://jammin.jazzajuan.com) gibt es inzwischen im Oktober auch ein junges Nachwuchsfestival der Jazzbranche. In Menton wird jährlich im August ein **Kammermusik-festival** (www.festival-musique-menton.fr) auf dem Platz des Parvis de la Basilique St-Michel Archange veranstaltet. Das Klassikfestival in Cannes, die **Nuits Musicales du Suquet,** dauert zehn Tage im Juli. Liebhaber geistlicher Musik kommen bei **Sommerkon-zerten** im Kloster Cimiez und in den Kirchen von Nizza auf ihre Kosten.

Film

Zum **Filmfestival von Cannes** (www.festival-cannes.com) kommt Hollywood an die Küste. Die Partys und Vorführungen werden nur für geladene Gäste veranstaltet, doch gibt es auch öffentliche Filmvorführungen.

Nachtleben

In den Ferienorten entlang der Küste herrscht kein Mangel an **Nachtclubs.** In den Tourist Informationen, Musikgeschäften und Cafés liegen Flyer aus. Viele Clubs öffnen erst um Mitternacht, dann herrscht bis zum frühen Morgen Betrieb. Die Türsteher sind ziemlich streng, kleiden Sie sich also sorgfältig. Getränke sind sehr teuer, allerdings schließt der Eintritt meist wenigstens den ersten Drink ein.

Café-Bars eignen sich, wenn man in kleineren Städten abends noch etwas trinken gehen möchte. Jede anständige Bar stellt im Sommer Tische auf die Straße. In Städten öffnen Bars meist um 7 Uhr früh zum Frühstück und bleiben bis in die frühen Morgenstunden geöffnet. Außerhalb der Saison und in kleinen Orten schließen Bars manchmal schon um 21 Uhr.

Ein Abend im **Casino von Monte-Carlo** (www.casinomontecarlo.com) bleibt ein unvergessliches Erlebnis. Hier kann man sein Erspartes zum Fenster hinauswerfen oder zuschauen, wie andere es tun. Ohne Abendgarderobe und ein ordentliches Eintrittsgeld geht hier gar nichts, es sei denn, man nimmt mit den einarmigen Banditen im Foyer vorlieb. Die Spieltische sind zwischen 20 und 4 Uhr geöffnet. Nur auswärtige Gäste (über 18 Jahre, Legitimation durch Ausweis) dürfen hier spielen, Einheimischen ist das Glücksspiel verboten. In Nizza und Saint-Tropez gibt es eine **Schwulenszene** mit Clubs und Bars (www.gay-provence.org). Details dazu in den örtlichen Magazinen.

Veranstaltungen

Sie gehören zum Lebensgefühl der Côte d'Azur einfach dazu: die jährlich mehr als **170 Feste und Festivals** – kulturelle, historische, musikalische, sportliche, kulinarische und religiöse Feste.

Epiphanias (6. Januar) am 12. Tag nach Weihnachten erinnert mit kronenförmigem Gebäck an die Heiligen Drei Könige.

Im Februar veranstaltet Bormes-les-Mimosas (S. 179) den **Corso Fleuri,** einen großen Umzug mit Blumenwagen, Majorettes und Blaskapellen. **Menton** (S. 83) feiert seit 1934 alljährlich im Februar seine Zitronen. Vor dem Beginn der Fastenzeit feiert Nizza seinen **Karneval** als ausgelassenes Spektakel mit großen Umzügen und Paraden (www.nicecarnaval.com).

Ungewöhnliches bietet der März, wie die **Festin des Cougourdons** in Nizza, die getrockneten und künstlerisch geformten Kalebassen gewidmet ist, und die **Fête des Violettes** in Tourrettes-sur-Loup (S. 195): Das ganze Dorf duftet dann in einem Meer frischer Veilchen.

Im April beschließt der **Ski Grand Prix** das Saisonende in Isola 2000 (www.isola 2000.com) – 90 Autominuten von Nizza. Im Mai dröhnen beim **Grand Prix de Monaco** die Motoren. Das einzige Formel-1-Rennen auf öffentlichen Straßen gleicht dem Versuch, »mit dem Fahrrad durchs Wohnzimmer zu fahren«.

Die *glitterati* reisen zum **Internationalen Filmfestival in Cannes** (S. 134). Juli und August werden von Musikfestivals beherrscht, von den **Rencontres de Musique Mediévale** in der Abbaye du Thoronet (S. 171 bis zum **Nizza Jazz Festival** (www.nicejazzfestival.fr) im Park Albert I. zwischen Place Masséna und Promenade des Anglais (S. 46), einem einwöchigen Großereignis mit Jazz, Blues, Fusion und Urban Funk.

Zu den Herbst-Highlights gehören im Oktober das **Kastanienfest** in Collobrières (S. 180) und das Feuerwerk bei der **Fête du Prince** an Monacos Nationalfeiertag (19. Nov.). In der **Weihnachtszeit** gibt es viele Märkte und Feste, wie die **Fête des Vins** in Bandol und die **Foire aux Santons** in Fréjus (S. 149), wo typisch provenzalische Tonfigürchen und Krippenszenen ausgestellt und verkauft werden.

Sport

Die **Radfernfahrt Paris-Nizza** im März gehört zu den wichtigsten Etappenrennen der Radsport-Saison (www.letour.fr). Motorsportfans sollten sich den **Großen Preis von Monaco** im Mai nicht entgehen lassen.

Die **Régates Royales** in Cannes sind seit mehr als 40 Jahren im September ein Höhepunkt der Segelsaison (www.regates royales.com).

SPRACHFÜHRER

Immer zu gebrauchen

ja/nein	**oui/non**
Guten Tag!/Abend!	**Bonjour!/Bonsoir!**
Hallo!	**Salut!**
Auf Wiedersehen!	**Au revoir!**
Wie geht es Ihnen?	**Comment allez-vous?**
bitte	**s'il vous plaît**
danke	**merci**
Entschuldigung!	**Excusez-moi!**
Tut mir leid!	**Pardon!**
bitte (nach »Danke«)	**de rien/avec plaisir**
Haben Sie ...?	**Avez-vous ...?**
Was kostet das?	**C'est combien?**
Ich hätte gern ...	**Je voudrais ...**

Nach dem Weg fragen

Wo ist ...?	**Où se trouve ...?**
... die nächste Metro	**le métro le plus proche**
... das Telefon	**le téléphone**
... die Bank	**la banque**
... die Toilette	**les toilettes**
Gehen Sie nach rechts/links	**tournez à droite/ gauche**
Gehen Sie geradeaus die erste/zweite (rechts)	**allez tout droit le premier/le deuxième (à droite)**

Notfall

Könnten Sie mir bitte helfen?	**Pouvez-vous m'aider, s'il vous plaît?**
Sprechen Sie Deutsch/Englisch?	**Parlez-vous allemand/anglais?**
Ich verstehe nicht.	**Je ne comprends pas.**
Könnten Sie schnell einen Arzt rufen?	**Pouvez-vous appeler un médecin d'urgence, s'il vous plaît?**

Im Restaurant

Ich würde gern einen Tisch bestellen.	**Puis-je réserver une table?**
Einen Tisch für zwei Personen, bitte.	**Une table pour deux personnes, s'il vous plaît.**
Haben Sie ein Menü zu festen Preisen?	**Vous avez un menu?**
Könnten wir die Speisekarte haben?	**Nous pouvons voir la carte, s'il vous plaît?**
Kann ich bitte zahlen?	**L'addition, s'il vous plaît.**
Eine Flasche/Ein Glas ...	**Une bouteille/ Un verre ...**
Aperitif	**apéritif**
alkoholische Getränke	**boissons alcoolisées**
heiße Getränke	**boissons chaudes**
kalte Getränke	**boissons froides**
Weinkarte	**carte des vins**
Muscheln	**coquillages**
Käse	**fromage**
Wild	**gibier**
Vorspeisen	**hors d'œuvres**
Gemüse	**légumes**
warmes Essen	**plats chauds**
kalte Platten	**plats froids**
Tagesgericht	**plat du jour**
Kuchen	**pâtisserie**
Hauptgang	**plat principal**
Suppen	**potages**
Service inklusive	**service compris**
Service exklusive	**service non compris**
regionale Spezialitäten	**spécialités régionales**
Fleischgerichte	**viandes**
Geflügel	**volaille**

Zahlen

0	**zéro**
1	**un**
2	**deux**
3	**trois**
4	**quatre**
5	**cinq**
6	**six**
7	**sept**
8	**huit**
9	**neuf**
10	**dix**
100	**cent**
101	**cent un**
110	**cent dix**
120	**cent vingt**
200	**deux cents**
300	**trois cents**
400	**quatre cents**
500	**cinq cents**
1000	**mille**

Speisekarte A–Z

agneau	Lamm
ail	Knoblauch
anguille	Aal
Banane	Banane
beurre	Butter
bière (bière pression)	Bier (Bier vom Fass)
bifteck	Steak
bœuf	Rindfleisch
boudin noir/blanc	Blut-/Weißwurst
cabillaud	Kabeljau
calmar	Tintenfisch
canard	Ente
chet	Hecht
chou	Kohl
choucroute	Sauerkraut
chou-fleur	Blumenkohl
choux de Bruxelles	Rosenkohl
civet de lièvre	Hasenpfeffer
concombre	Gurke
coquilles Saint-Jacques	Jakobsmuscheln
cornichon	Essiggurke
côte/côtelette	Kotelett
côtelettes dans l'échino	Rippchen
couvert	Besteck
crevettes grises	Shrimps
crevettes roses	Krabben
croque monsieur	getoastetes Schinken- und Käsesandwich
cru	roh

crustacés	Meeresfrüchte	mousse au chocolat	Schokoladenmousse
cuit (à l'eau)	gekocht	moutarde	Senf
eau minerale gazeuse/non gazeuse	Mineralwasser mit/ohne Kohlensäure	myrtilles	Heidelbeeren
		noisette	Haselnuss
ecrevisse	Krebs	noix	Walnuss
entrecôte	Filetsteak	noix de veau	Kalbsfilet
entrées	erster Gang	œuf à la coque/dur/au plat	weiches/hartes Ei/Spiegelei
épices	Gewürze		
épinards	Spinat	oignon	Zwiebel
escargots	Schnecken	origan	Oregano
farine	Mehl	pain au chocolat	Schokocroissant
fenouil	Fenchel	part	Portion
fèves	dicke Bohnen	pêche	Pfirsich
figues	Feigen	petite friture	Bratfische
filet de boeuf	Rinderfilet	petit pain	Brötchen
filet mignon	Filetsteak	petits pois	grüne Erbsen
filet de porc	Schweinefilet	poire	Birne
fines herbes	Kräuter	pois chiches	Kichererbsen
foie gras	Gänse-/Entenleberpastete	poisson	Fisch
		poivre	Pfeffer
fraises	Erdbeeren	poivron	rote/grüne Paprika
framboises	Himbeeren	pomme	Apfel
frit	gebraten	pommes de terre	Kartoffeln
friture	frittiert	poulet (blanc)	Hühnchenbrust
gaufres	Waffeln	prune	Pflaume
gigot d'agneau	Lammkeule	pruneaux	Backpflaumen
glace	Eiscreme	queue de bœuf	Ochsenschwanz
glaçons	Eiswürfel	ragoût	Ragout
grillé	gegrillt	ris de veau	Kalbsbries
groseilles	Johannisbeeren	riz	Reis
hareng	Hering	rôti de boeuf (rosbif)	Roastbeef
haricots blancs/verts	weiße/grüne Bohnen	rouget	Knurrhahn
homard	Hummer	saignant	englisch gebraten
huîtres	Austern	salade verte	grüner Salat
jambon blanc/cru/fumé	(gekochter/Parma-/geräucherter) Schinken	salé/sucré	gesalzen/gesüßt
		saucisses	Würstchen
		saumon	Lachs
lait demi-écrémé/entier	fettarme/Vollmilch	sel	Salz
		soupe à l'oignon	Zwiebelsuppe
langouste	Languste	steak tartare	Rinderhacksteak
langoustine	Scampi	sucre	Zucker
langue	Zunge	thon	Thunfisch
lapin	Kaninchen	thym	Thymian
lentilles	Linsen	tripes	Kutteln
lotte	Seeteufel	truffes	Trüffeln
loup de mer	Barsch	truite	Forelle
macaron	Makrone	truite saumonée	Lachsforelle
maïs	Mais	vapeur (à la)	gedämpft
marron	Esskastanie	viande hachée	Gehacktes
morilles	Morcheln	vin blanc/rose/rouge	Weiß-/Rosé-/Rotwein
moules	Miesmuscheln	vinaigre	Essig

Reiseatlas

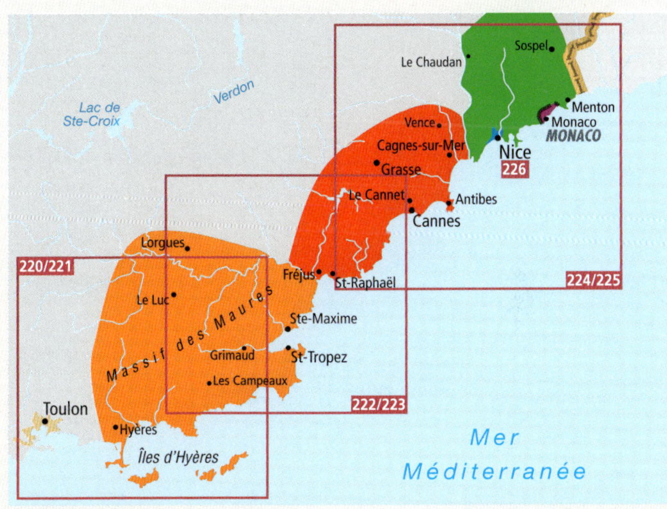

Legende

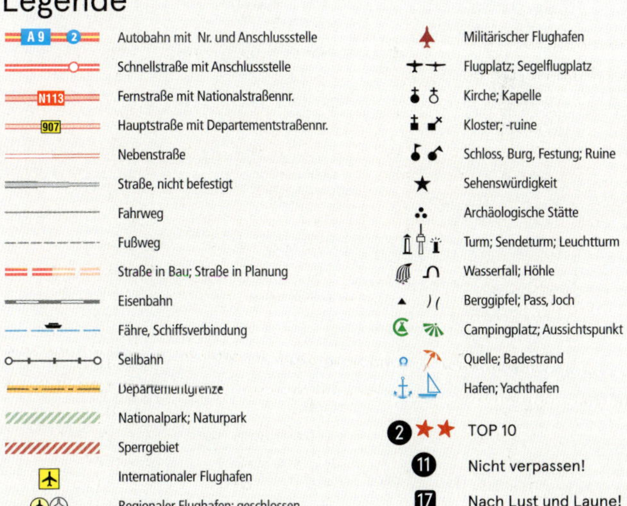

St-Maximin-la-Ste-Baume
St-Maximin
Mont Aurélien
Réal-Martin
St-Vincent
Vi-sur-Carami
Le Val
Brignoles/Le Val
Notre-Dame
Ribeirotte
Bois du Val
461 m
Brignoles
Autoroute la Provençale
VAR
A 8
E 80
N 7
andine
Valiancelle
Tourves
Les Gaëtans
Chappelle de la Gayole
St-Pré
Péregrinage
berte
Moulin-de-Carami
La Gayole
St-Julien
Escarelle
La Celle
La Celle Abbaye
(Église romane)
Camps-la-Source
528 m
Châteauneuf
Rougiers
485 m
Flassans-sur-Issole
Nans-les-Pins
Montagne de la Loube
830 m
Bois de Garéoult
557 m
Ste-Anastasie-sur-Issole
Besse-sur-Issole
Baume
Les Glacières
Mazaugues
La Roquebrussane
Forcalqueiret
Garéoult
Thèmes
Village
Signal de la Ste-Baumé
1147 m
Le Mourré d'Agnis
915 m
Forêt de Mazaugues
826 m
Isolle
Carnoules
575 m
Le Latay
La Verguine
Néoules
Rocbaron
Fort
La Foux
Le-Pied-de-la-Colle
Signes
Mas de Peyrougier
Pilon St-Clément
705 m
Ste-Philomène
Puget-Ville
Chibron
551 m
Gapeau
Mèounes-les-Montrieux
Le Martinet
Col de la Bigue
423 m
Barre de Cuers
Les Vidaux
ttractions
733 m
Chartreuse-Montrieux-le-Vieux
Pachoquin
Cuers-Pierrefeu
Autodrome
Circuit du Castellet
Chartreuse-Montrieux-le-Jeune
Belgentier
Belgentier
Cuers
D 43 Cuers
Jas de Laure Serra
826 m
Valcros
Ste-Anne-du-Castellet
Plateau de Siou-Blanc
Partiteur de Fauvy
Solliès-Toucas
Cuers
Pierrefeu-du-Baisse
e Brulat
Destel
Rocher de l'Aigle
605 m
Valfaury
Solliès-Pont
Solliès-Toucas
Solliès-Pont
ZA de la Poulasse
Le Castellet
Gapeau
Le Beausset
Mont Caume
Solliès-Ville
Solliès-Pont
M
a Cadière
d'Azur
Le Beausset-Vieux
Le Broussan
801 m
Le Revest-les-Eaux
La Farlède
La Castille
Ste-Anne-d'Evenos
Bau de 4 Heures
Fort du L. Girardon
La Farlède
La Crau
Le Gros Cerveau
Evenos
576 m
Mont Faron
542 m
Baudouvin
La Garde
Bandol
429 m
Gorges
La Valette N
La Valette
La Moutonne
Hyères
St-Roch
Ollioules
Bon Rencontre
Arsenal
Pont-du-Suve
La Valette Sud
La Garde
La Crau
A 570
Châteauvallon
Toulon-Ouest
Toulon-Centre
Toulon-Hyères
Salary-sur-Mer
Ollioules
La Seyne
La Seyne
TOULON
La Garonne
Le Pradet
Carqueiranne
L'Almanarre
Centre Hospitalier
Six-Fours-les-Plages
Seyne-sur-Mer
Les Oursinières
Fort de la Colle-Noir
Cap Brun
Plage d'Almanarre
Hyère
Le Brusc
Les Sablettes
Fabregas
St-Pierre-aux-Liens
St-Mandrier-sur-Mer
Cap de Carqueiranne
Fort de la Gavaresse
La Capte
Île des Pointe
Embiez Gaou
Presqu'île de St-Mandrier
Cap Cépet
Golf de Giens
Salins et Etang des Pesquiers
Notre-Dame-du-Mai
Cap Sicié
La Madrague
Giens
Mer Méditerranée
Pointe du Grand Langoustier
Île de Porquer
220
A
B
C

St-Loup
La Plaine
St-Pastour
Cabasse
D13
St-Martin
D33
Les Germains
St-Louis
Les Crottes
Vidauban
Ste-Brigitte
Chaumes
Les Espérifets
Sommet du Peynier 301 m
N.-D.
Le Clo
Vieu
Reve
D17
D84
D48
E 80
D25
222
D7
N 7
Oppidum
(enceinte celtique)
Le Cannet-des-Maures
Le Luc
Le Cannet-des-Maures
St-Julien
La Miquelette
Les Pommiers
La Bastide-Rouge
442 m
D72
A 57
Les Bertrands
Bois du Rouquan
Bois de Bouis
Les Pierrons
D44
D97
D33
D558
Reillanne
D48
D74
La Moure
Plan-de-la-Tour
Repenti
Autodrome du Var
Les Plaines
Col de Vignon 352 m
Préconil
223
Ste-Agathe
D39
Mourrefrey
D75
Fort
50
D75
Courrures
Les Varnades
D44
La Croix de Bontar
Plan Peirassou
D78
Gonfaron
D97
La Garde-Freinet
N.-D.-de-Miramar
St-Pon-les-Mûres
D13
Le Village des Tortues
Les Mayons
Roches Blanches 336 m
D558
D14
Port-Grimaud
46
Servante
Pignans
Notre-Dame-du-Figuier
Forêt des Mayons
Valdigièri
Grimaud
47
La Foux
Pl
Boui
52
Col des Fourches 681 m
Sauvette 779 m
St-Maur
D558
Bourrian
Carnoules
Notre-Dame-des-Anges
Le Fédon 449 m
Vaucaude
D39
Capelude
D14
Périer
Cogolin
D559
11
Crête des Martels
453 m
Rebois
D13
Le Peyrol
Chartreuse de la Verne
St-Mare
440 m
Collobrières
Les Guiols
Col de Paillas 110 m
Gas
Real Collobrières
D14
La Rivière
D41
49
Église romane et gothique
Barrage de la Verne
St-Tropez-La Môle
La Croix-Valmer
Montaud
du-Var
sse du Castellas
Col de Babaou 415 m
Les Campeaux
D98
La Môle
D93
340 m
Pansard
St-Guillaume
D27
les Pradels 528 m
La Bouillabaisse
3
357 m
Valcros
Arboretum
Môle
Col de Barral 871 m
Col du Canadel 267 m
Baie de Cavala
Cavalaire-sur-
Pas-du-Cerf
Col de Gratteloup 199 m
Canadel-sur-Mer
Le Rayol
D88
St-Honoré
48
D41
Aiguebelle
D559
Pramousquier
Corniche des Maures
Les Borrels
La-Londe-les-Maures
D98
Bormes-les-Mimosas
St-Clair
Cap Nègre
Réserve du Traban
L'Argentière-Plage
D42A
La Favière
Baie du Gaou
Le Lavandou
Le Salins-d'Hyères
Port-de-Miramar
Léoube
Brégançon
Gau
Plage de la Favière
D42
Port-Pothuau
Cap de Léoube
Bénat
Berriau-Plage
Plage de l'Estagnol
Cabasson
Cap Bénat
2
Ayguade-Ceinturon
Cap de Brégançon
Cap Blanc
yères-Plage
Rade d'Hyères
rt d'Hyères
apte
Presqu'île de Glens
Grand-Avis
Île du Levant
Plage Notre-Dame
Île de Bagaud
Heliopolis
La Tour-Fondue
Sémaphore
Porquerolles
Port-Cros
Vallon de la Solitude
Île de Port-Cros
erolles
Cap d'Arme
Parc National de Port-Cros
Îles d'Hyères
221
D
E
45
F
1

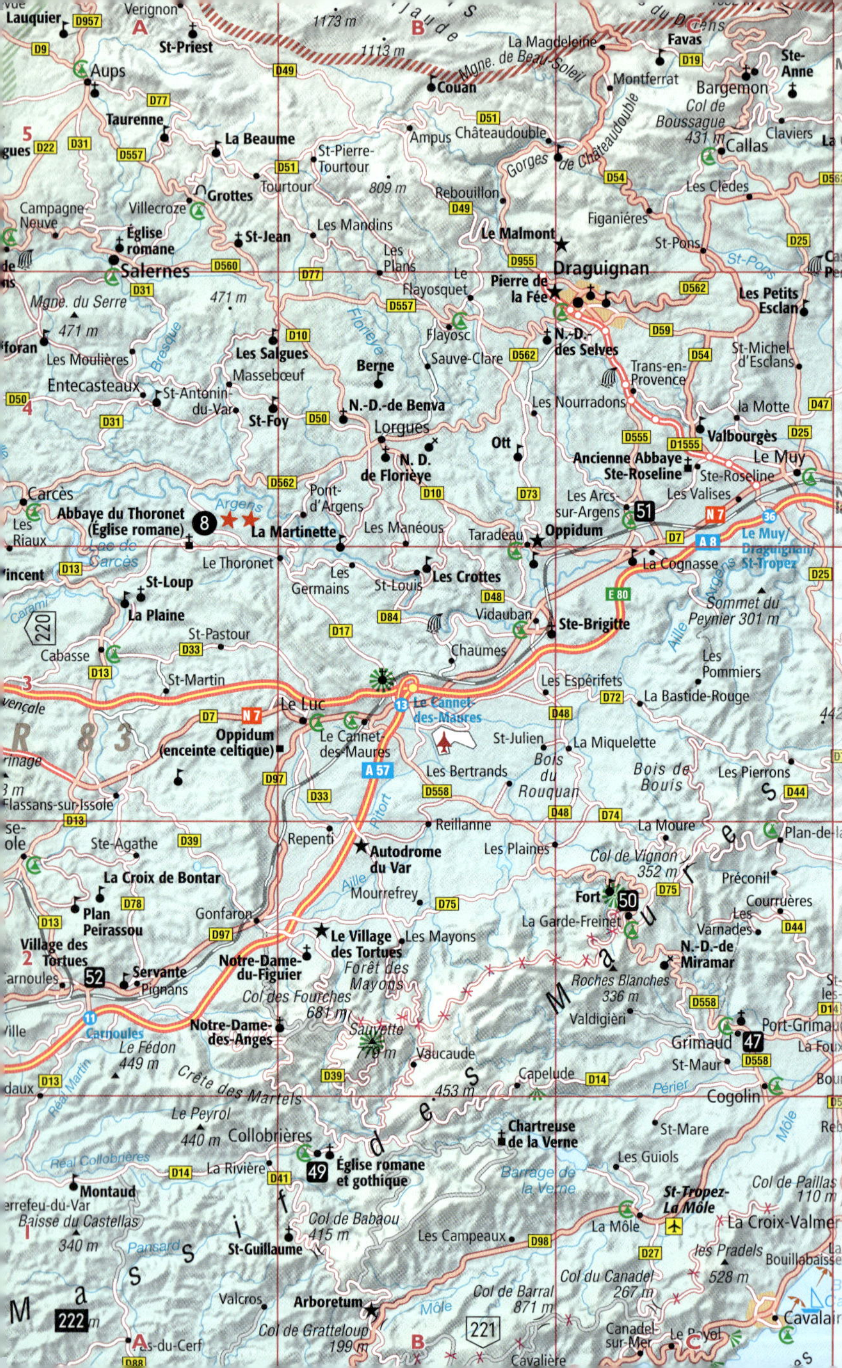

Lauquier
D957
Verignon
A
1173 m
Jaude
B
1113 m
Mgne. de Beau-Soleil
La Magdeleine
Favas
D19
Ste-Anne
D9
St-Priest
D49
Couan
Montferrat
Bargemon
Col de Boussague
431 m
Claviers
La
Aups
5
D22
D31
D77
Taurenne
La Beaume
D51
Ampus Châteaudouble
Callas
D557
St-Pierre-Tourtour
D51
Gorges de Châteaudouble
Les Clèdes
D562
Grottes
D557
Tourtour
809 m
Rebouillon
D54
Figanières
Villecroze
D49
Campagne Neuve
Église romane
St-Jean
Les Mandins
Le Malmont
St-Pons
D25
Salernes
D560
Les Plans
Draguignan
D955
Mgne. du Serre
D77
Le Flayosquet
Pierre de la Fée
D562
Les Petits Esclan
471 m
471 m
D557
Flayosc
N.-D. des Selves
D59
D31
D10
Florieye
St-Michel d'Esclans
foran
Les Moulières
Les Salgues
Berne
Sauve-Clare
D562
Trans-en-Provence
D54
Valbourgès
D25
D50
Entecasteaux
Massebœuf
Les Nourradons
D555
D1555
D47
4
D31
St-Antonin-du-Var
St-Foy
D50
N.-D.-de Benva
Lorgues
Ott
Ancienne Abbaye Ste-Roseline
Ste-Roseline
Le Muy
Carcès
N. D. de Florièye
D10
D73
Les Arcs-sur-Argens
51
N 7
36
Abbaye du Thoronet
D562
Pont-d'Argens
Oppidum
D7
A 8
Le Muy/ Draguignan/ St-Tropez
Les Riaux
(Église romane)
8
La Martinette
Les Manéous
Taradeau
La Cognasse
D25
vincent
D13
St-Loup
Le Thoronet
Les Germains
St-Louis
Les Crottes
E 80
Sommet du Peynier 301 m
La Plaine
Les
D48
Ste-Brigitte
Les Pommiers
La Bastide-Rouge
220
D33
D17
D84
Vidauban
Les Espérifets
D72
Cabasse
D13
St-Pastour
Chaumes
D48
442
3
St-Martin
Le Luc
13
Le Cannet-des-Maures
St-Julien
La Miquelette
Les Pierrons
vençale
D7
N 7
Oppidum
Le Cannet-des-Maures
La Moure
D44
R 8 3
(enceinte celtique)
A 57
Les Bertrands
Bois du Rouquan
Bois de Bouis
rinage
D97
D33
D558
D48
D74
Plan-de-la
3 m
Flassans-sur-Issole
Reillanne
Les Plaines
Col de Vignon 352 m
D75
D13
Ste-Agathe
D39
Repenti
Autodrome du Var
Fort
50
Préconil
Courrurès
ole
La Croix de Bontar
Mourrefrey
D75
La Garde-Freinet
Les Varnades
D44
D78
Gonfaron
Le Village des Tortues
Les Mayons
N.-D.-de Miramar
D13
Plan Peirassou
D97
Notre-Dame-du-Figuier
Forêt des Mayons
Roches Blanches 336 m
Village des Tortues
2
52
Servante
Pignans
Col des Fourches 681 m
Valdigièri
Port-Grimaud
47
11
Notre-Dame-des-Anges
Sauvette 779 m
M
Grimaud
D558
La Foux
Carnoules
Le Fédon 449 m
Crête des Martels
Vaucaude
Capelude
St-Maur
Bour
daux
D13
D39
453 m
D14
Périer
Cogolin
D5
Le Peyrol 440 m
Collobrières
Chartreuse de la Verne
St-Mare
Col de Paillas 110 m
Reb
Real Collobrières
D14
La Rivière
49
Église romane et gothique
D41
Barrage de la Verne
Les Guiols
St-Tropez-La Môle
La Croix-Valmer
Montaud
errefeu-du-Var
Baisse du Castellas 340 m
Col de Babaou 415 m
La Môle
les Pradels
La Bouillabaisse
St-Guillaume
Les Campeaux
D98
D27
528 m
M
a
222
Valcros
Arboretum
Col du Canadel 267 m
Cavala
As-du-Cerf
Col de Gratteloup 199 m
Môle
221
Canadel-sur-Mer
Le Peyol
D88
B
Cavalière
C

L'Ormeau
D19
Méaulx
Fayence
N.-D.-des-Cyprès
Tourrettes
Callian
Montauroux
Les Selves
D563
Brovès-en-Seillans
Les Saquetons
D4
D56
La Colle Noire
La Colle Blanche
La Bégude
D562
Garron
Lac de St-Cassien
Grime
St-Paul-en-Forêt
D37
Cascade de Pennafort
Bompin
St-Denis
Bagnols-en-Forêt
D47
Le Rouet
Gorges
La Bouverie
Pin-de-la-Lègue
D4
Parc Zoologique-Safari
Puget-sur-Argens
Reyran
Fréjus/St-Raphaël
38
D7
N.-D.-de-Jérusalem
La-Tour-de-Mare
la Combe
N.-D.-de-la-Roquette
Puget-sur-Argens
D4
D37
Théâtre romain
Valescure
D100
Roquebrune-sur-Argens
D7
N7
42
FRÉJUS
ST-RAPHAËL
43
Le Dramont
N.-D.-de-Pitié
Aquatica
Boulouris
Sémaphore
Cap du Dramont
Le Clos
Villepey
Villepey
Fréjus Plage
Plage du Fournas
Île d'Or
Vieux-Revest
La Mère
St-Aygulf
Golfe de Fréjus
474 m
Col de Gratteloup
225 m
442 m
D8
La Gaillarde
D72
Les Issambres
D25
Val d'Esquières
San-Peïre-sur-Mer
de-la-Tour
D559
D74
La Nartelle
Préconil
Cap des Sardinaux
Tourelle de la Sèche-à-l'Huile
Ste-Maxime
St-Pons-les-Mûres
Beauvallon
Golfe de St-Tropez
Cap St-Pierre
D14
46
maud
Foux
D98A
4
Cap de St-Tropez
Plage de la Bouillabaisse
Moulin
ST-TROPEZ
Château de la Moutte
Plage des Salins
Bourrian
St-Amé
Pointe du Capon
D559
Pampelonne
Plage de Tahiti
Rebois
Moulins de Paillas
D93
Pampelonne
44
D61
Plage de Pampelonne
Gassin
Ramatuelle
Plage de Bonne Terrasse
44
Cap Camarat
D93
Col de Collebasse
129 m
Plage de l'Escalet
Plage de la Bastide Blanche
Baie de Cavalaire
Gigaro
Cap Taillat
laire-sur-Mer
Plage de la Briande
Cap Lardier

Riviera
D9
D6185
Mouans
Moulin-Vieux
224
Mougins
3
St-Cassien-des-Bois
Auribeau
Tanneron
Pégomas
Mougins Canne
Les Marjoris
D38
LE CAN
D109
Massif du Tanneron
Les Margoutons
La Bocca
41
Cannes-Mandelieu
Les Adrets
A 8
39
Mandelieu
40
Minelle
Mandelieu Cannes
D237
L'Église
E 80
Tremblant
D6007
Les Adrets de l'Esterel
St-Jean
La-Napoule
Les Adrets
Maure-Vieil
Théoule-sur-Mer
Auberge des Adrets
Mont Vinaigre
618 m
Col des Survières
249 m
D6098
La Galère
Miramar
4
Pic de l'Ours
196 m
Les Trayas
224
Massif de l'Esterel
Pic du Cap Roux
453 m
Pointe du Cap Roux
D100
D559
Agay
Île des Vieilles
Anthéor
Corniche de l'Esterel
(Corniche d'Or)
31
Cap du Dramont
Corniche de l'Esterel (Corniche d'Or)
3
Mer Méditerranée
2
223
D
E
F
1

Mont Férion
1413 m
Coaraze
D23
Levens
D15
du-Var
Bendejun
Berre-les-Alpes
L'Escarène
Contes
La Garde
Châteauneuf-de-Contes
Blausasc la Grave
Peillon
Peille
Cantaron
Laghet
Drap
Trinité
Eze
La Turbie
Eze-Bord-de-Mer
Beaulieu-sur-Mer
Villefranche-sur-Mer
Plage Paloma
St-Jean-Cap-Ferrat
Plage des Fossettes
Cap Ferrat
NICE
Plage de la Ville
St-Laurent-du-Var
Aéroport Nice-Côte d'Azur
Nice-Nord
Nice-Est
Grande Corniche
Moyenne Corniche
Petite Corniche
Cap d'Ail
Monaco
MONACO
MONTE-CARLO
Beausoleil
Roquebrune/Monaco
Roquebrune
MENTON
Cap Martin
Ste-Agnès
Gorbio
Castellar
Garavan
Mortola
VENTIMIG
ITALIA
Riviera di Po
San Michele
Collabassa
Dolceacqua
Torri
Villatella
Sealza
Monti
Castillon
Col de Castillon
707 m
Mont Agel
1110 m
Pic de Baudon
Gorges du Peillon
Mont Razet
Mont Grammont
1281 m
1378 m
Peillon
Mont Chauve
854 m
Asprémont
Castagniers
Tourrette-Levens
Colomars
Falicon
Bayet
Blaise
in-
Sosnel
St-Laurent
Touët-de-l'Escarène
St-Grat
Levens
Camporosso
San de
Ventimiglia
Latte
Mer Méditerranée

226 Nice
400 m
400 yd
A
B
C
CIMIEZ
D
E
Liberation
Villa Arson
Gare Chemins de Fer de Provence
Rue Vernier
Rue de Dijon
Avenue Malausséna
Avenue Mirabeau
Musée Matisse
16
Musée National Marc Chagall
Tunnel Malraux
Av. E. Bieckert
Palais des Expositions
Place de l'Armée du Rhin
Palais des Expositions
Vaubaun
Avenue des tramway
Rue de Roquebillière
Acropolis
Blvd. Général Louis Delfino
Acropolis
Rue Auguste Gal
Gare Thiers
Boulevard de Cimiez
Avenue Galliéni
Boulevard Risso
Avenue République
Cathédrale Orthodoxe Russe St-Nicolas
13
Boulevard du Tzarewitch
Boulevard Gambetta
Gare SNCF Nice-Ville
Avenue Thiers
tramway
Rue Lamartine
Avenue Notre-Dame
Rue Maréchal Foch
Avenue Jean Médecin
Jean Médecin
Rue Spitalieri
Boulevard Dubouchage
Place Gal. Marshall
Bd. Carabacel
Place Wilson
Rue Foncet
Musée d'Art Moderne
Théâtre National de Nice
Place Garibaldi
Garibaldi
St-Jean-Baptiste
Rue Barla
Rue Bonaparte
Rue Cassini
Place M. Barel
Place Arson
Rue F. Guisol
Autoroute Urbaine Sud
Rue de Châteauneuf
Av. Georges Clemenceau
Avenue Auber
Rue Gounod
Place Mozart
Rue Rossini
Rue Hérold
Rue Alphonse Karr
Rue Alberti
Place St-Philippe
Masséna
Rue Gioffredo
Place St-François
Cathédrale - Vieille Ville
Avenue des Baumettes
Boulevard François Grosso
Bd. Dante
Av. des Fleurs
Boulevard Gambetta
Boulevard Victor Hugo
Boulevard Maréchal Joffre
Rue de la Buffa
Rue de Rivoli
Rue Meyerbeer
Rue Dalpozzo
Place Magenta
Place Rue Masséna
Avenue de Verdun
Quartier du Paillon
14
Avenue Félix Faure
Opéra - Vieille Ville
Bd. Jean-Jaurès
Av.
Rue de Collet
Rue Droite
Rue Ste-Claire
Palais Lascaris
Rue Rossetti
VIEUX NICE
tramway
Place Masséna
Cathédrale Sainte-Réparte
Rue R. Bosio
Rue St-François-de-Paule
Cours Saleya
Galerie des Ponchettes
Galerie de la Marine
Rue St-Réparate
Colline du Château
15
Rue de Foresta
Quai Pacino
Quai Lunel
Quai des Deux-Emmanuel
Place Ile de Beauté
Place
Quartier du Port
17
Bd. Stalingrad
Quai du Con
Bassin Lympie
Place Guynemer
Musée des Beaux-Arts
Rue de France
Musée Masséna
Hôtel Négresco
Promenade des Anglais
11
Quai des Etats-Unis
Baie des Anges
Mar Méditerranée
Musée des Arts Asiatique & Musée International d'Art Naïf Anatole-Jakovsky

Straßenregister

A

Alberti, Rue	C/D2
Anglais, Promenade des	B3
Arson, Place	E2
Auber, Avenue	B2
Auguste Gal, Rue	E2

B

Barel, Place Max	E2
Barla, Rue	E2
Baumettes, Avenue des	A3
Bieckert, Avenue Emile	C1
Bonaparte, Rue	E2
Bosio, Rue R.	D3
Buffa, Rue de la	B3

C

Carabacel, Boulevard	D2
Carnot, Boulevard	E3
Cassini, Rue	E2
Châteauneuf, Rue de	A2
Cimiez, Boulevard de	C/D1
Clemenceau, Avenue Georges	B2
Collet, Rue de	D3
Commerce, Quai du	E3
Cours Saleya	C/D3

D

Dalpozzo, Rue	B3
Dante, Boulevard	A3
Delfino, Boulevard Général Louis	E1
Deux-Emmanuel, Quai des	E3
Diables Bleus, Avenue des	E1
Dijon, Rue de	B1
Droîte, Rue	D3
Dubouchage, Boulevard	C/D2

E

Etats-Unis, Quai des	C3

F

Faure, Avenue Félix	C/D3
Fleurs, Avenue des	A3
Foncet, Rue	D2
Foresta, Rue de	E3
France, Rue de	A3

G

Galliéni, Avenue	D/E1
Gambetta, Boulevard	B1–3
Garibaldi, Place	E2
Gioffredo, Rue	C3–D2
Gounod, Rue	B2
Grosso, Boulevard François	A3
Guisol, Rue F.	E2

H

Hérold, Rue	B2/3
Hugo, Boulevard Victor	B3

I

Ile de Beauté, Place	E3

J

Jean-Jaurès, Boulevard	D3
Joffre, Boulevard Maréchal	B3

K

Karr, Rue Alphonse	C2

L

L'Armée du Rhin, Place de	E1
Lamartine, Rue	C1
Lunel, Quai	E3

M

Magenta, Place	C3
Malausséna, Avenue	B/C1
Malraux, Tunnel	C/D1
Maréchal Foch, Rue	C2
Marshall, Place Général Georges	D2
Masséna, Place	C3
Masséna, Rue	C3

M (cont.)

Médecin, Avenue Jean	C2
Meyerbeer, Rue	B3
Mirabeau, Avenue	C1
Mozart, Place	B2

N

Notre-Dame, Avenue	C2

P

Pacino, Quai	D/E3

R

République, Avenue	E1
Riquier, Boulevard de	E2
Risso, Boulevard	E1
Rivoli, Rue de	B3
Roquebillière, Rue de	E1
Rossetti, Rue	D3
Rossini, Rue	B2

S

Saint-François-de-Paule, Rue	C/D3
Saint-Réparate, Rue	D3
Sainte-Claire, Rue	D3
Spitalieri, Rue	C2
St-François, Place	D2
St-Jean-Baptiste, Avenue	D2
St-Philippe, Place	A2
Stalingrad, Boulevard	E3

T

Thiers, Avenue	B2
Tzarewitch, Boulevard du	A2

U

Urbaine Sud, Autoroute	A2-C1

V

Verdun, Avenue de	C3
Vernier, Rue	B1

W

Wilson, Place	D2

Register

AA/A Baker: 6 (5) und 77, 81, 87, 112
AA/C Sawyer: 6 (3) und 73, 41, 77, 116, 169 o.r., 187, 192
AA/R Strange: 142
AA/T Oliver: 196

Bildagentur Huber: Massimo Borchi 6 (2) und 19 © »Löwe« und Skulptur »La Madone« v. Assan Smati/VG Bild-Kunst, Bonn 2018, 102 l.; Matteo Carassale 6 (10) und 139 © Successió Miró/VG Bild-Kunst, Bonn 2018; Richard Taylor 9; Susanne Kremer 158/159

DuMont Bildarchiv/Björn Göttlicher: 5 u., 6 (1) und 105, 6 (4) und 167, 10 o., 10 u., 15 u. r., 16, 24, 25, 27 u .r., 29, 36 l., 43 l. © VG Bild-Kunst, Bonn 2018, 47, 48, 49, 56, 61, 63, 74, 79, 82, 83, 89, 91, 92, 94, 103, 107, 113, 116, 121, 122/123, 141, 144, 145, 146, 148 l., 148 r., 149, 153, 155, 156, 164, 169 o. l., 169 u., 172, 178, 179, 186, 188, 199, 200/201
DuMont Bildarchiv/Göttlicher/Schneider: 15 u. l., 43 r., 119, 134
DuMont Bildarchiv/Jürgen Wackenhut: 80
DuMont Bildarchiv/R. Gerth: 6 (8) und 171, 27 o. l., 27 u. l. Robert Fishman: 95

Getty Images: AFP/Alberto Pizzolil 23, Alf 190/191, Bruno De Hogues 70, Loic Venance/Staff 21 r., rhkamen 71 l., Stuart Black 5 o., Thomas Stankiewicz 195

Hilke Maunder, Hamburg: 127, 128 r., 189

iStockphoto: Alf 55, aprott 35, Elenathewise 30/31, Flavio Vallenari 128 l., 175, 177, Geralda 28, Holgs 58, mrtom-uk 57, OSTILL 96/97, Petroos 174, rglinsky 110, StevanZZ 143, stocknshares 27 o. r., venakr 184

laif: Anne Nosten/GAMMA 182; API/GAMMA 211.; Bertrand Orteo/hemis.fr 12/13; Bertrand Rieger/hemis.fr 6 (7) und 133, 75, 180; Camille Moirenc/hemis.fr 69, 84, 129; Christian Heeb 36 r.; Gulliver Theis 165 l.; Hervé Hughes/hemis.fr 51; Le Figaro Magazine 102 r.; Matthieu Colin/hemis.fr 101; Michel Cavalier/hemis 150, 163 o.; Pierre Pierre/hemis.fr 52; Rebecca Marshall 114, 118; Sabine Braun 165 r.; Thomas Rabsch 163 u.

Le Terrasse du Plaza, Nizza: 38/39

Lookphotos: Photononstop 64/65

Lue Hussard, Nizza: 39

mauritius images: adam eastland/Alamy 88; Alamy 6 (9) und 137, 15 o., 44, 147; Alamy 17 © »La bonheur de vivre«, Succession H. Matisse/VG Bild-Kunst, Bonn 2018; Elena Elisseeva/Alamy 37; imagebroker 6 (6) und 131 © Succession Picasso, VG Bild-Kunst, Bonn 2018; imageBROKER/Peter Giovannini 173; imageBROKER/Werner Dieterich 35; Luis Davilla 109

Shutterstock: Rolf E. Staerk 71 r.

Titelbild: U1 oben: Alf/Getty Images
U1 unten: age fotostock / Lookphotos
U8: Alexandre Nicolle/EyeEm/Getty Images

IMPRESSUM

© MAIRDUMONT GmbH & Co. KG
VERLAG KARL BAEDEKER

2. Aufl. 2019
Völlig überarbeitet und neu gestaltet

Text: Hilke Maunder, Beth Hall, Teresa Fisher (»Das Magazin«), Peter Bausch
Übersetzung: Dr. Marion Pausch; Joachim Nagel und Dagmar Lutz (»Das Magazin«)
Redaktion & Gestaltung: Eszter Kalmár, Sandra Penno-Vesper
Projektleitung: Dieter Luippold
Programmleitung: Birgit Borowski
Chefredaktion: Rainer Eisenschmid

Kartografie: © MAIRDUMONT GmbH & Co. KG, Ostfildern
Visuelle Konzeption: Neue Gestaltung, Berlin

Anzeigenvermarktung: MAIRDUMONT MEDIA
Tel. 0711 4502-0, media@mairdumont.com
media.mairdumont.com

Printed in Poland

Trotz aller Sorgfalt von Autoren und Redaktion sind Fehler und Änderungen nach Drucklegung leider nicht auszuschließen. Dafür kann der Verlag keine Haftung übernehmen. Berichtigungen, Kritik und Verbesserungsvorschläge sind uns jederzeit willkommen, bitte informieren Sie uns unter:

Verlag Karl Baedeker / Redaktion
Postfach 3162
D-73751 Ostfildern
Tel. 0711 4502-262
smart@baedeker.com
www.baedeker.com

Meine Notizen

Meine Notizen

Meine Notizen